一个西方传教士的长征亲历记

〔瑞士〕薄复礼 著
严强 席伟 译
田洁 校

中国画报出版社 · 北京

图书在版编目（CIP）数据

一个西方传教士的长征亲历记 /（瑞士）薄复礼著；严强，席伟译. -- 北京：中国画报出版社，2018.1（2020.7重印）
ISBN 978-7-5146-1500-5

Ⅰ. ①一… Ⅱ. ①勃… ②严… ③席… Ⅲ. ①中国工农红军长征—史料 Ⅳ. ①K264.406

中国版本图书馆CIP数据核字(2017)第312588号

一个西方传教士的长征亲历记
［瑞士］薄复礼 著　严强　席伟 译　田洁 校

出 版 人：于九涛
责任编辑：田朝然
责任印制：焦　洋

出版发行：中国画报出版社
地　　址：中国北京市海淀区车公庄西路33号　邮编：100048
发 行 部：010-68469781　010-68414683（传真）
总编室兼传真：010-88417359　版权部：010-88417359

开　　本：16开（710mm×1000mm）
印　　张：18
字　　数：255千字
版　　次：2018年1月第1版　2020年7月第2次印刷
印　　刷：洛阳和众印刷有限公司
书　　号：ISBN 978-7-5146-1500-5
定　　价：49.00元

目录

CONTENTS

代译序

难忘的记忆[①]

萧　克

薄复礼先生的回忆录在中国出版了。作为当事人、老朋友，我应该讲几句话，介绍一些背景材料。而且，我觉得这对于不熟悉这段历史的中国读者会有益处。

（一）

我同薄复礼先生相识是在 1934 年 10 月初。

当时，我是中国工农红军第六军团军团长。我同中央代表、红六军团军政委员会主席任弼时、红六军团政治委员王震一起，率部由湘赣根据地西征，经湖南和广西东北部来到贵州的黄平境内。攻占旧州的前一天，我们在一个小山村内同薄复礼不期而遇。那时，我们正处在紧张的战斗行军阶段，碰上这位不明身份的外国人，自然不能轻易放过，于是就把他和他的夫人等都扣留了；第二天，又把在旧州城内遇上的海曼牧师等人一并扣留。不过，我们很快查明了他们的身份，并立即把他们的家人释放了。

① 摘自张国琦《一个外国传教士眼中的长征》（昆仑出版社，1990），标题为收入本书时所拟。

坦率地讲，这时我们仍扣留他们两人的主要原因是从军事需要的角度来考虑的。因为我们西征以来，转战50多天，又是暑天行军，伤、病兵日益增多，苦于无药医治。我们知道这几位传教士有条件弄到药品和经费，于是，我们提出释放他们的条件是给红军提供一定数量的药品或经费。就这样，薄复礼留了下来。就在这之后的一天，我们有了第一次接触。

那天，我们在旧州教堂内找到一张近1平方米大的晕滃式（地图上表示地形的一种方法）贵州地图，但上面所标的地名不是中文。我听拘留他的人说，薄复礼能讲汉语还认识不少汉文，就派人去把薄复礼请来。他一看地图就说，这是法文。我请他帮忙翻译。于是，他讲我记，整整干了大半夜，把地图上我要知道的法文地名注上了中文。在边聊边改过程中，我不仅知道了许多军事上有用的材料，也知道了他的身世。

当时，我对传教士的印象是不好的，因为我们认为他们来中国是搞文化侵略的，所以，把他们当地主一样看待，财产要没收，拘留要赎金。但薄复礼与我合作翻译地图，后来，我们接触得多一些，一起谈过许多问题，一起搞过娱乐活动，一起利用长征途中的难得的休息日子聚餐，相互有了进一步了解。同时，我们对统一战线的认识有进一步提高，虽然仍没有改变他所处的地位，但对他的印象似乎更好一点儿。1936年4月12日，我们在释放他的时刻，不仅为他饯行，还给了他足够的路费。

他在红军中整整生活了18个月，这18个月给我们都留下了许多难忘的记忆。他被释放后，据说先是在昆明，后又回到英国。在英国居住的日子里，他还是念念不忘在中国的传教事业，又回到中国，在贵州盘县传教，1952年才离开中国，到老挝的巴色小镇居住。15年后，他的夫人在巴色去世了，他才告老还乡，现侨居在英国的曼彻斯特。

然而，我们谁也没有想到，在50年后的今天，我们俩人又重新有了联系。

（二）

说到我们之间重新取得联系还有一段故事。

那是 1984 年，美国著名的老作家索尔兹伯里先生来中国采访有关红军长征的素材，准备创作《长征——前所未闻的故事》。他写信给我，询问一位当年曾为我翻译地图的传教士的情况。他一提及，我就立即想到了薄复礼，想到他与我合作翻译地图的上述情景。

时隔多年，我之所以念念不忘，因为这是一件不能遗忘的军事活动。当时，我们在贵州转战，用的是旧中国中学课本上的地图，三十二开本，只能看看省会、县城、大市镇的大概位置，山脉河流的大体走向，没有战术上的价值。当我们得到一张大地图，薄复礼帮助译成中文，而且是在最需要帮助的时候，解决了我们一个大难题。同时，他在边译边聊中，还提供了不少有用的情况，为我们决定部队行动起了一定作用。他帮助我们翻译的地图成为我们转战贵州作战行军的好“向导”。

我作为一个独立行动的军队的指挥者，在困难的时候受到人们的帮助，不管时间多久，也难忘记。想到这些，我马上给索尔兹伯里先生回信，向他介绍了全部的过程，尔后，我请他在方便的时候，“如能见到这位友人（假如他还活着）或其家属，请代致问候”！

索尔兹伯里先生办事很认真，回国后不久就给我寄来了薄复礼写的那本书。后来他又跟踪追寻到英国，在曼彻斯特找到了薄复礼本人。他们交谈甚久，气氛融洽。索尔兹伯里转达了我的问候。

事后，索尔兹伯里给我寄来了他们交谈时的合影，介绍了他们的交谈情况，而且还带来了薄复礼的问候。

从另一个途径找到薄复礼的是我国的外交人员。

1984 年秋，我出国访问，途经法国。我就委托有关方面打听这位牧师。经过多方努力，终于在 1985 年初通过薄复礼在瑞士的亲友比亚吉夫人的关系找到了薄复礼。薄给我国驻法使馆工作人员回了信，在信中介绍了他本人的近况，还委托他们向我“转达热忱的问候”。

此后，英国白城电影公司的辛格和格雷先生来中国访问，薄复礼又委托他俩带给我一盘有关他近况的录像带和他出版的两本书。现在所译的就是其中的一本。

有鉴于此，我于1986年5月，曾通过外交部门，向薄复礼去信，表达问候。前不久，我托人转送给他一本中国人民解放军建军60周年的画册。我转告他，50年前，他接触过的中国工农红军如今已大变样了，虽然他已经不可能来中国看看，但从这本画册中也可知其概貌。

就这样，我们在50年之后，又重新取得了联系。

我要感谢索尔兹伯里先生，他为我们重新取得联系做了许多工作。我还要感谢其他许多热心人士，他们或提供线索，或帮助寻找。对于他们这种肯于助人的精神我深感敬佩。

（三）

也许有人会问，一个是外国牧师，一个是共产党人，有必要联系么？

或者说，这件事本身有什么意义？

我觉得有意义，联系也有必要。

中国革命胜利了。在中国革命通向胜利的征途中，有不少国际友人作过贡献，他们无疑是值得我们尊敬和怀念的。同时，也还有一些外国人士直接或间接地做了有利于我们的事业，我们对他们同样不应该忘记。比如薄复礼先生及其一类的传教士，他们到中国来宣传教义的同时还办学校，翻译西方自然科学知识，传播文化，开展慈善事业等，客观上起过好作用。当然，薄复礼先生不是主动来为红军服务的，但他为我提供了地图的译名，翻译了一些英文资料，购买了一些药品，等等。这无疑有利于我们，这样，就成了我长期记着他的基础。细心的读者也许还记得，早在1980年，我在《近代史研究》第1期上所发表的一篇回忆录中，就提到了薄复礼的这段事。我是这样写的：

“我们打到黄平，在法国教堂里，找到一张近1平方米大的法文贵州地图，但看不懂。好在那里有个法国牧师能讲些中国话，不能写，发音也不准，但还能够听得懂，我们就指着地图，他讲我写，迅速译成中文。有了这张地图，才稍微详细地看清楚贵州的山川城乡的大路，行动才开始方便了一些。”

从这一段文字可以看出一种悠然快意的怀念之情。阶级社会中，从生产方式理论与性质出发，阶级是对立的，但作为具体的个人来对待时，人的信仰可以不同，但并不影响相互间的交往，甚至互相影响，发展友谊，成为朋友。这种例子并非少见。历史还证明，人的社会意识有很大差异，对事物的看法不同，但总有一些共同点，有共同关心的问题。19世纪后期南丁格尔的人道主义，红十字会的迅速推广，就是作为人类救死扶伤的社会意识的共同点。孟夫子说：“恻隐之心，人皆有之，……”就是人类共同的社会意识。第二次世界大战后，世界绝大多数人都要求和平共处，也是如此。过去我们曾存在“左”的观点，非革即反，非反即革，根本否定各国各阶级各种社会集团的共同点，不懂得寻找共同点，用共同语言交换意见，求得一致，不知吃了多少亏。现在人类普遍关心的是建立一个和平的国际环境，我们需要更多的国际朋友，来认识中国，了解中国，并进而帮助中国，中国应该充分团结一切可以团结的力量。薄复礼先生是被我们关押过的，但他不念旧恶，这种胸怀和态度值得敬佩，这种人也值得交往。

（四）

现在，再谈谈他的书。

据他本人讲，关于记述他在中国的事，他先后写过两本书。一本是

1936年出版的《抑制的手》，一本是1978年写的《导手》。两本书的基本内容一样，只不过后一本增加了他从来中国到离开的全过程。

作为传教士，他所写的当然是宣传上帝，书名《导手》就是指上帝，上帝指引他前进。书的序言也说明他之所以没死，就是因为上帝救了他。

显然，在这些观点上我们是不同的，因为我们是马克思主义无神论者。

那么，我们欣赏书中的什么内容呢?

有人说是他作为外国人第一个向国外客观报道了中国红军的长征。还有人曾做过这样的考证：他记述中国工农红军长征的这本书比美国记者埃德加·斯诺的《西行漫记》要早一年时间。

这是一个方面，但不是主要的。

也有人说是他在书中反驳了官方报纸和某些新闻界称红军为“土匪”或“强盗”的说法。在那时，蒋介石处处称红军为“匪”，亲蒋的西方人士也称红军为“匪”，几乎没有例外，而薄复礼先生则认为“这些人实际上是坚信共产主义和马克思列宁主义，并实践着其原理，是另一种形式的苏维埃”。他认为红军不是“土匪”和“强盗”。

这也是一个很重要的方面，但仍不是主要的。

其主要方面我认为是他记录了中国工农红军历史上的一个侧面。历史是多方面的，中国工农红军的历史自然也不例外，也是多侧面的。有一个时期，我们的研究者，往往喜欢看它的正面，不想看它的侧面，更不敢看它的背面，特别是在那动乱的年代，许多书都属在禁之列，更不用说出版这类的书了，我觉得这是不好的。薄复礼从传教士的角度来观察红军、理解红军，记下了他的所见所闻以及他的感想，的确是不可多得的历史资料，对于我们研究红军有很好的参考价值。

当然，研究历史问题，还得有自己的立场观点与方法，不能人云亦云，也不能一叶障目不见泰山。薄复礼先生在书中所讲的有些是不准确的。比如说红军为什么能放他，他说是因为上帝在救他，其实这是我们的思想政策水平在逐渐提高的缘故。过去，我们做过一些蠢事，在一贯优待俘虏政策之下却排除高级军官，像张辉瓒这样的知名人物就杀了。随着世界和中国形势的发展变化，随着日本帝国主义向我国步步进逼，我们的认识起了变化，后来这一类人我们就不杀了。薄复礼书中写到的国民党 41 师的中将师长张振汉我们就没有杀，不仅没有杀，还让他做了我们湘鄂川黔边红军学校高级班的战术教员。书中还提到一个老先生是周素园，曾是北洋政府时期的高级官员，同我们一起在贵州西北部建立抗日民主政权，一直长征到陕北。之所以发生了这个变化，因为这时期，我们在共产国际的建立反法西斯统一战线的号召及中央抗日反蒋的总方针下，从思想上认识要团结更多一些人，要搞统一战线，尤其是中央发出“八一宣言”后，我们就执行得更自觉了。因此，对薄复礼的态度，我们也逐渐改变，到昆明附近，就无条件让他回去了。

由此看来，在读这本书的时候，必须注意当时的历史背景，持分析态度。

（五）

借这个机会，顺便谈几句研究历史的态度问题。

记得在 20 世纪 70 年代初，我有幸去了井冈山，正遇上两个县的同志在争论一个问题，即毛泽东在何时、何地任命林彪当团长。甲说在甲县，乙说在乙县。双方争论不休，虽然没有说明争论的目的，根据当时的历史背景，大概不外是争点儿“光”吧。

同是这个林彪，在摔死前，有些人说他是南昌起义的正确代表，说他是湘南起义部队到井冈山和毛泽东领导的秋收起义部队会师的代表人，而摔死后，则连他在南昌起义时的连长职务也“贬值”了，改成了见习排长。

这很不好。历史就是历史，不能片面去“为政治服务”而加以歪曲。

真理只有一个，是不能以“政治上需要”来改变的。现在虽然没有人那样说了，但有些同志，喜欢锦上添花，或落井下石，甚至制造材料，否定事实。当然，这里是指那些“始作俑者”，至于有些人云亦云，任意传抄者，虽非有意，但也不好，都不是唯物主义态度。

还有一种人，对有争议的历史问题，喜欢引用权威的话来论证历史，以大人物之势来压人，把一些比较清楚的历史问题搞复杂化了。我曾经说过，什么是权威？历史事实是最大的权威。我们不唯上、不唯亲、不唯权威、不唯定论。搞历史研究的同志必须“求实存真”，而不能因人而异。

要搞清历史事实首先就应该广泛地搜集前人记述的历史资料，讲好话的要收集，讲我们坏话的也要参考。有些人总喜欢听好话，歌功颂德，不亦乐乎？但是，一听到说我们有哪处不好的就不自在。其实，从辩证法的观点来看，好话不一定就好，坏话不一定都坏，关键是我们如何看待好话和坏话。我们哪能事事都做得好呢？从中国共产党创立起，我们的错误还少吗？有了错误，自己不愿讲，也不让人家讲，这是不正确的。讲坏话的人当然也有立场问题或者说角度问题，但我们不仅要注意讲话人的立场而且更要看他的讲话是否言之有据。薄复礼的这本书他不可能讲我们更多的好话，但只要他讲的东西是真实的，有史料价值，揭了我们的短处又有什么关系呢？逝者不可追，但来者可鉴。

总之，在研究历史过程中，第一步就是要搞清楚史实，对于前人记述的历史资料，要广泛搜集。在搞清楚史实的基础上，用历史唯物主义的观点正确地理解事实，鉴别事实的价值，寻绎其相互间的关系，从分析到综合，从中寻出历史进步的规律。

一句话，“求实存真”。这是我们研究历史的一个原则。同时，我想，这也可以作为出版这类书的一个理由吧。

出版前言[①]

1934 年 10 月的第一、二两天，中国内地的 5 名外国教士及两个孩子在贵州突遭红军扣留。他们是薄复礼夫妇、A · 海曼夫妇及两个孩子和格蕾丝 · 恩布伦小姐，虽然每人被要求支付 10 万元赎金，但已婚妇女和孩子几乎当场释放。一星期后，格蕾丝 · 恩布伦小姐在途中因昏迷也被红军释放。1935 年 11 月，海曼在被关押 413 天后获释；5 个月后，在东方的春季，濒临死亡的薄复礼亦在被关押 560 天后，最终获得了自由。本书由薄复礼撰写，同时增补了海曼 · 贝克尔先生关于营救他们和获释经过的简述。

伦敦哈德尔 & 斯托顿公司

① 原载于 1936 年英文版。

作者自序[①]

本书是按1934年10月至1936年4月12日(中国的清明节)，我作为中国共产主义者的俘虏一年半的经历顺序，于病床上口授的。

我写作的目的是感谢上帝，在不幸的时刻，是上帝赋予我力量。我能战胜一次次的审讯和我祈祷中许多请求的实现，也许正是上帝显示他的存在，并以他的威严，作为对他的各种请求的答复。

部分事件的内容和地点，是我被捕后的前三个月记录的，当它被我们的人重新发现并得到时，它和我的《新约》《每日祈祷词》等均被那些共产党人弄得面目全非。

读者将看到，按保守的估计，我们曾惊人地在贵州、四川、湖北、湖南、云南范围内行了长达6000英里[②](主要是步行)，并在外宿营达300多处。读者也许会因我们这些杂乱的随想，难以得出一个正确的时间概念。我们的很多路线也由于在夜间及山间小路行走的缘故，像那些来不及考证的事一样，难以正确地复述。况且，我们很多时间是在卫兵看管之下，大约300人轮流担任卫兵，一时一种看管办法，有时甚至更多，因此我

① 原载于1936年英文版。

② 1英里=1.6093千米

们也很难与他们熟悉，过分的好奇会招至他们的怀疑。

许多报道中，因抓我们这些人的举动，而将红军称为“匪徒”或“强盗”。实际上，红军的领导人是坚信共产主义和马克思列宁主义的信徒，并在实践着其原理，是另一种频率和形式的“苏维埃”。归根结底，苏联是其范本。我们应认识这种像魔鬼一样对文明家庭和宗教的红色威胁，拿起信仰盾牌，挥动精神利剑，组成一支大军，为天国而战。让我们为那些如迷途羔羊一样受尽苦难的芸芸众生祈祷，竭尽全力在他们沉沦前给予上帝的忠告。“同志”孜孜以求的世界革命目标，只是一剂令人迷幻的毒药，崇高的那种品德，只能使人软弱无力，共产主义只是幻想中的宗教。

当上帝派他的使者“走遍天涯海角，给世间万物传播福音”时，他已看到世人正陷入仇恨之中：“我看到你受人驱使，像羊入狼群。”他告诉我们，在蛮陌荒野，我们的真理亦将失去光辉，但人们能看到上帝之手将在那里惩恶扬善，故本书命名《神灵之手》①。

本书作者坚信，丧失灵魂的人伤害天国的企图，反将使它更坚强，光荣归于全能的上帝。

感谢G·利德尔、M·肯特小姐和G·L·莫尔先生的帮助，以及那些为我们不断祈祷的人们——没有他们，本书不可能于此完成。

感谢“被捕”，
我的心得到了基督徒的爱。
友谊和血的连接，
超过世间的一切。
面对“先贤”，

① 原书最初译名为《神灵之手》。

我把炽热的祈祷倾吐。
恐惧、希望、追求
我得到宽慰和鼓舞。
我们患难与共。
我们共勉负重。
为那珍贵的互助
我洒下深情的泪珠。

薄复礼[①]

1938年8月于昆明

① 薄复礼（鲁道夫·阿尔弗雷德·波斯哈特·皮亚吉，Rudolf Alfred Bosshardt Piaget，1897年1月—1993年11月），瑞士籍，生于英国曼彻斯特。10岁时因听一位从中国回来的名叫查尔斯·费尔克拉夫的传教士介绍中国，对他决心以查尔斯先生为榜样去中国闯天下的一生产生了重要影响。20岁时，向名为“CIM”的英基督教中华内地会（China Inland Mission）申请提出要求去中国，受邀后很快被送到伦敦，参加教会为期三个月的集体培训。此后，又跟从去过中国的指导老师汤姆·布拉格医生，进行了主要是医学的2年学习。1922年10月，25岁的鲁道夫·阿尔弗雷德·波斯哈特·皮亚吉被派到中国之行的第一站——上海。在这里，他和同行的教友，接受了一位中国老先生关于中国礼节习俗及中文等的培训。老先生根据他的英文名按照“信达雅”的翻译原则，给他起了一个中文名字，薄己，字复礼。“薄”是取Bosshardt首音为姓，“复礼”则取自《论语》“克己复礼”。薄复礼晚年曾自诩一生“不自私自利，以儒家约束自己并克己复礼为荣”，很满意自己的这个中国名字名如其人。薄复礼的译名，20世纪长征事件发生时国内曾称其“波夏德”，20世纪八九十年代国内又译为博斯哈特、勃沙特等，均不如译者于1985年特请山东省基督教三自爱国运动委会王神荫大主教自贵州调查发现为“薄复礼”准确。

第一章 被捕

1934年的8月，为了一个月的宗教学习，我和妻子[①]离开贵州镇远的家前往黔西。那里是阿尔伯特夫妇的教区，当时他们在安顺创办了一所教会学校，决定在宗教节日里，以学校的名义，邀请在贵州的外籍教会人员聚会。我们希望通过参加这次活动，在那里同分离的朋友相聚[②]。

---

① 薄复礼之妻罗斯·波斯哈特，原名Rose Piaget，中文名薄羡万美，瑞士籍，时在镇远从事教会医疗工作。1952年与薄复礼一起返回欧洲。罗斯·波斯哈特的父母在瑞士从事手表业，所产手表为法文品牌。罗斯的姓氏Piaget，即今天瑞士产的手表可译为“伯爵”，因此罗斯应为瑞士法语区人，薄复礼此后又将其随红军长征的经历出了法文版也与此有关。离开中国的15年后，罗斯随薄复礼在老挝巴色传教时去世，夫妇两人一生无子。薄复礼退休后定居英国，由罗斯的弟媳比吉亚夫人照顾直至1993年11月去世。

② 当年西方教会在中国贵州一带的势力，基本上分为天主教和基督教两大系统。以意、法为主的天主教会来华最早，而由英、美为代表的基督教会则来华较晚。由于先期进入的天主教会在华势力盘根错节，教堂、教区等早已布点巩固，因此后来的基督教会在传教方式上多以医院、学校、青年会、博物堂等新形式与天主教会竞争。

英基督教中华内地会（China Inland Mission），1865年6月27日由英国约克郡人、英基督教中华传道会原宣教士戴德生在上海创办，总部设在中国镇江，只在英国伦敦留办事处。中华内地会主张只有深入到中国内地边远地区宣教，才能使基督教传遍中国。中华内地会创办之初，为避免影响其他教会的收入而引起教派间的冲突，定下不主动募款、不借贷的原则，主张祈祷上帝的帮助，并以在中国边远地区为传道布教勤奋无私工作的精神，来取得人们对内地会的支持和奉对这些活动，当时我们并没有抱多大期望，不过，在我们返回时，它却带给了我们实实在在的"赐福"。临行前，妻子祈祷时曾隐约预感"上帝将保佑我们走遍天涯海角……即使世界末日，也将与我们同在。"对此，我则认为："他的爱，将使我们战胜一切。"

在此之前，我曾收到德国朋友寄来的一本书，名为《在中国的绑票》，讲的是瑞士巴塞尔的两个教士，在广东境内横遭共产党逮捕和监禁。这事给我很深的印象。我对妻子感叹："这真不可思议。"他们被绑架的时间长达18个月，因为这么长的时间，单就中国的食物而言，对西方人已达忍受极限，更何况是那种非人的待遇。

当从安顺准备返回镇远时，传闻那边出了"乱子"。我们不明白"乱子"是什么，也不清楚当时政府军队（国民党南京政府的军队，即国民党军）的动向。回家的路有大小两条，我们选择了小路。享有特权的我

献。戴德生有句名言："我有千镑英金，中国可以全数支取；假如我有千条性命，决不留下一条不给中国。不，不是中国，而是基督。"内地会这些全新的理念，吸引了一批有志改革宗教陋习的青年教士。1877年，英国传教士祝名杨由湖南将内地会带入贵州，在贵阳设立"贵州省基督教内地会总会"。1884年，英国传教士白德礼进入黔西重镇安顺传教；1888年安顺建立礼拜堂后成为贵州中华内地会活动的中心。内地会在云贵边远地区传教的同时，开办学制3至5年，每年学习3至5个月，课程有国文、算术、圣经、苗文、乐理等，建立了如福音诊所、邮政代办所，能免费借阅教会参考书籍和部分中国书报的福音书房等的一批公共慈善事业，在湘鄂云贵川各民族杂居的边远穷困地区，吸引了大批信徒。特别是1900年义和团事件中，内地会在人员和财产方面虽也遭受了极大的损失，但戴德生的内地会却带头决定拒绝接受由西方列强向中国政府要求的赔偿，这使内地会赢得了中国统治阶层的好感。内地会很快遍及了中国的内陆，其教派势力在快速膨胀的同时也开始受到了其他教派的排挤和渗透。对此自1931年起，贵州内地会在安顺平坝开始举办每年为期一个月的圣经学习班，以提高本教派的组织布道的水平，薄复礼这里所称"为了一个月的宗教学习"即指该活动。

新中国成立后，在华的外国教会团体撤离中国，1953年7月20日内地会在华的最后两名教士自青海撤到香港，由此其自1865年开始的中国内地传教活动宣告结束。此后内地会将传教活动的重点转向了马来亚、菲律宾、印度尼西亚、泰国等东南亚一带，在新加坡重设总部，同时将英基督教中华内地会更名为"海外基督使团"。

们根本未考虑安全问题，当时只想尽快赶到海曼[①]那里过礼拜日[②]。半路上，我们遇见了德国牧师卡斯劳斯，他说："红军正由前面开过来，不过到旧州的一段还安全（海曼夫妇的教区，距我们仅两天半的路程），再远就难说了。"我们感到还可以向前走，再说，到旧州（黄平境内）后，我们还可以进一步听到家那边的消息。

到旧州后，我们在那里度过了一个快乐而宁静的礼拜日。在城外的小河边，我们还举行了洗礼。第二天晚饭时，我们告诉海曼夫妇，我们决定继续前进。10月1日（是我们离开英格兰12周年纪念日），我们离开了旧州，海曼先生把我们送出城，在城外小河边分手。

在那里，我们再次选择前进路线，或者走大路，或者走小路。我们认为无论哪条路都是上帝的安排。随行的厨师坚持走小路，城中政府军士兵也说应走小路；小路除近之外，也同样受到官方庇护。因此我们选择了小路。当我们爬上一座距预定在那里过夜的一个小村一英里远的山顶时，突然，山顶灌木丛中冲出了一些人，他们像捕猎一样抓住了我们。我妻子仍被放在她乘的滑竿上，不过手脚被捆在了旁边。这时，她还镇定地试图挽救我那本掉在地上的《圣经》，她对其中一个商人打扮手持左轮枪的人讲："如果你们是抢东西，那就不要扔掉它。"显然，这对那些操江西口音的江西老表来说，让他们明白我们的意思是非常困难的。

这个地区出现江西方言是很陌生的[③]。引人注目的是，这些人都戴着

---

① A·海曼（Hayman），自取中文名为陈国荣，新西兰籍英内地会旧州教会牧师（一说为澳大利亚人），1934年10月2日在红六军团攻克旧州后与薄复礼一起被扣押，1935年11月18日被红军湘鄂川黔省肃反委员会释放。红军释放文件上他的名字为成邦庆，估计应是陈国荣的谐音。

② 基督教举行宗教礼仪的日子。该教认为，上帝用六天创造了世界，而在第七天歇息，因而这一天教徒应向上帝行礼。

③ 薄复礼这里所见的，即为任弼时、萧克、王震等人领导的中国工农红军红六军团。该军团于1933年6月由红八军（组建后改为红十七师）、红十八师组建。1934年8月7日，军团所辖第十七师、十八师、红军学校等共9700余人，奉中共中央、中革军委命令撤离湘赣苏区，作为此后中央红军长征先遣队，突围西征。8月12日，红六军团在湖南寨前圩誓师西进，宣布成立军政委员会和军团指挥机构，任弼时任军政委员会主席，萧克、王震分任军团长和政委。9月底，军团转战至湘桂黔边一带。

相同的帽子和佩带着红色标志，帽子的顶很大，有点儿像西方赛马骑师帽。他们穿的衣服很杂乱，简直一个人一个样。他们来自山下的小村，衣服是随手弄来的，根本不注意布料颜色，有蓝、灰、紫、绿、黄、黑等颜色。我设法解释自己的身份，并告诉他们，如果不赶快释放我们，那么几天后，便必须为这些罪恶向上帝负责。

他们绑住我的一只胳膊带我下山，我妻子他们紧跟在后面。直到此时，我们仍不清楚这些人的身份。当看到山下小村里有许多他们的人时，我第一个印象是，抓我们的人是强盗，我们被绑票了。不过，当看清那些人在墙上新写的标语后，我才恍然大悟：他们就是共产党①！标语是用醒目的白颜色写的，字相当大，很远都能看见。这时，其中一个，颇骄傲地问我们："知不知道我们是谁？"这些人中，还有相当一部分的穿戴相同，却是剪着短发的妇女。此时，我们受到了公正的对待，他们给我们松了绑，并将我们带到一个大马厩里，准备同一群士兵一起过夜。他们发还了我们的所有物品，一丝不苟，甚至连我们的银角子都一文不少。

一个军官来问我们的身份，并通知我们今后必须跟他们走。我再次以上帝的名义做证，我们是无辜的。他却反问："哪个上帝？让你到我们这里干什么？"我解释说："您该知道伟大的上帝，或许，正是为了证明上帝的无处不在，而使我们来到这里……"这之后，我又被带到另一间房中去见他们的主要"法官"②。这时，"法官"让我们分别给我们的英国领事和吉布先生（英驻华教团主教）、鲁宾孙先生（贵州教区管事）以及镇远教堂写信，要求赎身，初步开价是每人10万元。此后我们被带回去睡觉，这时我们被更换到一个比马厩好的住处。村子中到处都是红军士兵，估计有1500人左右。当然，村子

① 薄复礼等人遇到的中国工农红军第六军团，1934年9月在贵州施秉、余庆、石阡间与国民党军周旋月余，旧州（黄平县的一个区所在地）即在此区域内。

② 这并不是红军内部职务的称呼，显然薄复礼并不了解红军的组织机构；当时负责处理间谍案件的应是红六军团肃反委员会和政治部保卫局，吴德峰时任保卫局局长，这里可能指他。

每个角落都被住满了。

带去见“法官”时，“法官”的妻子[①]始终坐在床上注视着我们。最

① 应是吴德峰的妻子戚元德，时随吴德峰在红六军团保卫局做机关工作。薄复礼这里所见的“法官”及其妻子，根据其后书中的记载看，应为我党卓越的情报工作专家，在周恩来领导下曾长期战斗在敌人心脏，建国后被后人称为“虎穴伉俪”的吴德峰、戚元德夫妇。

吴德峰(1896—1976年),又名士崇,湖北襄樊保康县石板岭人。出身官宦之家,幼读私塾。13岁随父到武汉，入湖北省官立高等小学堂。1914年考入湖北省第一师范学校。1924年春，经董必武、陈潭秋介绍加入中国共产党。国共合作时受我党指派曾任国民党湖北省党部执委兼工人部长等职。历任中共湖北省执行委员会委员兼军事部长、武汉市政府常委兼公安局长、湖北省军事委员会主席、湖北省工农革命军总司令兼中共鄂南特委书记、赣西南特委书记、赣北特委书记、中共河南省委常委兼军委书记。

1929年4月，设在上海的中共中央为加强与各地的交通联系，调吴德峰在周恩来的领导下任中共中央秘书处外部交通科科长，重建了北方、南方和长江线等三条主要地下交通线，形成了环环相扣的上下通畅的交通网，为党的秘密交通工作奠定了扎实的基础。1931年4月，中央特科负责人顾顺章叛变后，时任中共中央交通局长的吴德峰克服重重困难，将急需转移的罗明、邓小平、李克农、钱壮飞、刘少文、毛泽民、李富春、周恩来、何叔衡等数十名干部先后安全护送去苏区，在紧急情况下为党做出了重要贡献。9月，吴德峰撤回中央苏区，先后任中华苏维埃共和国保卫局江西分局、湘鄂省分局局长。在处理薄复礼事件时任红六军团和红二方面军政治保卫局局长。红二方面军到达陕北后，任中共中央联络局局长，抗日战争时期在西安从事党的地下工作，获取了大量的国民党重要机密情报。毛泽东说：“党的情报工作，西安是最好的，要发勋章，该先发给你们。”其工作得到了中共中央领导的高度评价。此后历任中共中央交通局局长、北平军调处执行部书记、汉口第九小组顾问、中共晋察冀中央局白军工作部部长、郑州市委书记、中共河南省委常委。新中国成立后，历任武汉市委第一副书记、市长，中南军政委员会政法委员会秘书长、副主任，国务院第一办公室主任，最高人民法院副院长、党组第一副书记，中国政治法律学会会长，全国政法领导小组副组长等职，并当选为中共七大、八大代表、第一至三届全国人大代表、政协全国常委会委员、全国人大常委会委员。1976年12月21日在北京病逝。

戚元德（1905-1974），湖北汉口人，自幼父母双亲被害，由舅舅收养。1921年考入湖北女子师范，1927年参加革命，1928年入党。与吴德峰结婚后随吴调到设在上海的中共中央军委交通科任内部交通员，成为在周恩来领导下长期战斗在敌人心脏里的我党卓越的情报工作专家。在红二六军团长征时，为红军保卫局机关干部，曾任红军四分校、中共湘鄂川黔边省委党校教员等职。全国解放

初，我认为那个女人可能很冷酷，但事实证明她很和善，并好像受过很好的教育。当我告诉他们，我妻子不可能坚持跟他们走这么多路时，“法官”的妻子宽慰我，“我也是一个女人，她将会像我一样慢慢适应的。”当我对“法官”阐述基督教义时，他总迷惑不解，因此，往往由他妻子再进一步解释我的这些“鬼话”。

我妻子和随行的那个中国女仆，勉强睡在几块破木板拼起来的破床上。我则在滑竿里睡。一些士兵在我们旁边睡地铺。天未亮，他们给我们送来一些大米饭和盛在洗脸盆里的炒卷心菜。这时，我们几乎没有一点儿食欲。天蒙蒙亮，队伍出发了。我们夫妇、女仆、厨师和四个挑夫，组成了一支小队跟着。两个挑夫挑着我们的随身物品，两个抬滑竿。高抬的滑竿，使妻子免受红军士兵们好奇的注视。刚开始走，天就下起了雨，开始的几英里走得很慢。这时，我辨别出队伍正朝旧州海曼夫妇的驻地前进。我们不由地为他们的平安而祈祷。

不久，我们到达这个小城的边缘，并停在城外的地方待命。这时可以清楚听到前方的枪声。上午 9 点，我们进入这座小城，被带到一所房中休息。一会儿，海曼一家和格蕾丝·恩布伦小姐[①]也被带到了这里。我们在这里见到了萧克将军。他、“法官”及其他两个军官（其中一个穿着海曼先生的雨衣）共同商量对这些新抓来的教会人员的处理办法[②]。虽然先前每人的开价曾为 10 万元，但现在牵扯有海曼夫妇的两个

后，历任武汉市妇联主任，全国妇联执委，中华全国总工会党组成员兼全总女工部部长。在薄复礼事件中，戚元德以长征中红军女知识分子的智慧理性的光辉形象，感化并教育了原本傲慢反动的薄复礼。

① 格蕾丝·恩布伦（Grace Emblen），新西兰籍英内地会思南教会神职人员，1934 年 10 月 2 日在红六军团攻克旧州后与薄复礼、A·海曼一起被扣押，同月在红六军团转战途中被释放。

② 这里薄复礼所见的应是当时红六军团主要领导任弼时、萧克、王震等人。1934 年 7 月 23 日，中共中央和中革军委电令湘赣苏区的任、萧、王组成红六军团军政委员会，任弼时任军政委员会主席，萧克、王震分别兼任军团长和政委。

任弼时（1904—1950），湖南湘阴县塾塘乡唐家桥（今属汨罗市）人。1904 年 4 月 30 日生于乡村教师家庭。就读长沙明德中学、湖南第一联合县立中学。1920 年 8 月加入中国社会主义青年团。1921 年 5 月赴莫斯科东方劳动者共产主

孩子(大的3岁，小的8个月)，“法官”建议共60万，即成年人各10万，

义大学学习。1922年底转为中共正式党员。

1924年秋回国，任教于上海大学。1925年1月当选为团中央执行委员，组织部主任。积极领导青年参加“五卅”爱国运动。同年7月任团中央总书记。

1928年和1929年先后两次被捕，受严刑折磨，坚贞不屈，后经组织营救出狱。1930年任湖北省委书记，1931年出席中共六届四中全会，当选为中央政治局委员。同年3月赴江西苏区，任苏区中央局副书记兼组织部长及党校校长。

1933年任中共湘赣省委书记，湘赣军区政治委员，1934年8月奉命率红六军团撤离湘赣苏区，突围西征，为中共中央和中央红军战略转移探路，任中共中央随军代表、红六军团军政委员会主席。同年10月底，与贺龙率领的红三军会合(红二军团)，共同开创湘、鄂、川、黔革命根据地，任红二军团政治委员、中共湘鄂川黔边临时省委书记兼军区政委。1935年11月与贺龙等率红二、红六军团突围长征，1936年7月任红二方面军政委，力促红军三大主力胜利会师。

抗日战争爆发后，任八路军政治部主任，和朱德、彭德怀等率八路军开赴山西前线抗战。1941年9月任中共中央秘书长，1945年当选为中央政治局委员、书记处书记，与毛泽东、朱德、刘少奇、周恩来组成以毛泽东为首的中共中央书记处。1946年后，和毛泽东、周恩来一起转战陕北，协助毛泽东指挥全国解放战争，1949年，指导建立中国新民主主义青年团，被推选为团中央名誉主席。1950年10月27日因病逝于北京。

萧克(1907—2008)，1907年7月出生于湖南嘉禾县一个清贫的书香门第。1923年考入嘉禾甲种师范学校。毕业后投笔从戎，考进广州国民政府军事委员会宪兵教练所，参加北伐。1927年初，转到叶挺部任连指导员，同年6月入党。南昌起义时任连长。起义军南征失利后，他历经艰险回到湖南临武县找到党组织，在嘉禾县组织了中共南区支部。后率宜章农军参加湘南起义进入井冈山根据地，历任红四军连长、营长、营党代表、第一纵队参谋长、第十二师师长、红八军军长、红六军团军团长等职，率部驰骋于闽山赣水，是当年红军中最年轻的军团长之一。1934年8月，作为中央红军长征的先遣部队，与王震、任弼时率红六军团9000余人从江西永新突围出发，突破湘、桂、黔三省敌人近40个团的围追堵截，消灭和牵制了大量敌人，穿越2500余公里，于同年10月与贺龙红二军团会合，创建了湘鄂川黔边革命根据地。1936年7月，红二、六军团合编为红二方面军，任方面军副总指挥。抗日战争爆发后，历任第一二〇师副师长，东渡黄河开展晋西北的游击战争。1939年2月，任冀热察挺进军司令员兼冀热察军政委员会书记，指挥平西、热河和冀东地区的游击战争。在粉碎日伪军“扫荡”的数百次战斗中，他指挥部队歼敌5500余人，巩固了平西根据地，开辟平北根据地，发展了冀东根据地，并向热河南部、辽宁西部地区发展，为以后东北的解放创造了条件。解放战争期间，历任华北军区副司令员、冀热辽军区司令员、晋察冀野战军司令员等职，先后率部参加和参与指挥了张家口、保南、石家庄、衡宝等一系列重大战

孩子各 5 万。不过，红六军军团指挥官萧克将军却坚持要平等对待，这样我们的赎金为 70 万元。

军团从江西出发，经由湖南、广西到贵州。他们一直在试图用电台与贺龙的红二军团取得联系[①]。

红军禁止私人在军中使用民夫。他们指责我们使用“苦力”的行为是丢掉了基督的博爱精神，告诉我们今后应学会依靠自己走路，同时，不管多远都得跟上。我的厨师曾徒劳地为其他人去寻找滑竿，但不久流着泪回来告诉我们，连海曼家中的那乘滑竿也被红军砸坏了。

役。他精心部署的两次石家庄保卫战，运用虚虚实实的战法，以少量兵力战胜了来犯之敌，在我军战史上创造了两次在同一地点对同一敌人设“空城计”并战而胜之的范例。中华人民共和国成立后，担任过中央军委军训部部长、国防部副部长、军政大学校长、军事学院院长兼第一政治委员、全国政协副主席等领导职务。1955 年被授予上将军衔。

萧克将军，好读书，善思索，即便在沙场运筹帷幄、指挥鏖战间隙，仍手不释卷。在其戎马生涯中，曾发表过大量文章和诗作，主编过《南昌起义》《秋收起义》《朱毛红军侧记》等书，出版了《肖克诗稿》以及长篇小说《浴血罗霄》，并获过茅盾文学奖的荣誉奖。斯诺夫人在《中国老一辈革命家》中评价他：“像周恩来、徐向前和毛泽东一样，萧克是中国人所称的‘军人学者’……”

王震（1908–1993），湖南省浏阳县人。1927 年加入中国共产主义青年团，同年转入中国共产党。1929 年参加中国工农红军。土地革命战争时期，任粤汉铁路长岳段工会纠察队中队长，湘鄂赣边区赤卫队支队长兼政治委员，湘东独立一师团政治委员、师政治部主任、师政治委员，红八军代政治委员，湘赣军区代司令员，红六军团政治委员，红二军团政治委员。参加了长征。抗日战争时期，任八路军一二〇师三五九旅副旅长、旅长兼政治委员，兼中共延安地委书记、延安军分区司令员、卫戍区司令员，八路军南下支队司令员。解放战争时期，任中原军区第一副司令员兼参谋长，西北野战军第二纵队司令员兼政治委员，第一野战军第一兵团司令员兼政治委员。中华人民共和国成立后，任中共新疆分局书记，新疆军区第一副司令员、代司令员兼政治委员，铁道兵司令员兼政治委员，中国人民解放军副总参谋长，国务院农垦部部长、副总理，中共中央军委常委，中共中央党校校长，中华人民共和国副主席。1955 年被授予上将军衔。是第一、第二、第三届国防委员会委员，中国共产党第七届候补中央委员，第八、九、十届中央委员，第十一、第十二届中央政治局委员。一九八五年在中共中央顾问委员会第五次全体会议上被增选为中央顾问委员会副主任。

① 据载：“时红二军团电台已失，与中央联系中断，当与红六军团会师后，始才利用红六军团电台恢复联系。”这里即印证此事。见《回忆贺龙》第 361 页。

第二天早上，天下起倾盆大雨，我们受命准备出发。我们去找“法官”，请求让妇女和孩子留下，但他却对我们这几个分别属于新西兰、加拿大、瑞士等三个国家的教士的请求孰视无睹。虽然最后海曼夫人和孩子以及我的妻子可以释放，但格蕾丝·恩布伦小姐却必须跟着走。而且，70万赎金不交足，将来剩下的人谁也别想走。

他们给了我一点儿时间来告别，我们走到窗帘后面。我对妻子说：“这样还好，让人们为我祈祷吧。”当时，谁也未曾想到，这一别竟是那么漫长。妻子在城外小河边最后举手向我告别时，我突然感到这条小河就是我们此生的永别之界。

我妻子的那乘滑竿暗中给了格蕾丝·恩布伦，我们走了大约五英里后追上她。我和厨师想帮助抬滑竿，但被卫兵拒绝了。这一天，我们只走了十五英里。红军正对这次攻克旧州的胜利十分得意。小城很富裕，从海带到鸡蛋什么都不缺。在吃的方面，每人都还分得了一些鲜猪肉。有的人戴上了毛织女帽，有的换上了新鞋，有些人则有了新雨伞，有的甚至将教堂的祭袍像披风一样披在身上。新衣服、旧衣服、杂色服装和床单，以及沿途丢弃的那些带不走的东西，在这里形成了一幅混乱而奇特的行军场面。

到一个小山村后，我们被带到宣传队前，当时，他们正在一切可写的地方用红、蓝、白色书写标语。有的内容是“打土豪，分田地！”“苏维埃是中国的希望！”“不交租不还债！”有的则摘自马克思的著作如“宗教是麻醉人民的鸦片！”许多是反蒋的，如“打倒蒋介石！”还有部分内容是反日的。他们到处散发传单，并反复宣传他们是红军。这之后，他们给我拿来很稠的热奶和米饭，而且还加了糖。饭后，让我们坐在面对街的木椅上，身上别着“这是英国人”“这是瑞士人”等区别身份的红纸条。格蕾丝·恩布伦小姐一开始就在后面，过了一个多小时后才到，她也受到同样的待遇。

人们围着我们，像看展览似的，又好奇、又新鲜地注视着这三个外国“罪犯”，真像一幅在他们土地上耐心等待外国间谍自我交待的漫画。这时有人态度激昂地进行演讲，而那些围观的人则像在地球上看到三脚猫一样评论着我们的大鼻子、黄头发和灰眼珠，但又总不明白。于是，我们便得到了“大鼻子”“勾鼻子”“外国鬼子”或“帝国主义分子”等许多奇特的称号。有些一直称呼到释放。卫兵则参照对“外侨”的称呼，当与我们熟悉后，也友好地称我们为“外国人”，甚至称“外国教士”什么的。后来他们似乎发现了最现实的称呼，即“成先生”或“薄先生”，甚至还亲昵地称作“老成”或“老薄”。名称的变化是非常有趣的。当他们听到有人使用侮辱性的名字称呼我们时，会马上制止这些人。的确，听到那些侮辱人格的名称是令人气愤的。不过，上帝使我们战胜了一切。当被人嘲弄时，我则正视着他，心中默诵“上帝爱你并与你同在”。这样祷告后，我反能可怜他，任凭怎样，我都能超然释之。

宣传队在对那些面无表情的村民演讲时，把抓获我们称之为红军的一个重大“胜利”。因为“他们那个社会和宗教必须为此支付一大笔赎款”。这之后，他们就让人们听留声机，同时过来看看这些“外国间谍”。这样“休息”了两三个小时后，他们将我们带到一个堆满粮食的仓房，作为我们三个人和两个中国仆人过夜的地方，那是他们找到的最好的一间房子。一个盛满猪油放着用破布搓成灯芯的小碗，作为晚上照明的灯。当然，还有一个卫兵和我们睡在一起。

第二天，红军向前方一个集镇进发。他们经过考虑后，将格蕾丝·恩布伦小姐放在队伍后面，不过天黑前也要到达宿营地。当晚，我们宿营在一个破庙中，我们被指定在后大殿的地上过夜。房子里已生起一堆炭火，这时年仅 25 岁的萧克将军把我叫去，请我为他翻译一张法文版的贵州地图[①]。他相当热情、开朗，是一个充满追求精神的共产党将军，正希望在

---

① 萧克将军请薄复礼翻译法文地图一事，已多见于史料记载。据湖南日报 2006 年吴文峰《军中学者肖克》一文，当年红六军团的老红军回忆此事还有一段轶事。1934 年 10 月，红六军团攻克旧州时，不但遭遇瑞士传教士薄复礼，还在当地发现一张约 1 平方米大的法文贵州地图。是时，有人谓薄复礼为“帝国主义分子”，该杀；谓地图为“帝国主义文件”，该烧。肖克将军见之则大喜，曰：“吾获二宝也！”时人不解，问将军：“鸟人鸟语，鸟图鸟文，何为二宝？”将军对曰：“薄是瑞士人，瑞士不属于帝国主义国家。其次，瑞士与法国同属欧洲，应通法语，当为大用。”是日晚，将军礼待薄复礼，持马灯，请薄翻译地图，将军以中文记之，夜半毕。陶汉章将军告余曰，后此地图在红六军团行军作战中发挥了重要作用。陶将军言此赞曰：“肖克将军文化高，有水平，处事深谋远虑，非一般干部所能比啊！”

贵州东部建立一个共产主义的政权。

那时，我们也首次感受到那些有趣的女共产党员的锋芒。当我们从街上经过她们时，听她们说："看，这些帝国主义派来的外国奸细。"很明显，如此偏激，证明了共产主义宣传的简单教条。由此我也得到一个教益："一知半解，等于无知。"

一天晚上宿营时，一个参谋来看我们。当时，我手中拿着中文版《圣经》，他似乎很感兴趣。我乘机背起赞美诗，直率地向他指出，反对上帝多么愚蠢，因为"他将在天堂上为之大笑……"那个参谋要过《圣经》，认真地看了我背诵的那一段。

我们进入了一种新生活状态。大部分日子，一天到晚只吃一顿饭，一天天没有休息和礼拜日的行军。而且，行军时总待在队伍的特定位置（"法官"夫妇、卫兵及所有犯人，通常排在队伍中部）。天天晚上分配住处，又总把我们与其他犯人隔开。我们心中充满忧伤，几乎天天在行军途中看到对某某的起诉和执法。有时，被处死者脸朝上地躺在路边水田中。在路边有时把人捆起来用竹竿打，或者简单地按倒就打。我们同是犯人，不过需要交钱"赎票"而已。我们经常被绑起来赶着走。他们中最讲人道的是那些妇女。

这时，格蕾丝·恩布伦小姐跟着队伍走，晚上大家在指定的房内过夜。后来，我们开始连续地夜行军。前方有亮光或声响时，就绕道迂回；天黑看不见路时，则随地在山坳内过夜。在那没有一点儿平地的崎岖山道上行走，真使人困苦不堪；不过，我们学会了边走边睡，而有时天刚亮，我们又得出发。

一天夜晚，我们靠近一个小村庄宿营，可那里没有粮食，每人只分得一些白水煮土豆。两个小时后，又传令继续前进。可怜的格蕾丝·恩布伦小姐总在后面追，往往好像刚追上，前面又吹响了出发号。

使我们唯一能放心的是忠实的厨师苏思林（音译）跟着她，如果她不行了，苏会帮助她的。路越走越难，但我们一直前进到天亮。这时，格蕾丝·恩布伦小姐的卫兵从后面追上来，用过去常用的处决某某时的那种口吻平淡地告诉我，格蕾丝·恩布伦小姐已被释放。我们对这种"释放"的意思，疑窦丛生。几个月后，当收到一封有她获释确切证明的信后，我们方敢相信卫兵的话。

一次，我们离开了一个小村，连续一礼拜的夜行军后，结果又返回了那里，并适当接近了政府军。

在小村住了 11 天后，红军再一次提出关于释放我们的条件，他们打算放走海曼的那个中国女仆，让她捎一封信。信中提到，红军“现在宁愿将赎金折换成一张所需弹药、电台、电池及药品的货单”。我们获准可在旁附上私人信件，交由那个叫李国珍（音译）的中国姑娘一起送出去。

这一段生活，把李姑娘简直吓坏了，一天到晚的走路使她昏头胀脑不说，还不断遭到一些蛮横卫兵的呵斥。我们从未奢望她能像基督徒那样坚定，但现在这危险关头她却表现出对上帝的虔诚。她给那些家庭妇女做出了只要皈依上帝就会出现奇迹的证明，并推动她本人更坚信上帝。我们坚持让她考虑，此行她可能挨打甚至遭遇不测，她完全有权利拒绝。可她毫无顾虑，决心尽快送到。这样，最起码李姑娘能获得自由，并能将我们私人的信交给家人。

一天早上，我们看到一个掉队的挑夫，他衰弱得就像从沙漠中爬出来一样。当初，红军曾反对我们让自己的“苦力”挑满担。在红军那边，为了方便行军，挑夫只挑半担，因此我们只得按红军的要求办。后来，我们发现在“苦力”担子空出的地方，渐渐地被他们的物资占满了。因为气候潮湿、多雨，我们提出要块油布，结果费了半天劲儿才给了一条床单。我们后来才知道，这在红军中已是非常奢侈的供给了。

一次夜行军中，突然命令不准点火和出声。军团在漆黑的夜中无声无息地前进，每走一步都十分艰难，队伍走得很慢。为摸黑前进，人们只好抓着前者的肩走。这是因为我们正通过一个危险的山口，而旁边就有政府军把守。走出危险区时，灯笼、竹子火把允许点了，但谁冒冒失失先点亮，人们将骂他混蛋。因为，惯例是一个人手持火种站在路边，然后逐一点亮经过者的灯笼和火把。在寂寞的黑夜中出现这长长的火龙，往往给人以无穷的遐思。

有时，我们认为快走到了，但爬上山顶后，前边的队伍又爬上了另一座山。我们累得疲乏不堪时，往往乞求卫兵让我们在路边小房旁歇歇脚，不过，被俘的前一段中，我们的要求从未获准，必须和他们寸步不离。

宿营的村庄，常常又远又小，大都是那种由孤零零几座房子组成的小村。分给我们的房子，大都既靠外，地面又坑凹不平。幸好稻草和竹子是大量的，可以铺成比较舒服的地铺；再说，极度的疲劳使睡觉比吃饭更重要，往往头一着地马上就能呼呼入睡。我们整天想的就是吃饭和睡觉，而且，一觉醒来，就能马上吃上早饭。我常为那些做饭的人是如何睡觉的而感叹。不过有的人就不再需要这样。一天早饭后，太阳刚升起，我们正待命出发，这时，三个卫兵从类似我们住的那种房内，带出一个捆着的犯人，经过我们不远，一个卫兵喝令犯人跪下，我们的脸全都转了过去。后来，卫兵走回来时不断地擦他的大刀。在这里，没有时间让这些可怜的灵魂祈祷，而那三个卫兵中有一个仅十七岁，后来才知道他就是那次两个行刑者之一。

有一次在黄昏时，突然与政府军队遭遇，我们不得不退回到山边的小村里隐蔽，政府军这次距红军太远，而且兵力也太少，红军隐蔽起来准备战斗。我们则被关在一间房中，房中有张床，可床板却被“法官”拿走了。他总是这样占先，我们只好在床头前的脏地上睡。早上，枪声和火光把我们惊醒，我们火速出发，很快冲出能听到枪声的范围。尽管如此，突围中一个人的脚还是被流弹击伤。快到下一站宿营时，天突然变黑，暴雨骤下，我们和卫兵一样没有伞，浑身淋得像落汤鸡。休息时，他们点着一大块枯木，邀请我们一道脱下湿衣服烘烤。

那天晚上，我们宰了一头牛。第二天早上出发前，一个卫兵给我们满满一大碗切成片的牛肉，我高兴地把它收藏起来。晚上当行军到一所房子外待命时，为了御寒，卫兵又像昨天那样生起了火。这时传来命令，黎明前还要继续前进，而且没有晚饭供应。大家饿坏了，我自然想起牛肉，我把它穿起来放在火上烤，牛肉发出诱人的香味，一些卫兵也凑过来和我们共享美味。第二天，那个给肉的卫兵来找我“研究”那牛肉的加工方法，显然，他是打算让我为他单独弄一点儿吃，令人失望的是牛肉吃光了，不过，他并未为此生气。

牛肉盛餐后，我的一只鞋“走”到了头，凭另一只鞋我几乎走了五英里。

我告诉卫兵再走就必须找双鞋，结果他给忘了。第二天行军时，我的右脚只好用布缠着走。后来“法官”告诉我没有鞋，不过，他要求大家找找。的确，对同样缺鞋的同志们来说，这是个大难题。几个礼拜来日夜行军作战，根本没有时间打草鞋，一些人经常哭的原因就是因为脚和鞋的问题。后来，他们给我找来一双非常合脚的橡胶雨鞋，它是刚从一位正嘟哝着的同志脚上“没收”来的[①]。

我行军时喜欢哼一些赞美诗，最爱唱的是《一会就一会，我对他的爱》和《得到赐福》。尽管我们很多权利被剥夺，但困苦中我们得到并将继续得到上帝的爱。每个夜晚，我们首先想到的是对上帝的祈祷，这样我就能惊奇地振作起来去“忍耐”。每当打开《圣经》，我们就能获得巨大的安慰，没有什么能阻止我们这种思维的乐趣。每天祈祷时，箴言就从我们心中涌现，伟大的信念会安慰和支持我们，光明和黑暗就相克相消；当我们呼唤上帝时，眼前就阳光灿烂，精神的桎梏烟消云散，跳出“红海”的岸就跃然眼前。我们知道，只有坚信上帝，才能最终获释，我们虽身陷囹圄，但却是上帝照耀下的精神主人。尽管我们肉眼凡胎看不见上帝，但大家都是他的臣仆。

我每日这样祈祷：

10月5日

“对患难中的求告，我将拯救你，并以此而感荣耀。”（《旧约·诗篇》第15篇第15节）

10月6日

---

① 这里实际上记述了红六军团甘溪战斗前后的那段惊险的经历。攻克旧州后，红六军团原拟继续向西冲破相对薄弱的黔军防线，但却被李德、博古屡次的电令只得回头折返国民党湘桂追兵靡集的湘西。10月7日，红六军团东进至贵州石阡甘溪时陷敌重围，部队被打散，截为三段，行李辎重丢失，红十八师师长龙云被俘牺牲。部队被迫在人烟稀少的黔东一带高山密林中游击转移，形势万分危急。多年后萧克回忆“这一地区，山势险峻，人烟稀少，物资奇缺。部队常常是在悬崖峭壁上攀行，马匹、行李不得不丢掉，一些部队有时一天一顿稀饭，饿着肚子走路打仗。指战员没有鞋子穿，赤着脚在深山密林中行军，历尽艰辛……直到现在，一经忆起，心胆为之震惊。”薄复礼关于红军在如此艰难困苦的情况下为他找鞋的记述，佐证了这段史实。

“主，我们的神，万王之王。”（《新约·启示录》第19章第6节）

“我知道你无所不能。”（《旧约·约伯记》第42章第2节）

“我不会丢弃你，我将永不离开你，……不要害怕，不要惊慌，我与你同在，我是你们的神，我将给你帮助，给你力量，使你坚强，我仁慈万能之手将给你指引方向。”（《旧约·以赛亚书》第41章第1节）

“人所不能之处，上帝万能。”（《新约·路加福音》第18章第27节）

连续走了27天后，红军得到了一次休息，也就是在晚上行军、白天睡觉规律中再加一个白天而已。这是在四川境内。我注意到，现在我们吃的，已能保证一日三餐。他们又杀了一头牛，大家又重享了一顿烤牛肉。我们住在一家饼铺里，在那里我用一块半银圆能买50多张面饼。第一天休息时，我从路过的一个农民那里买了近两碗蜂蜜。第二天我首先洗衣服，然后设法洗了个澡。做完这些清洁后，我开始悠然自得地捕捉身上的那些“中国的千千万万”（虱子）。

这一天，是红军会师的伟大日子，会场上万人攒动，红旗招展。我们与先到这里不久的贺龙红二军团合并，贺龙军队衣着更破烂，但军帽和红色标志却十分明显。他们的目的是合并起来组成一支更强大的力量。不过，这对我们可能意味着获释的希望更加渺茫①。

红军的下一个目的是占领四川酉阳并在那里休整，后来，当来到这个城镇时，却令人失望地以急行军的速度穿城而过②。这是因为政府军正在逼近。使我失望的原因是，这段行军太累了。“法官”的妻子可能感

① 1934年10月26日，红二、红六军团在四川酉阳南腰界的猫洞大田召开庆祝胜利会师大会。会上宣布了中共中央贺电和红三军团恢复红二军团番号，贺龙、任弼时分任军团长和政委、关向英任副政委、李达任参谋长、张子意任政治部主任，下辖第四、第六师，约4400余人。萧克、王震仍为红六军团军团长与政委、谭家述任参谋长、甘泗淇任政治部主任，下辖三个团，约3300余人。两军团共同行动时，由红二军团指挥部统一指挥。

② 攻克川东酉阳，是红二、红六军团会师后，在违背李德、博古电令的情况下，两军团审时度势向湘西北挺进发展的重要转折点。红军以攻克酉阳虚晃一枪，调动湘西的国民党军北移，随后红军9天行走350公里，经湖北南下，攻克湘西北重镇永顺。11月16日红军设伏于永顺城北龙家寨十万坪，一举打垮长期盘踞湘西的地方军阀陈渠珍，此后乘胜再克永顺、桑植、大庸，建立了以塔卧（今湖南永顺县境内）为中心的湘、鄂、川、黔根据地。

觉出来了，她答应将为海曼和我找匹马。三天后，大概是到了湖北境内时，给了我们一头骡子，我和海曼每人各骑它走三分之一的路，但这招致了骡子主人的不满。

到那时，我们才发现他们的一切补给都是靠夺取。有一次，我们来到一个地主（土豪）家宿营。这里的一切，马上成了红军的财富，他们拿走了一切用得着的东西，然后熟练而有条理地召集穷人将谷仓的粮食分光。“那么按什么区分农民和地主呢？”他们回答我说：“按自食其力，如果他雇佣别人为自己种地，那他就是压迫者。”此后，在停留的一天中，红军就用这个“压迫者”的鸡、鸭、猪举行了一次盛宴。

一个十几岁的孩子，被认为是“奸细”也被关到这里，同时罚他打草鞋，一有机会他就流着泪恳求放他回家。寒冷的天气中，他不停地打着草鞋，身上却因一些衣服被人拿走而穿得很单薄。当我们离开这里后，再也看不到他打草鞋，因为他被处决了。十一月，经过特别考虑后，我们被移交给红二军团，并同另外五个列入名单的中国犯人关押在一起。其中有一个十四岁的孩子，被捕自彭水。他是在红军开进霍华德史密斯先生的教区时被抓获的，罪名是作为伴童经常参加学徒铺子对面小教堂的宗教活动。他的赎价 1000 元。

虽然，早先红六军团卫兵曾允诺会师后再给我们一匹马，可后来却只给了几双布料的草鞋。不过，这对现在状况下的我们，毕竟也是件好事。

夜行军开始了。新的卫兵对待我们像对待其他犯人一样，行军中用绳子捆住我们的手。在一处田间小屋过夜时，他们又抓来一个很富有的中年逃犯。从后来几个月相处中看，他为人处事很受人尊敬。尽管他的头和手在逃跑时均被枪打伤，但他仍要受罚，他轻蔑地忍受着鞭打。另一个犯人，即家中谷仓被分的那个地主，在他家，我们用他的床睡过一夜。

行军中，我们被一个犯人和一个卫兵夹成单行，位于队伍的中部，紧跟在旗手的后面。军旗为红布铺底，中间镶有一颗星和代表劳动阶级的镰刀和锤子。它只是在特殊场合使用。平常，它被放置在一个用油画布改制的袋中。残留的画面上，隐约可看到羊、牧人和星。我猜想它可能来自彭水教堂大厅。这幅宗教油画和军旗放在一起真是有趣。看着画面上那颗代表基督精神象征光明之星，使我在跋涉中得到了宽慰。为此，我有 50 次以上违反行军规定。我向他们解释，在我困苦之中，正是这颗基督精神的星照亮了我的眼睛。

路，中国的路与英国的路不同。这里只是勉强能走土质或石质的崎岖小道而已，雨天更是一片泥泞。行军中，爬山尚可，最难的是下山，山高路滑，危险万分。在阴雨天中，小路经前面几千人马走过后，泥泞路滑得简直寸步难行。红军很体贴人，凡遇到危险路段，总会有人走出队列帮我们一把。我们也没少栽跟头，往往总是泥浆满身。

我们被迫一点点地去认识那些多么空虚抽象的共产主义，并且这种认识随着事件的发展而日益加深。一些卫兵使我们感慨万分，对他们就像在路旁看到一块璞玉混珠，我们只能用中国话发出“唉”的叹息。有些卫兵能流利地阅读，常就一些人性、品质等哲理询问我们。他们的书中，对此难得有合乎实际的表述。我们开始教这些对基督精神一无所知的朋友们去认识，那，就是他们要学的第一门学问。

几天后，我们来到湖南永顺，那是一个重要城镇。美国天主教会在这里有座大型建筑。这里的基督教徒以芬兰教士为代表①，所有的外国人早已撤离。一天，一个同志令人高兴地送给我们一些英文印刷品，这是美国世俗和教团的杂志及一些教会的启蒙读物。它使我们得到几小时的消遣，后来每当痛苦难忍时，我们就以此解脱。

在这停留的八天时间里，我们过了一段舒适的生活。我有了一张桌和床。夜晚，睡在床上（与睡在地铺上相比），是相当舒服的。不过，由于和其他犯人同居，我们仍难免受打扰。那五名犯人都已被关押了很

---

① 天主教、基督教对信奉最高的神——天主教称天主，基督教称上帝，因此分称天主教和基督教。据《圣经·新约》载，耶稣基督是上帝（天主）的儿子，为救赎人类，公元零年生于犹太伯利恒，后召十二门徒，在犹太各地传教，招致犹太贵族和罗马统治者的敌视，被钉死在十字架上，此后复活升天，成为基督教信奉的救世主。

“基督”出自希腊语 Christos 音译，意同犹太教名词弥赛亚，弥赛亚为犹太教创造的上帝派来救赎犹太人的复国救主。基督教借用成为救赎人间众生的救世主，因此在基督教中耶稣基督常并用。

长时间，除那个被捕时受伤的逃犯和那个小男孩外，还有个来自富家姓廖的年轻人，大约二十一岁，被蔑称为“廖胖子”。他因为抗拒红军，已被关押了一年多，这对我们来说，已是相当长的时间概念。在永顺休息时，中间人前来谈判廖获释一事，廖家已准备交付7000元的赎金，谁想红军要价更高。我对如此无情地对待“廖胖子”而惊呆了。我们的中间人还未出现，我认为，一旦朋友们决定，他们会很快出现的。后来我们知道廖已意识到自己无希望了，从而对谈判也就漠然置之。中间人给廖带来了家中消息和第一个孩子出生的喜讯，可这位父亲再也看不到他们了。

一次行军中，一个脸上长满黑胡子，大约四十五岁，颇有风度的骑马人从我们跟前经过。他回过头来对廖说：“廖胖子，最好快点儿交钱，否则我们就要砍你的脑壳了。”他就是前面提到过的贺龙将军[①]。

---

① 贺龙（1896-1969），1896年3月22日贺龙出生在湖南省桑植县洪家关一户贫苦农民家庭。念私塾五年后辍学务农。1914年参加了孙中山领导的中华革命党，在桑植、石门、沅陵等县从事反帝反封建的武装斗争。曾三度入狱，威武不屈。1916年，他以两把菜刀闹革命，夺取了反动派的武器，组织起一支农民革命武装。在讨袁护国和护法战争中屡建战功。

大革命时期，贺龙积极拥护孙中山先生“联俄、联共、扶助农工”的三大政策，率部参加北伐战争。1927年6月，任国民革命军第二十军军长。1927年贺龙率部参加并参与领导了南昌起义，经周逸群、谭平山介绍，加入中国共产党。南昌起义后，贺龙根据党的指示由上海回到湘鄂西，领导发动湘西起义，与周逸群、段德昌等创建了红二军团和湘鄂西革命根据地。

1934年10月，率部与任弼时、萧克、王震等带领的红六军团在黔川边境会师，开辟了湘鄂川黔边革命根据地。1935年11月，贺龙、任弼时领导红二、红六军团长征，突破国民党军队的重重围追堵截，转战湘鄂川黔滇康青甘，促进了红军三大主力胜利会师。

抗日战争开始后，贺龙任八路军第一二〇师师长。1937年9月，率师主力东渡黄河，挺进敌后，配合国民党军队对日军发起忻口战役，取得了雁门关伏击战等胜利。后转入晋西北管涔山区，开辟了晋西北抗日根据地。1940年任晋西北军政委员会书记和晋西北军区司令员，领导晋西北军民粉碎了日军多次“扫荡”，使晋绥根据地不断扩大和巩固。1942年6月，任陕甘宁和晋绥联防军司令员。

解放战争中，贺龙率领晋绥部队主力挥师北上，与聂荣臻指挥的晋察冀部队一起进行了绥远战役、晋北战役，协同晋冀鲁豫部队发起了吕梁、汾孝战役。贺几个月后，廖被处决了。这样的规则，适用于任何人。犯人中还有一个女教师和两个十几岁的女孩。当犯人被带到我们隔壁时，我们常能听到审问、拷打及数钱的声音。

永顺城的教会未免其难。我们也从同志们那里分到一些东西，由此我们希望那里的教士能原谅我。这些物品中有不加糖的炼乳罐头、黄油和番茄牛肉汁罐头。我们还从这里买了些水果、鸡蛋和面制品。一个同志发现了我脚上的水泡后，非常善良地治好了它。我们再次看到那些红军士兵是多么勤奋。在这里，他们除了忙着打草鞋缝衣服外，还抓紧时间武装思想，一边听关于共产主义原理的党课，一边努力学习文化知识。红军希望长期留在这里，不过因为政府军的再次逼近，我们不得不继续转移。出永顺城门时，那里的一个同志给我们每人发了一小包白糖（约两磅[①]）。

后来几天的行军变化不定，有时半夜出发，有时刚走一二英里就原地待命，然后等半天或更长的时间。我们简直累坏了，总想停下来睡一夜，哪怕没有床。有次刚睡了一个小时就被叫醒继续前进，可走了几英里后，又突然传令在漆黑的夜中原地待命，我们被再一次关进一间屋中。那是一个紧张的时刻，我们不知道红军在干什么，更不清楚将会发生什么。事后才知道，政府军在山谷里中了红军的埋伏，结果红军取得了很大的胜利，并俘虏了大批政府军。几天后，我们再次凯旋永顺。

按例，红军每次作战后，都要打扫战场掩埋死者，然而这次却因追赶政府军，处理得十分草率。在返回途中，我们再次来到上次出城时曾

龙协助彭德怀组织指挥西北战场部队，并主持后方根据地的建设，为西北解放战争的胜利做出了重要贡献。

1949年12月，贺龙率华北野战军第十八兵团等部，由陕入川，配合刘伯承、邓小平指挥的第二野战军，歼敌数十万人于成都地区。西南各省解放后，贺龙任西南军政委员会副主席和西南军区司令员、中共西南局第三书记。1954年调中央工作担任国务院副总理和中央军委副主席。1956年中共八届一中全会上，被选为中央政治局委员。1959年，兼任国防工业委员会主任。1964年主持军委日常工作，有力地推动了人民军队的革命化、现代化、正规化建设。建国初期开始，兼任国家体委主任，是中国社会主义体育事业的开拓者和奠基人。

① 1磅=0.4536千克。

住过的农户家休息。上次，那家女主人出来为我们生火，并提供了很多方便。而现在，人去房空，没有烟火，很明显她已逃走。这凄凉的景象，证明了我们走后发生的一切[①]。

准备吃饭时，天已经很晚，晚饭必须起床去吃。我想起身边还有个炼乳罐头以及黄油和白糖，于是，我把这些奢侈品调到一起，代替了晚饭，并自称为“冰激凌”。这次在永顺只待了一天，然后走了很长一段路才转移到大庸。礼拜六黄昏，我们到达城中，晚上刚倒下想睡，就忽然被叫醒出发。天黑得可怕，刚一上路，又下起了雨。队伍走得很慢，到半夜只走出城几英里。人人累得精疲力尽。后来传令原地休息，总算让人缓了口气。第二天是礼拜天，我们再次重返大庸。当摆渡过河时，红军为防止我们逃跑，再次捆住我们，结果一直这样令人羞辱地来到了城中。在大庸的几天里，我们仍同那一伙犯人关押在一起。一个是八十岁左右的老私塾先生，一个是典型的地方小官吏。我们做证，天知道他们干了什么坏事，可两个月后便被处决了。

在这里，红军发给我几件衣服，其中一件是类似西方人寒冬穿的大衣式的长袍(没收于富豪)。这件长袍白天是我的御寒衣，晚上则成了褥子。一天，突然命令“准备出发”，后来又传说仅红二军团行动，而我们这些犯人却要更换地方。半夜，我们被迁往红六军团卫兵住房的走廊上，并指定在那里过夜。那里地面很硬，没有铺草，像流浪汉的床一样，只铺了两张纸。冷风从过道中吹来，对面那个因受捆绑刑罚而不能动的犯人在第二天早上死了，为这次迁移留下了阴沉的记忆。次日早上和中午都没供应饭，直到晚上才给。接近中午时，我们再次被绑，同所有犯人一道押往城外两英里的一个地方。

这是一次令人伤感的“行军”。那个属于富人的逃犯试图跳城墙自杀，结果反把脚摔坏了。此后，他只得自作自受。我们同老人、妇女、孩子、姑娘约五六十人被带到城外一处房前，一直等到天黑才允许我们进去。

---

① 这里薄复礼以隐晦的语言，记述了红军与国民党军在湘西边远地区对待当地穷苦百姓的明显区别。据史料载，当年云贵川黔湘的边远地区民众，常年受到当地官僚政权、土豪劣绅、土著军阀和一部分教会恶势力的重重压榨，民不聊生。

那是一间大约50平方英尺[①]的仓房，里面一根木梁横在当中。分配给我们四个人的地方非常拥挤，使我们很难安排睡觉的位置。在睡觉的伙伴中，有一位已80岁的老翁。这里谁发善心，谁就别想睡觉，没有人尊老，后来他就像被扔到地狱一样地给挤了出去。另一个就是脚摔残的犯人，他似乎很粗野，但很友好，人们都怕他，后来也被处决了。那时我才知道，在分开的房中那些犯人的命运是多么的不幸。他们的手被捆在身后，乞求和叫骂，换来的只是挨揍，不准活动和说话，一天两次少量的冷饭，不让洗脸，有时挨打后流出的血迹整天地留在脸上，眼看着他们一天天的消瘦。开始几天，我们因为邻近房中发出的那些悲哀的呻吟而辗转难眠。一天，一个人冲进来紧张地说，营地上空发现了敌机，我真感到一阵阵兴奋。

现在，红军再次让我们给官方政府写信，他们同我们使用同一本字典来斟酌词句，当然每封信上都要加上几句指责。在几个不同的时间内，我们被要求一遍遍地复写那些信。结果每写一次后，飞机就要出现一次，而我们则要迁移一次。两三天后，我们来到了下一个根据地——塔卧[②]。在这里我们停留了几个月。我们第一次走进关押我们那个大院门口时，

---

① 1平方英尺=0.093平方米。

② 1934年11月，红二、红六军团相继攻克永顺、桑植、大庸，11月26日，中共湘鄂川黔边临时省委在大庸宣告成立。12月10日，任弼时率湘鄂川黔边根据地领导机关进驻永顺境内的塔卧。塔卧位于湘西土家族苗族自治州永顺县东北部，平均海拔380米，面积约350平方公里。湘鄂川黔边根据地以塔卧为红色中心，相继建立了十几个县（或带地区性）的党委、9个县革委（或苏维埃），近70个区、330多个乡苏维埃政权，其根据地和游击区共达30余县，纵横千里，总人口约200多万人。根据地先后粉碎了国民党80多个团的六路围攻，歼敌万余人，缴枪万余条。在战略上牵制了敌军，有力地策应了红一方面军的长征和其他革命根据地斗争。

湘鄂川黔边作为红军长征转战途中建立的根据地，为革命做出了巨大的贡献。1935年4月12日红军一度自塔卧撤离，在根据地内外与“围剿”的国民党军队周旋。1935年9月，国民党调集130个团的兵力，再次对湘鄂川黔根据地发动大规模的“围剿”。1935年11月19日，红二、红六军团决定退出湘鄂川黔根据地中心区域，部队从桑植刘家坪等地出发开始战略突围，拉开了此后与红四方面军、红一方面军长征会师的序幕。

我对海曼说：“如果能再次进这‘门’，那我一点儿也不惊奇。”因为在根据地这种四合院式的建筑很少见。这里不易逃跑，四合院中有足以容得下卫兵出操和休息的大房子。我们与其他犯人分住在六间房子里。我和海曼分住一间，这间房中仅有的物品就是一张床。这是一张用细绳编织的棕床。当我们铺上一层稻草时，我们睡觉时就能离开地面。对现在的我们，它就是一张相当奢侈的“弹簧床”。

第二章　逃跑及后果

现在我们的生活变得较为平静。自从被扣留以来，我和海曼在祈祷时共用一本《新约》和《每日祈祷词》抄本。大家相互鼓励，结下了深厚的友谊。前一段行军途中，我们还一起祈祷和诵读《圣经》，并合唱赞美诗。礼拜日，我们通常以抑扬顿挫的声调唱《赞美诗》。卫兵们很喜欢听，经常要求我们再唱。在这里，红军给了我们不少活动的自由。他们除了允许我们用洗过二十多人后的洗脸水洗脸外，还允许我们在少有的几个晴天中乐悠悠地在院中晒太阳。他们并不太严格限制我们待在房中，只是不准走出院子罢了。

面对毫无希望的释放，我们意识到圣诞节即将来临。在房中住久了，我们发现后门的两个在左、一个在右的三颗钉子钉得很松。“逃走”的念头再次涌上心头，节日临近，单凭想与家人团聚这一点，就足以刺激我们去做逃跑的尝试。我们发现房子后面设有一个卫兵站岗，不过他经常玩忽职守忙别的事；而且每到黄昏之际，他都要被卫兵连长叫去晚点名或集体唱歌。

1934 年 12 月 17 日黄昏，当那个执勤的卫兵刚被叫到另一间房子火堆旁点名时，我们轻轻打开了后门，利用阴影迅速地跑过营地，然后走下几级台阶，来到早先上厕所时观察好的一个花园。这里有一堵墙把路分开，我们很容易地爬了过去。这时，我们清楚地听到身后传来的歌声，必须在被发觉前跑得越远越好，只有那样才能逃脱。

天很冷，月色暗淡，我们辨别不出前进的方向。半夜，我们沮丧地发现又转回到老地方。天这时漆黑一片，下起蒙蒙细雨。为了不至于掉进山涧摔死，我们只好冻得哆哆嗦嗦地在路边等了一个多小时。后来我们冒险敲开路边一家的门，那里房主虽然给了些吃的，但却不断地赶我们走，一再讲“红军随时可能来”。他们给我们指了一条安全的路线，路上我们遇到的第二家房东非常好客，除留我们歇脚外，还免费送给我们一些食品，甚至还尊称我们“牧师”。他们是非常善良的，不过，我们仍担心红军随时会来，恐怖笼罩着大家。

一个青年人把我们送到他们认为比较安全的庙中隐蔽。当朦胧的曙色降临那座庄严的建筑时，青年人说了声再见便匆匆消失了。我们发觉庙的门窗为防打仗都堵得严严实实。我们费了很长时间，才找到入口，里面的老道士听到声音走了出来。对他，我们又重复了一遍自己的故事。虽然他让我们进了庙，但却担心地告诉我们，红军因怀疑他匿藏地主，几乎天天来搜查。道士拿来了冷米饭和味道不错的炒菜，然后就坐在我们身边，设法劝我们离开。他简明扼要地说，我们即使为逃命也应向前走，他告诉了我们行进的路线。说实在的，我们所处的状况的确十分危险。

天亮以后，我们停下，找了一个地方隐蔽起来。对于躺下睡觉来说，地面太潮湿了。我们只好坐在那里祈祷。黄昏时，我们继续前进，结果，又发觉像前次那样绕了圈子。我们始终未能走出塔卧方圆的五里之外。我们再次走进路旁的一所农户家中，他们很善良，让我们吃了一顿米饭和鸡蛋，不过他同样盼望我们吃完就走。房东告诉我们下一步的路线，并解释不能让我们久留的原因是邻居家中有人在红军中当连长。他们这样做是对的，后来证明我们的确给他带来了危险。此后的几天，我们发现了一个小山洞，并在里面睡觉，不过因为担心山洞会塌陷，我们又坚持爬了出来，不然我们说不定会在洞里永远“失踪”。

由这里向前，当翻过了一座山后，我们在路上碰见了一位挑担子的妇女，我们迎上去，有礼貌地向她讨水喝，谁知她却胆怯地掉头跑回家。当我们跟到门口时，一个男人从里面走出来，打量着我们，突然问：“还认得我吗？我们曾见过。”原来他就是与红军谈判释放廖胖子的那个中间人。他把我们让到家中，并拿来晚饭。在这里他是属于我们这一类的，都因红军而倒霉。他也同样打算逃离这里，我们无法在他家中藏身。当大家相对发愁时，方才遇见的那位妇女安慰我们说：“这山谷下面还没有红军。”我们继续向前。当我们在山下路边一户农民那里打算买双鞋时，谁料那家人暗中早已知道红军正悬赏五百元捉拿我们。我们走后，他马上派人去报告了红军。在我们爬到另一座山的半山腰时，那家房主抄近路赶来告诉我们说，前面山上有红军，危险，劝我们先返回他家，待天黑以后再走。我们弄不清该怎么办，最后听从了他假惺惺的劝告往回走。不久，我们发现他的好客非常伪善，由于说谎的缘故他的表情十分紧张，而且每走过一间房子，他都提议歇歇。这时红军由山下追上来。当看到后面那些手执长矛的人追来时，他一把抓住我并为那笔悬赏激动得哆哆嗦嗦。

我们的《新约》《每日祈祷词》和袋中的三块银元都被搜去。后来我遇到原来的卫兵时，第一件事就是请求他帮助寻回那两本书。卫兵偷着告诉我们说：“不会杀你们。”当然，这样做对他自己是相当危险的。当我们被押回塔卧，途经一所庙宇停下来休息时，一大群人很快聚集到那里，好奇地看着我们。在那里我们吃了晚饭。回到原来地方后，我们遇到了卫兵连长，他生气地揍了我们几个耳光。我们被带去见“法官”，他同样也很生气。后来，我们被关到普通犯人（奸细、帮凶等人）的房中，但在里面与他们隔开。一个半小时后，我们被叫到萧克将军及其他领导那里接受审问。

“为什么逃跑？”“法官”问。

“假如你在我这样的状况下，你不这样做吗？”我回答说。

“你是基督信徒，基督不是说过打你的左脸就把右脸也给他吗？那么，我们要求你跟着走，难道你不应跟到底吗？可你违背了自己的教义。而我同你不一样，我们是信仰马克思主义的。”“法官”这样回答我。

直到后来我们离开，他们挨个一遍遍地重复训斥我们。而在这时，我们唯一能做的事情就是默默地祈祷上帝。

他们的态度，未能像他们所说的那些道理那样同情我们的遭遇，如此的训斥，只能使弱者抗拒。如同他们节俭的经济政策那样，他们简单地将人划分为三个阶级，并选择支持一个，虽然从根本上讲三者都同属那“贫农”阶级。第一是农民及工人阶级，第二是小业主——这需一定的时间进行改造，第三是诸如牧师、教师等——不从事体力劳动者。

按他们的分析，我们即属于第三类，结论是否定的。保罗的预言降临到我们头上，“直到今天，我们仍被看作是世间的污秽，万物的渣滓。”[①]

提问结束后，我们被绑着关进一间木地板的普通犯牢房，房内的两个角落堆着些稻草，作为我们的床，几块砖头作为枕头。我和海曼睡觉的位置被隔开，一头是海曼，一头是我。命令我们不准说话，想翻身和活动时须报告卫兵批准，他们还给我们制定了规则，其中要求按这种方式说话：

“同志，我想报告。”

“报告什么？”

“请让我翻身。”

“不行。”有时卫兵会这样生硬地回答，不过适当时他会同意。我们的手是被绑在身后的，完全得依靠他们来松绑。如果同意翻身的话，那么就得松绑。海曼的左手就因捆绑得太久，很长时间未能恢复。

卫兵平均10人一班，有一个班长，几个班组成一个连，由连长指挥。每个连配有卫生员、指导员和教员等。虽然共产党的口号是“打倒特权阶级”，但他们内部却相反，下级必须服从上级，不过，下级的意见也往往被上级采纳。曾有一个比孩子大不了多少的班长，在他调到这里的当晚，注意到卫兵对我们看守很严，而我们又被很紧地绑着，他自作主张地给我们松了绑，后来竟也没事，的确这在一定程度上减轻了我们的痛苦。

几天后，我们又被带去见“法官”，除逃跑一事未深究外，其他仍像审讯间谍一样。“法官”告诉我们，不久我们将在广场上接受人民审判，那时，我们应老实交待问题，因为如果交待的能使广大战士和老百姓满意，我们的罪名将定得轻些，否则，我们不妙的前途将由他们来决定。准备交待的问题在单子上列得很长很详尽，细目从何年何月何地出生，受何等教育，一直到来华后的活动等。问题同样包括那次难堪的逃跑，如遇到何人，从何人那里得到过食物等。我们从常识判断，大概谁与我们接近谁就将倒霉。“法官”扭过头来告诉我：“这里你将受到的是代表人

① 《新约·前书》第4章第13节。

民意志的公正审判。”

不久，我们便被带去接受审判，大约有几千名士兵和老百姓早已聚集在广场上。一座后部装饰着旗子和纸花的讲台上面，设置了一个示众的审判台，台上有供“法官”专用的一张桌子和三把雕花木椅。

审理的第一个案件是一个“同志”受贿后企图保护地主，提问他几个问题后转交大家裁决。随着下面大家一声“杀”字，这个可怜的已经很瘦弱的家伙，脸色蜡黄，还试图辩解，但马上被带下去处决了。

我们是下一批，海曼在前，我在后。一会儿我们被带上审判台，面对人们。坐在身后的“法官”开始提问，我们则需要面对台下的人们回答，情景颇具戏剧性。最初是嘲弄我们几次用英文重复自己的名字，如此怪里怪气唱歌般的外文名字的确有趣。“鲁……道……夫。”人们爆发出阵阵大笑，他们还要求海曼说几句英语，再次引得大家哈哈大笑。

现在上帝的教诲极大地安慰了我，特别是“当把你交给公会，面对权势者的威严，不要忧虑，心口如一，因为圣灵将导引你说出该说的话”，上帝使我坚定了信心，驱走了恐惧①。

“到中国来干什么？”“法官”问。

“来传播上帝的真理，并告诉我们如何忏悔……”

“法官”立刻叫我闭嘴，紧接着提下一个问题。这是三项指控，即

（1）我带的照像机及拍摄的一些估计是战略要地的照片；

（2）我的中国装束及流利的汉语，隐瞒自己外国教士身份想干什么；

（3）我们传播使人麻醉的宗教。

结论是：他们有充分证据证明我们是为各自国家服务的间谍。

此后，“法官”要求大家裁决。人们沉默了一会儿，接着又爆发出那两个字眼“杀”“打”。“法官”马上站起来命令把我们带下去。一会儿，我们再次被带上来，他们开始高声宣读早拟好的判决，赎金改为 15 万元，判处海曼有期徒刑一年，判处我 18 个月。我服刑长的原因是曾唆使逃跑，这当然不公平。例如，我在海曼被抓时，往前多跑了几步，这被他们可笑地指控为“拒捕”。继我们之后，又有两个犯人接受审判，他们的命

---

①　《新约·马太福音》第 13 章第 9 ~ 11 节。

运同前，均被判处死刑，而我们则在散会后被带回牢房。

开始服刑后，“法官”把我们叫去几次。有一次，“法官”告诉说：“你们逃跑时执勤的那个卫兵，因失职将受惩罚，自然你们也得为那次徒劳的举动而受惩。”他列举了三种方案让我们选择：一天挑一百桶水；一天挨打一百下；一天二十小时不准睡觉。我们无法选择，我们没有力气挑那么多水，而其他两种方法还不如“砍脑壳”。不过，我告诉他，如果允许的话，我倒真愿干点儿力所能及的事，无论如何恐吓对我们不起作用。他本打算用惩罚那个卫兵的话来动摇我们的信仰，可我们却告诉他上帝将与我们永在。我们甚至吵起来，而那个卫兵见此却似乎暗中高兴。

当卫兵看不着我们或转过身去时，我便与海曼偷着小声说几句，我让海曼装聋，并和他做打字母的游戏联系。他真是一个聪明而又非凡的“学生”，他掌握得很快。不过，这种方式的极限仍需卫兵看不到时方可进行。一有空，他就比比划划地问我：“你正在干什么‘鬼事’？”

圣诞节的黎明，在我们被严厉监禁的状况下来临了。有生以来没有比这更凄凉的一天了。天很冷，没有火，唯一的消遣是在地板上抱膝独坐。凄凉之中他们做的唯一事情，是照例送来那令人感伤的普通饭菜。那天，我们呆望阴沉的天空，愁肠百结。

上帝的那句话使我们眼前呈现光明：“阿门，上帝和我们同在。”我想了很久又想出一个用碎草拼字母表达思想的办法。当然，这仍需瞒着卫兵。这小把戏使我们从苦闷中解脱出来。地板上一点点地出现了的句子使海曼兴奋起来，“上帝既然为我们，他就不会丢掉我们”。我俩明白现在的状况还未达到上帝所忍耐的极限，我们为接受考验而自感欣慰。

两三天后，“法官”再次把我们叫去，审判做了更改。他的眼中闪烁着友善的目光，他对我们说，我们在服刑期间可按一天一块大洋赎买的办法免刑，即海曼一年计三百六十五元；我十八个月计五百四十八元。“可我们没有钱。”我犹犹豫豫地回答。“法官”却坚持让我们选择了罚款。我们心中很清楚，如果继续那种刑罚，的确将会加速我们的死亡。

“自然，”他解释说，“我们不能再给你们逃跑前享有的那么多自由。”他同时还要求我们根据判决书副本再次向外写信，并说如果能得到两挺高射机枪的话，将会减少赎金。我们又在如何获释的旅途中跋涉，不过，在目前的这些谈判中，我们最愿选择的则是马上睡觉。

先前的那种严厉监禁方式慢慢放宽了，但无论如何禁止祈祷，这对我们来说，同样是属于一种精神的饥饿。我暗示海曼用外文喃喃自语来秘密进行。当睁开眼时，没料到卫兵已站在面前，“搞什么鬼？”他盘问道。随后命令我们“头转过去睡觉”(中国最流行侧身睡法)。这样我们两人的头方向相反，海曼的头对看我的脚。如此“待遇”持续了几个月，这使我们感到非常别扭。

新年在这样的情况下来到了，元旦之晨，是我的生日，这也是我第一次不能与亲人欢度的佳节。我的心不单是因为无法回家过年，同时还因那渺茫无望的获释，而迫切需要上帝的帮助。在那次不寻常的祈祷中，我同样得到慰藉。上帝答复了我的恳求，它就在《赞美诗》第 37 首中：“噢，来到上帝的怀抱，为他而不屈不挠，上帝将实现你的心愿。坚信上帝，他就会把奇迹创造。不要烦恼，恶人总把自己害了。噢，来到上帝的怀抱。”上帝这首诗，同样也感动了我的伙伴，使他同样感到快乐。这个关于告诉人坚强忍耐的启示，指的大概正是在红军中的这个圣诞新年。于是，我在墙上刻上“A・D 1935”[①]。卫兵能认出数字并明白年号，但却不清楚缩写的含意，那正是上帝纪元之意。红军所惯用的是基督问世前的那种原始的太阳历，他们不像我们那样重视新年。不过新年前夕仍准备了一次会餐。我们分得一大盘炒得很香的猪肉，这给人无穷的享受。从窗口，我们看到院中同志们八人围成一桌(中国特有的)吃饭，因没有桌子，地面就成了餐桌。此时这种井井有条的样子与过去杂乱的吃饭情景形成了鲜明的对比。

不久，红军对我们的监禁又进一步放宽了，我们被换到一间有三个犯人的房子，后来房中又添到四人，他是一个大约七十五岁左右姓廖的中国犯人。他家离这儿很近，他被怀疑与那个廖胖子有关联，不过他矢口否认。他的儿子经常给老人送些爱吃的东西，但这只能在红军允许时才行。

---

① 出自拉丁语 AnnoDomni 的缩写，据《圣经・新约》载，耶稣生于公元零年，此后西方以此为纪年的开始。

一次，红军中一个负责人允许我们这所房子的房东给老廖送了点儿东西，老廖高兴得点头哈腰，感激涕零，看上去甚至能扇自己几耳光。对于目前的处境老廖很为难，如果不奴颜婢膝而采取反抗的态度是不现实的。那个负责人对这种态度反感，因为共产党的政策是尊重老人，并特别反对奴颜婢膝。老廖的举动完全是阿谀讨好，想借此换取红军对他的好感。他的手指甲留得很长，即使在中国老年人中也属罕见。一个卫兵责怪道："为什么留这么长的指甲！这很封建和不卫生……"老廖于是马上剪短指甲。作为犯人，他一直活到传统的春节。在中国年最后的日子(具体时间记不清)，他家曾送来放在特制盘中的一些炒肉和腊肉。他和我们同样在精神上是超脱的，他吸鸦片，作为特殊让步，红军允许他家中给他送鸦片。在被关押的形形色色的犯人中，我们又有幸看到了一种新情况——抽大烟。后来，我们学会了制作这种使那些苦力耽耽入迷的玩意的技能。有些卫兵暗中也会吸，可苦于弄不到，他们曾秘密向老廖索取。尽管如此，老廖最后还是被处决了。

你也许对了解那些卫兵感兴趣，按我们的话说，他们是些没有教养的人，其中有一个来这儿不久的卫兵，他曾摆出一个老兵的样子。中午或半夜他执勤时，习惯不礼貌地用粗嗓子没高没低地重复唱歌，同时，用枪托不断地敲打地板作为伴奏。他这种粗野的性格体现在其言行中，如骂人"恶霸""老孙子"等。站岗时，不管我们动了没有，常常吼叫"不准动"。他常走近送饭的小窗口恶狠狠地瞪犯人，同时用特有的大嗓门儿让犯人这样或那样。有时，他走进屋打那些犯人。一天晚上，他因为老廖有病或苦闷发出的小声呻吟而痛打了对方，第二天老人被抬了出去。一天，我对他让我一晚上不准动的命令提出抗议，当其他卫兵不在场时，他嘴里虽不再说什么，但却用刀背打我作为他唯一的回答。我警告说，我将向连长报告他的一切，因为红军是禁止采用这种方式的。他怕极了，却仍装出要进一步报复的样子来恫吓我。第二天，我考虑再三决定保持沉默，没有去想他会怎样对待我。晚上，当我睡觉时，他先后三次摸我的脸吓唬我，我仍保持沉默。几天后，他对我的态度变得好起来，有时甚至尊称我为"老薄"。不过习惯阻碍了他从善如流，他照旧放嗓子唱歌，用枪托敲打地板。我们真不知如何祈祷来阻止这种对神经进行考验的噪声。有时，他会拿出一张曾在萧克任教员的学校发的结业证给我看，证明他曾在校学习一个月期满[1]。

我们的房子正对着院子，这使我们有机会看到大量的他们对待犯人的情景。有一个人试图逃跑，后被抓来带到院中，由卫兵换班打逃犯，他似乎没有指望叫卫兵手下留情。黄昏，那根打人的竹棍收了起来，早上，它又拿出来使用。常常看到，被毒打后的人因饥饿和生病而死去，他们被抬出去，像埋一只野狗一样被处理掉。一次，两个妇女为那个“老廖”来到这里，关在邻近的房中。一天晚上，她们看到死去的老廖手脚捆着像被送往市场的猪一样抬去埋葬时，那女人剪断头发去哀求连长让她们把尸体带回家安葬。连长显示出他有多么硬的心肠，他问那女人：“老家伙给你们带来些什么？”就这样，他拒绝了她们的苦苦哀求。那时，这种情况司空见惯，几乎每天都看到。男人和女人被带出去行刑，有的还被用腰带抽着走，有的赤着脚、手被绑得很紧。处决之后，死者的衣服物品往往被执法者恰如其分地瓜分，目睹此情此景，我们深深感受到冥冥之中神灵之手对我们的佑护。

在这里，我们也看到了红军的业余生活，通常是在黄昏时刻，一般由卫兵们相互邀请聊天。他们能无准备地即兴表演，大家围坐在一起，这时连长往往自愿出来组织唱歌或进行摔跤比赛。每次表演后，大家都爆发出阵阵笑声。有时他们也玩诸如“丢手帕”或“赶猪”之类的简单游戏，两个人站在圈里，一个人蒙着眼去追赶另一个，被追的那个要边躲边发出叫声。或者是“瞎子与拐子”游戏，沿着圈一边五个“瞎子”或“拐子”；谁扮演得不好，大家就笑着纠正。做好这些游戏和比赛，不那么容易。在玩的过程中也有一定的技巧，如“刀术”，他们中的一些人相当内行和熟练。在双人对打中，能飞快地用刀砍对方的头和手，剑术亦同样精彩。看到这些清新向上、健康的娱乐是相当有趣的。中国最盛行的消遣是赌博，但在这里是严格禁止的。有时红军也打篮球，不过球场那边我看不见。

---

① 红六军团在开辟湘鄂川黔边革命根据地后，曾相继开办中国工农红军大学第四分校和中共湘鄂川黔边省委党校等，萧克时兼任红军四分校校长。

时间长了，这种单调的生活使人感觉迟钝，百无聊赖。一天，我看到身边一个中国犯人正拆一双毛袜子，我过去帮忙并问他："这干什么？"他告诉我准备编草鞋带子。我不由回想起小时候生病中，母亲教给我的编织，我想如果有织针和一些线，我就能织点儿什么，而且编织东西既能满足我的需要又消磨时光。那个犯人没有多少线可给我。从哪里搞到大批毛线？又怎样找到织针呢？我简单地找了根细棍，做成一根合适的针。因为缺鞋，我首先为海曼织了一双软鞋。卫兵们看到后非常惊讶。号兵设法用帽子兜了满满一帽羊毛，偷偷带进来送给我。他的成功，使我从此不再为毛线供应发愁。后来这段时间过得很快，我织帽子、手套、腰带，甚至毛衣都织，直到最后我仍有一批订货单，而这些过去全靠缝制。当然，你也许会为这其中一些物品织得的样子很奇特而感到好笑。

我们总是遵守礼拜天休息制，它使我们很容易记住日期。我们解释这一天停止工作的理由是要对"上帝"祈祷。红军一边听一边取笑我们迷信。不过一到礼拜天，他们自己也停止操练，只能擦枪和待命。可能红军也认为需要休息，不过还要适当准备应付政府军的偷袭。他们经常记不清礼拜几，来问时，我不加思索地脱口而出，使他们感到惊讶，有时，甚至军团领导也问我。从那时之后，我们改变了过去因白吃人家饭而惴惴不安的局面。当他们请求帮助或询问什么的时候，我们都深深感谢上帝让我们为自己挣得了一份口粮。尽管，我们说得很简单，但有时他们理解起来相当吃力。虽然我们置身囹圄，并在前一段时期受到嘲弄，但我们遵从上帝旨意并受益匪浅。

我们的床紧靠房子的隔墙。一天，海曼听到"法官"对某人谈话时突然大声地说："他们是外国人的走狗。"海曼告诉我说："我认为有人正前来营救我们。"我认为这是可能的。当怀着这种信念等到晚上时，我们又一次被调换了房子。

第三章　朋友们的消息

第二天，我们被“法官”挨个儿叫去询问是否了解海曼·贝克尔。“法官”告诉我们说，红军正在调查贝克尔的声明，以及我妻子在浙江来信的真伪[①]。

几天后，“法官”又把我们叫去，这时他表情复杂，疑虑重重。他以一种听起来平和，但不无警告的口吻说：“贝克尔正派三个中间人前来谈判释放你们的事宜，那时，只要不泄露关押位置，将允许你们见面。”

次日早上，红军先绕道把我们秘密带出城，然后似乎有意炫耀地让我们穿着洗得发白的衣服，带我们经过稻田，从前边大街走进塔卧，这显然打算给人造成一种我们来自很远地方的假象。再看到“法官”时，他把我们热切盼望很久了的妻子等人的来信交给我们。自我们被带走后，五个多月来，没有得到过一丝有关她们的音信，不知道我们的离开给她们造成了多大的创伤，也不知道她们目前在贵州生活得怎样。

就在那时，我们对格蕾丝·恩布伦小姐生还与否的久久挂念才冰释于怀。来信证实了她的获释，这使我们心中感到十分宽慰。

鲁宾逊先生的信告诉了我们贵州同事的一些情况。贝克尔先生基于他过去与贺龙将军的友谊，写信向贺发出呼吁。当年，贺龙将军曾路过

---

① 海曼·贝克尔（Hermann Becker），英基督教会和中华内地会湘西教区牧师，因与贺龙相识，故教会方面委托他为与红军谈判的代表。贝克尔多次派遣中间人与红军接洽，但其本人始终未与红军见面。

他的教区，参观过那里的孤儿院、医院和学校，对贝克尔先生为改善穷人生活的努力极为称赞。贝克尔坚信，换个位置，贺龙将军会同他一样，致力于改善穷人生活状况的事业，而且贺龙将军也不会伤害任何人。贝克尔希望，或许贺龙将军能为释放一事安排一次商谈。贝克尔先生曾救过贺龙的侄子，而艾特尔医生也曾救过贺龙的兄弟。

“不过，”“法官”对此淡淡一笑，告诉我们，“你们切勿因这些友谊而心存妄想。因为，在新型人民政权中，友谊乃至家庭观念都是从属于共产主义理念的。”

信的内容试图感动将军们。

转中国共产党军队贺龙、萧克将军收

上海，西藏路1531号 中华内地会

将军阁下：

由于迄今无法从任何地方（包括国民政府方面）得到你们的消息，我们这两个外国妇女不得已只好十分冒昧地以这种方式给您写信。日暮途远，恐怕也只有如此你们方可收到此信。

将军，再没有什么理由比这更能向中国民众，特别是穷人们显示仁慈了。我们来到中国无论何时何地从未反对，也从未取悦过任何人，只是希望能竭尽自己毕生精力来传播上帝的爱。

从萧克将军来黔，以军事谍报人员之罪名抓获我们以来，距今已三个多月了。我们衷心感谢将军使我们当场获得自由，同时，我们也为我们的丈夫海曼和薄复礼上次来信中谈到，他们受到的人道主义待遇和正在被考虑对他们扣留日期的事而高兴。

不过，我们想告诉将军，为等待他们的释放，几个月来，他们的妻子忧心如焚。海曼先生那四个孩子为新年之际不能与朝思暮想的父亲团聚而悲痛懊恼。面对孩子们“什么时候释放爸爸”的询问，我们黯然神伤。就我们的能力，无论是赎金还是供给物品，我们真无法办到，我们只能呼吁能得到你们的仁慈和宽宏大量。

将军，面对那些与亲人长期分离的妇女和孩子们，您同样也是父亲。我们相信读此信后，您定会让下属释放我们的亲人，并使我们合家团聚。

我们祈求上帝赐福于您，为他们的释放，为满足我们的要求而显示您的仁慈。

你们可信任的

罗达·海曼

罗斯·波斯哈特

中间人由“法官”陪着来看我们。现在我们才知道，为找到我们，他们过去作了好几次尝试，这期间吃尽了苦头，甚至曾落入土匪的手中。他们看到我们连双像样的鞋也没有，当场从自己脚上脱下来送给我们。我的脚的尺码挺大的，突然他们中的一个人给我的那双雨鞋的尺码正好，非常合适，幸运吗？是的。不过，这比起上帝在其他方面的安排简直是微不足道的。我身体的一切，上帝无所不知。后来，这双鞋及袜子等礼物一直伴随我离开红军，想想上帝的权威吧，这竟是我回家前能找到的最结实的鞋。

我们新换房间的窗户被木板钉死了，房子里光线很暗。但，里面有一张相当好的中式木床，一个粗笨的铜盒和一个大茶盘。卫兵与犯人的比例一般是 1 ∶ 1(卫兵总数约 100 人)，可现在却以四个卫兵一组来看着我们。卫兵们照例要生火，这使我们的房子暖和起来。房子分里外间，外间光线明亮归卫兵连长住。开始，他们不反对我们在外间活动，这使我们能在那儿看书和织毛线。

一天连长和指导员开会回来，不知因什么事显得很生气。我看惯了，仍埋头忙着织毛线。连长气哼哼地对我吼道:“以后你必须待在自己房中。”

“我的房间太黑，但我必须织毛线。”我不客气地回敬他。

“那你今后就什么也别干。”连长又塞给我一句。

指导员送我回到自己房中，后来他烧了壶茶给我，似乎以这个友善的举动表示他的同情。对这突来的限制，他本人未置一词，但其态度却十分暧昧。

现在我们只能靠在黑房中祈祷，默忆文章、赞美诗等来消磨时光了。我能背出大约 500 余段书的章句和诗歌。默忆使我思绪万千，过去学的许多东西纷至沓来。我按诸如罗马教廷、牺牲、爱情、永恒的苦难等主题，分门别类地以 A、B、C 顺序排了一个索引，每天逐步加强思索。默忆过程中许多幸福的时刻是想到一些人名和动物时产生的，《圣经》上众多的人和地名就是运用这个方法而编目记住的。

我们没有计时用具，但是，每天白天总有一道亮光从屋顶的小孔中透进这昏暗的房中，它在对面墙上呈圆周状慢慢移动。后来我渐渐从圆周移动位置，判断出早上十一点至下午三点这一段的大概钟点。

由于隔壁是连长的房子，因此，我了解到他们是怎样招募新兵的。这一段时期，每天有很多人到这里报名参军，他们大部分是农村娃子。红军要先问他们的姓名、年龄，有无疾病和是否抽大烟，然后问“为什么参加红军”，他们回答时几乎异口同声——“我们没吃没穿”。当红军允诺能有吃的，甚至还会有穿的时，这对那些想参加红军的人来说已经足够了。这时那些人马上会提出一个要求：如果他们欠别人的债，参加红军后是否可以就此罢了（他们几乎都存在这一问题）。答复是肯定的。这之后，红军将再提问：“愿参加反对地主的战斗或提供情报，并为天下穷人谋解放吗？”对此，那些人表示毫无异议。

而在这时候，当地的粮食供应很快变得紧张起来。每天都有同志到5~10英里远的地方去买粮，偶尔，他们要去更远一点儿的地方，不过这得需要两天时间，去一天回来一天。因为稍远一点儿区域的山野散落有小股的土匪，买粮非得有武装保护不可。我们能随时知道他们与土匪发生的战斗，以及哪个同志在战斗中被打死。只要与土匪遭遇，粮食的来源马上就断了，每天的饭就改吃两顿。刚开始那会儿，两顿饭是一餐稀粥和一餐米饭，干粮及偶尔加上肉的炒菜。但临近撤离时，两餐都成了稀饭。这并非杜撰，这是因为政府军正围剿红军，他们也需要粮食。双方都从产粮地和那些富庶地方获得物资供应，最后像蝗灾一样，把这些地方吃得一干二净。

接近三月底，红军开始为撤离这块根据地而做准备。所有的建筑上都被写满了标语，内容大都是号召政府军中像他们一样的工农穷兄弟“掉转枪口，参加红军”。

一天早上，天还没亮，卫兵提前送来早饭，饭后，收拾东西马上出发。我们走出城几英里后，天才开始发亮。我们发现路上全是从住了几个月的塔卧撤出来的红军。为了隐蔽，禁止出声，队伍中没人弄出声响。黎明时分，看到这支军队无声无息地向前疾进的景象，使人马上联想到逶迤滑动的长蛇，简直令人毛骨悚然。[①]

四月初，我们到达了龙家寨，并在那里小住几天。这是红军所建根据地的一个边缘村镇。我和海曼又被分配去住粮仓。房子很小，地铺只能对角设置才行。房子的一个角落裂开条缝，我把头靠在对面角落里稍稍动一下，正好能从缝隙中看到院子，视野的范围恰如舞台大小。被限制在这种状况下，我们得到了"谷仓剧场"的补偿。夜晚，我们有远见地用木板挡住了这条缝，不过仍留出足够的间隙来更新空气。

红军只要在某个地方住得稍久一些，都要设置"列宁室"。宿营的地方没有合适房子时，他们就紧张地建造一个。这间屋子结构简单，埋八根立柱，上面用席和草搭顶，周围用绿竹枝围成墙，然后在绿墙上装饰纸花和红旗，面对入口的墙则一定要挂上马克思和列宁的画像。

住了大约五天后，一天晚上，通讯员带着笔和墨水进来让我们写几封信，而且还必须按他口授的意见写。在信上他让我们告诉贝克尔必须增付给持信人 20 元钱，原来红军中将有人为地主的赎金问题前去谈判。后来，我们得知那个人姓丁。贝克尔先生为进一步谈判，满足了他，并为此蒙受了经济上的损失。

通讯员在口授停止时警告说："必须在下个月规定的期限内交清赎金，如果超过 5 月 9 日，你们将叫苦不迭。"这是我们第一次听到官方做出要处罚的威胁。或许，这是他们能在这里停留的极限。

第二天早上，我们准备随军转移。截至那时，行军中总安排人给我们挑行李。我们行李中有旅行毡子、法兰绒被单、棉布单子及多余的衣服和鞋。我们自己则背一个包，里面放着碗、筷、牙具及行军中始终要用的那些奇特物品。但现在红军却告诉我们，从现在开始要自己背所有的物品。我们每人找了一条小毯，然后将自己的物品放进去打成背包。开始行军的时候，我还有力量背着，但后来当我坚持把它背着爬上一座

---

① 一九三五年四月十二日，红军撤出塔卧，由此开始战略转移。

山时，累得几乎晕了过去(后来每逢爬山，我就下意识紧张得喘不动气)。我快晕倒时，卫兵显示出非常关心我，我的行李不再让我背了，可海曼如故。上山累成这样，没有料到下山的路更举步维艰，我的小腿不断地抽筋。除此，我的胃也出了毛病，行军之始就隐隐作痛，卫兵们十分同情我。

这个地区气候多变，温差悬殊很大，简直不知该怎样着衣。如果一时穿不着，那也必须带着。我们始终棉衣在身，早晚春寒真得感谢它。不过，天气正日趋暖和，棉衣最终是要脱下来的。虽说“千里不拿针”，但令人为难的是，这与在家不同，我和海曼在这样的行军中，必须随时扔掉用不着的东西。

从龙家寨撤退时，我们看到方圆10英里内的稻田规划杂乱，十分荒芜。这些土地已被红军分配给了穷人，土地的新主人则将自己的姓名用白颜色写在竹节上，标在地界上，共产主义的理论便由此得到了实践。但是，分得土地的穷人怎样能在“临时恩人”拔脚走后，保住得到的一切呢?同时又怎样与正在要求恢复权利的那些先前的地主相处呢?

走出这个区域之后，我们看到田地整齐，郁郁葱葱。两种景象的对比非常鲜明，结论是：一个没有获得恩赐同样也穷的人，能创造出比获得恩赐的人更大的奇迹。对这个问题的透彻理解，似乎关联共产主义的理论，那种理论实际上就是“要穷都穷，穷了再说”。

第二天黄昏，我们与迎面而来抬伤员的担架队相逢。不久，前面枪声大作，有人报告前面的队伍和政府军打仗，我们不能在预定地点宿营。几小时后，我们在附近找了间小房过夜。

天亮后，我们走上另一条路，一条这些日子中最崎岖的路。如前面说的，我现在最头痛爬山。开始时，卫兵推我，拉我，打破了行军队列帮助我，这样我好不容易才没掉队。我累得不断地请求歇歇，好几次我差一点儿昏过去。连长看到我掉队时，常常借故专为等我而停止前进。当我赶上后，他就假装生气，用一根细树枝轻轻赶我快走。红军中的惯例是谁掉了队，谁就会被弄出来示众。后来连长好像也意识到，如果这样下去就糟了。再行军时，他就让卫兵逼着我走，一直到我走不动为止。我累极了的时候曾对连长说：“你干脆用你的左轮枪打死我好了。”这是我仅有的一次冒险，假定真的这样做了，我们的故事就会在这荒野之中结束了。根据以往行军中的例子，我会由此得到实实在在的一颗子弹，此后卫兵们将这样报告："我们只得满足犯人的要求，当宽限犯人一个月时，他本人却想提前结束，于是……"

现在想来，这事真令人后悔。如果我的妻子、朋友知道我是因不愿吃苦而放弃坚忍的话，他们会很快忘掉我的。

卫兵们现在真得要动脑筋考虑如何能在刑期中弄着我走。上述情况后不久，我终于在半路上累昏了，卫兵把我移到路边。他们走开时，我慢慢醒来，我听到卫兵们边走边议论，"他还活着"或"他死了"。后来，他们带着两个人和一副担架来抬我，但我仍得继续步行，到了山顶，他们让我下来，并告诉我，只要我走不动，他们就抬我。我坚持走了半英里，追上了正在休息的部队。在这里，我们休息了一会儿并吃了些剩饭。海曼看到我时激动万分。刚才，他正为我而担心。艰难时刻，我有幸结识了这位真挚的朋友。

到了宿营地，有一个小小的好消息，他们将地主的一间房分给我们住。由于歇了歇，我又有力气坚持走到那里。他们把一间阁楼分给我们，虽然没有草可铺，但由于我们是那般疲乏，在木楼上马上躺倒了。红军为我单独熬了米粥，加了些白糖，让我慢慢喝。这时，我们听到下面属于地主的那些猪的哀鸣，红军中的一个"屠夫"很快就把它们收拾下锅了。一会儿，我们从肉香中嗅出肉差不多熟了。我们看到楼下那个杀猪的同志正在将他那套杀猪用具装进随身的包中。后来我们被带到院中集合，这时"法官"激动地对大家宣布，红军在这附近打了一次胜仗[①]，现在可以在此休整几天，然后向那个打胜仗的地方前进。

简直无法形容当我听到还要返回那段陡峻的山路时那沮丧的心情。一想到再次经过那高山陡坡，我就手脚麻木、胆战心惊。

令人宽慰的是后来行军时，红军给了一匹马，不久，又将一匹骡子给了海曼。山路嶙峋，举步维艰，队伍走得很慢，到了晚上还未赶到宿营地。这时，天下起雨来，路上一片泥泞。半夜，我们停在一个穷困的小山村中。

---

① 1935年4月15日，红军回师塔卧，于桃子溪地区歼灭国民党军第五十八师师部及第一七四旅大部；翌日，收复桑植。

我们被分配到一间灶房中过夜，那里卫兵给我们每人一个小板凳。这已是当时很大的照顾。连长和我们同住，他把卸下的门板平放在灶上，他是那样疲乏，往门板上一躺马上就睡着了。我一再要求也给我们找块门板之类的东西睡觉，最后卫兵告诉我，这个穷地方，能有个小板凳就不错了。我的挑夫还未赶到。我和海曼只好共披一条湿漉漉的毛毯，坐在凳子上冻得哆哆嗦嗦熬到了天亮。其实伙夫还不如我们哩！每天他都要早起做饭，而那些抬担架的民工则是在当地临时招的。天亮前送来了早饭，那是米饭和一大碗猪肉，不过，肉中由于加了很多红辣椒而使人难以多吃。

饭后，再次沿那条路急行军。这时，我不由得暗暗惊奇自己还活着。当然，这和有了一匹马骑有关。走出一个小村约一英里后，队伍爬上了一座山顶，并在那里停了下来。卫兵给我找了个背风处坐下，半个小时后，盼望的太阳出来了，这时，犯人被命令到旁边一间房子里集中。卫兵们要重新调整，先前的那几个卫兵再次指派与我们在一起。

真得为上次那几天的休息庆幸。这次行军的第二天休息时，我又病得吃不下饭，另一个原因是吃的米饭都是用缴获政府军发霉的米做的，更使人没有食欲。

第三天，我们到了农车[①]。途中大部分我是骑在马上，其间，我曾下马试着走几步，但几乎马上掉了队。“法官”很可能注意到我们衰弱的情况，晚上，他命令卫兵给我们买只鸡补养一下。卫兵从那对儿年老夫妇的房东那里买了鸡。当时老夫妇正在屋里喝稀粥，卫兵亲热地对他们说“我们都是穷苦人”，同时还帮助他们干活儿。那个老大爷不买账，直愣愣回答说：“我们希望别打仗！这真好，枪一响，官军先来，然后是你们来。”如此回答使卫兵们很难堪。

这期间，我们在院中等着划分睡觉的地方。这时一群卫兵拥着一个紧捆着的男子从我们旁边经过。后来知道，那个人就是刚吃了败仗的政府军第五十八师的孙(音译)少校，他和一百多个部下一起被俘获。后来，我们相互熟悉并成了好朋友。

---

① 位于今湘西龙山永顺之间。

从农车经过两个地方后，我们下一个目的地是桑植[①]。路经洪家关时，士兵们很兴奋，指着一栋半外国风格的建筑说："那是贺龙的家乡。"不过，现在它已被烧毁了，只有残墙颓垣，这是政府军的"杰作"。又走了一天，我们到达桑植。它是湘西北的一座有城墙的小城市。卫兵和我们被指定住进城中大道上一间突出街心的富人家的房子。那里有两间仓房，其中一间分给我俩。第二天又增加了三个人，都是前来为几个地主谈判的中间人。其中一人的一只胳膊残废了，像根挂在肩上的细棍。他身材矮小，但却会用草棍占卜，预测吉凶(我现在是多么称颂上帝，因为对他的祈祷是那样灵验)。红军不允许我们之间交谈。孙少校等大约一打(十二个)左右的政府小官被关在隔壁，另有两间分关罪犯和地主。

在这里，我患了重病，天天高烧不退，危在旦夕。海曼天天给我推拿，以致胸部十分疼痛。卫兵们显得非常关心我，问我想吃什么。先前我曾在桑植街上看到卖柑桔的，但没有钱买，我说想吃那个。于是他们很快为我买了些大柑桔。当时这东西的价格十分昂贵，后来他们又拿来一大碗苹果布丁之类的东西。在这里，这些东西都是相当罕见的。吃的仍是那发霉米做的米饭，我对此最头痛。

这期间，海曼曾被"法官"找去，与贝克尔先生派来的一个中间人会面，那人说他将再次前来找我们。会见时，海曼仅被允许念"法官"拟写好的一个声明。回来后，海曼给我回忆了信的内容。卫兵将贝克尔先生送来的两件衬衣和杀虫剂交给我们，其他如食品、期刊等全部被扣下。再次写回信时，我们在口授下，将过去总计 75 万元赎金改为我们每人 10 万元或 5 万元，但只限在这个月中。基于中间人还得再一次来，"法官"威胁说，对信如有半点儿更改，就小心"脑壳"。

这地区国民党政府方面的行政长官刘畴（音译）的助手也为释放我们的问题来到这里。他看到我们行动不自由，住的条件很差，就婉转地给红军指出了这些，因此我们被换了地方。一个中国医生也前来为我看病，他戴着度数很高的眼镜，看上去富有才学。他用三个手指搭住我的左手腕，然后是右手的，以此来窥测我的身体状况。他认为我的病不太危险，

---

① 1935 年 4 月 16 日桃子溪战斗后，红军乘胜收复桑植，迫使进攻之敌转为防守。

容易治疗。他要来纸和笔，给我开了药方。一个同志拿着方子到城中的药房抓来了药，那是12个用绳捆得有棱有角的纸包。开的药中有干桔皮、野植物叶子和根、甘草和中国的红枣。一个卫兵担负熬药的职责，他将药罐加满水熬成浓汁，即称之为“汤”，让我服用。我认为虽然中药治病的效果可能不大好，但也绝不会有害。

没迹象显示我们还要在这里待多久。围绕着我们获释的谈判，如预期的一样，由于我们所处的位置太偏僻，以及红军强硬的态度而毫无结果。在这里住了数天后，一天清晨，周围的红军突然频繁活动，一些人边吃边打背包，我认为可能又要行军了，后来问卫兵，他未置可否，只告诉我们可以继续睡觉。以后才知道是连长带了半个连的士兵出发到附近去了，剩下的人仍负责看守犯人。他们由那个二十多岁的青年指导员带领，“法官”的妻子也随队出发。通常习惯带领卫兵连尖兵班的“黄法官”（音译），这次却被留下负责日常事务。久病后的我得知不走时，心中无限欣慰，我为上帝的怜悯而默默祈祷。

又换了一个有一长房檐和土地面的房间。在正房大门后，雨天中，房里的地面简直成了泥塘。庆幸的是几件竹制家具的状况多少改善了一点儿，有床、茶桌和椅子。每天吃饭都是在上桌，与先前比，这已是巨大的改变。过去我们完全是蹲或跪在地上的，这也算是用人的规格对待了我们。我就像首次发现椅子对印第安人一样，或许这是红军对我们时过境迁的一个迹象。

在这里，我的身体慢慢康复，食欲也逐渐恢复。我请求“法官”给我点儿钱，以便买点儿想吃的东西。他很和善地满足了我。我买了鸡蛋、炸鱼和五香豆，这样我每顿饭能多吃一点儿。

这期间，可能某处的学校“倒了霉”，一些同志从外地带回一些旧报纸和课本。这些东西对他们无用，大部分人都为其他目的而撕了它们。我要了几本，津津有味地读起来，并以此探讨这课本对教育孩子方法的利弊。卫兵因弄不懂里面的内容而似乎厌烦，经常前来询问这里面的内容说的是什么。许多人还要求我们在上面签名，并指明要用我们的文字。对此，我用三种字母写，即大写、小印刷体和手写体。有些人还要求学外文，“A、B、‘师’(C)……”同志们这样念着，第四个学生还是个指挥官。

开始他非常认真，但虎头蛇尾，后来甚至连“G”都未学到。

同志们的精神是令人赞叹的。在这里他们的生活相当紧张和忙碌，每天除了出操和练射击外，还坚持上课和读书识字。每个集体经常要召开互助会，会的主题大都与我们基督徒那种如何虔诚服务上帝类似，而其他题目同志们则视需要随时而定。

任何会议都要围绕会议内容和政治路线进行思考和发言，当然这都要从属于共产主义范畴，如“为什么我们反对国民党”等，一些发言和答案相当谬误和可笑。像在其他场合那样，会上同志们有时会恰如其分地开个玩笑，或者提出这个或那个问题来漫谈。视会议的性质，这些玩笑和漫谈或多或少。开会时，那些新兵最羞怯腼腆，大都热衷于为端茶倒水等事，这使他们很愉快，而安排的发言则都是他们的“苦难历程”。一般要求他们当众谈谈自己在地主压迫下的遭遇，然后大家围绕着这些发言。其间，主持会的领导要随时引导大家，指出要点，并在最后作总结。当他们开始这些长篇大论时（是一种几乎每会都说的单调而重复的报告），我发现很多人心不在焉。最后，领导们会发出“准备，唱”的口令，然后大家齐唱一首歌结束会议。

他们有一两首歌的旋律与我们赞美诗中的《赞美爱》和《安琪儿》相似，但歌词却换成“杀、杀、杀，杀出一个红彤彤的新世界”之类的口号。一首歌的歌名是《勇敢的战士》；一首歌涉及蒋介石，谴责他卖国；还有一首歌是讴歌红旗的；其他的则是强调讲卫生，划清阶级阵线，打土豪分田地，繁荣经济，反帝、反对军国主义等。不过，所有的这些歌的第一节均采用首调唱法，然后第二节开唱歌词。这时，人人都看着自己抄有歌词的笔记本，不过这只是形式而已。

红军上课所学的一切，都会被要求写作业或心得，并要为一个用明快色调装饰的小报投稿。行军之中，一有机会，他们就写个不停。当然是否人人都能这样做，就值得考虑了。我亲眼看到一个同志采取“贿赂”的方法，哀求另一个同志代他写。红军经常发愁的是纸用光了，这时，读、写的用品就很简陋了。不过，他们小报的编排及有关共产主义内容的图画的设计，是值得骄傲的。一个同志擅长画画，于是我们便称他为“艺术家”。

我了解到，红军中很多同志都是共产党员。党的会议单独开，我们可以看到，但听不到其内容。一群党员要产生一个委员会，并积极发展党员，同时要求党员为“解放全人类”而斗争。偶尔，我们会看到支部找来一个同志，或是围着他谈话，或是选个地方开会，让这个同志入党。被找的人要回答正确是不容易的，一般会说“我不懂”。通常这是会被原谅的，因为此后支部将派人找他阐述入党的意义。

关于唱歌，我想起在大庸时的一件事。当时，指导员教大家唱一首歌，名叫《国际歌》，这是新参军的士兵先要学的一首歌。歌也是按首调唱法来唱，歌中有“英特耐雄奈尔”六个字，对这几个汉字组成的句子的来历他们弄不清楚，让我解释一下，我想了半天仍不得其解。后来我从共产主义联想到英文“国际的”这个词，这使我豁然开朗，这首歌此后教起来便词曲协调了。后来这个词泛滥成灾，如此糟踏这个词，令我追悔莫及①。

一位妇女因曾说过距那句话的目标还远的言论而沦为了犯人。这之前曾有一场特别的争论。那个妇女在争论中说：“的确，那是我们奋斗的方向，但必须适当地修正。”这很有远见，不过这使她的人身安全成了问题。我想起伊思·麦克拉思（音译）书中关于苏格兰的一段记述：“一个英格兰人到苏格兰后，为看到的傍晚景象而赞叹，‘啊，多么美丽的黄昏’。苏格兰人由此而议论：‘那么，你的强壮一词，也就等于储存了’。如此语同而意殊，两人不由骂起那些用词不当的祖宗们了。”

像在塔卧那友好相处的日子一样，这里我们又恢复了编织活儿的毛线供应。除此，我们每天还在房中捕杀害虫，我们成了这方面的专家。我的编织术，在卫兵推广下，形成了一场“编织霍乱”，以至于累得我犯了胃病。不过流行的一切正是上帝的光荣。

当同志们对自己旧毛织物的式样厌烦时，他们就拿来让我给换个样儿。有时那些东西破烂不堪，得费我们老大的劲儿，而他们有时还不提供毛线及原料，我们得搭上自己的。一个同志曾拿来一大捆线要我织毛袜，不过因故未织成，后来他把毛线送给了我。在织和拆的“霍乱”中，

---

① 英文“国际的”一词为International，即英特耐雄奈尔。

我主管织，海曼负责拆。他经常开玩笑说，他是我特殊时刻的学徒。虽然人们得“从师三年”，但他只能在一年内白干。那些卫兵也总是以中国式的幽默来感谢我们。

在塔卧当我们房内黑得无法工作时，我们大都在防空壕中织毛衣，那壕是因为政府军飞机曾几次空袭而修建的。

在桑植就不行了，飞机经常来，甚至同志们晾衣服也得小心隐蔽，远离营房，防止暴露。一来飞机，大家急忙撤到壕中防空。挖壕的同时，在平地上也挖了些相当坚固的防空洞，洞用门板、桌子当顶，上面覆盖着泥土。这在当时状况下是一个杰作。对飞机轰炸，一些同志相当恐惧。有次在壕中防空，一个士兵的手靠着我。飞机临近盘旋时，马达声震耳欲聋，我感到那个同志像打摆子一样哆嗦。第一颗炸弹扔到“法官”的房子旁；第二颗就在我们身边爆炸，尘土落在房上和我们身上。飞机走了，那个同志像个孩子似的那样顽皮，马上跳出壕去抢炸弹皮。

这地方红军行政王长官的助手，一个先天不足、极端虚伪但有些名望和权力的家伙，经常来看我们，为显示仁慈常好许诺。一天早上，他将随身带的衣服收拾成包袱放在床上，以便随时拔腿就走。这次，一块弹片击中了他的包袱，并从中撕裂了六道口子，还烧坏了他的厚毛衣。他让我给他重织一件，这很难，但我最终还是把它拆散织了起来。他因此允诺要送我一些毛线，可后来他又要求我再给他织点儿什么，但我并没有收到他许诺的毛线，他应该找上帝帮助。我告诉他，如果他还需要什么的话，我所能帮助的只是缝缝而已。

这里，我们的看守在对待人及动物方面充分表现出了缺乏教养的一面。这期间，院里养了一只小猴子，卫兵们经常折磨它，有时则一脚把它踢出门外。一天，我们附近的一个季节性教会小学的孩子来了，他因自己养的猴子被人抢到这里而痛苦。但卫兵们却坚持说，这猴子原是一个政府军士兵的（可能已被打死了）。我们祈祷上帝能将我们朴素的真理，如甘霖一样洒给这些灵魂空虚的人们。

孙少校他们这些官员被特制了一些高帽子，然后被押着戴上高帽子游街示众，并向老百姓宣称，他们是帝国主义的走卒。我们能看到其他犯人的房间，房子里稍高出地表的土地上只有薄薄的一层草，雨天中潮湿泥泞，他们真像圈养在那里的动物，常听到他们剧烈的干咳声。最后，甚至连卫兵都看不下去了，他们取来了门板，以使这些人能躺下睡觉。

五月五日的月亮在不知不觉中升起来了。这时，我发现了一些可能要撤离此地的迹象。

每天都有一些外地的犯人被押到这里。按以往观察，红军每次转移前都要处置这些犯人，或放或杀，剩下带走的就重新编组。我告诉海曼："我们又要回到以前那倒霉的环境中去了。"新犯人关在隔壁。我从窗口观察红军举动时，没有发现要走的迹象。晚上我们安心地上床睡觉，不过天黑下来时，我们突然被唤醒，命令我们准备上路。这简直令人惊呆了，我大病初愈，根本没有气力走路。

犯人们在院中排成一队，左边是一批新换的卫兵。那个指导员面对包括外国人的这批犯人，紧张得有点儿神经质，他命令把犯人都捆起来。我们是被用绳在左右臂上缠两圈并打结连在身后捆绑的，下一段绳子再依此绑海曼。尽管我们厌恶捆绑，可这种方法仍可以活动手臂，也不妨碍行走。而那些犯人是被手腕交叉在身后捆住的，这使行走很不方便，往往使人踉踉跄跄。卫兵们为了加快行进速度，有时要冒险偷着解开。后来我们将每天行军之始的捆绑，苦笑着称为"特别服务"。

我们按来的方向撤出了城门，在那里原地待命一段时间。这时卫兵带着四个要处决的犯人来到河边，队伍前后都停止了前进。卫兵声明，处决的唯一原因是他们太弱，根本无法行军。四个人中有一个老年男子和一个老太婆，那个妇女又高又瘦，满头白发。处决的地方就在我们眼前，其中一个人被处决时，把脸转过去不看要砍他头的那个卫兵，接着身子倒在了河里。同我们一起围观的那些人面无表情。上帝的箴言涌上心头，在看其他几个人被处死时安慰我"即使一千个落在你身边，上万个还在他的左手，但他也难把你侵犯"。

现在，我真是竭尽全力地坚持着走。半夜，当走过一个陡峻地段时，我还能跟得上。天亮后，我发现只走出五英里，我们再次经过了贺龙的家乡。

半路发现了一栋房子在那里，我们停下住了几天。我们分住在楼上，上边有一个长阳台。五个政府军俘虏被关在隔壁，其中就有孙少校和一个五十多岁的湖北（音译）的地方小官；另一个是政府军队的参谋，他仇视共产主义，认为“玩”从某方面讲就是人类幸福，并对基督教很了解。我想他过去可能接触过教义。

在这里又处决了一批人。孙少校脸色阴沉沉地目睹着他的一些部下赴难。红军曾让我们去看，不过这是一种古怪兴趣的邀请。

礼拜天晚上，军队传令收拾东西并到院中列队，后来又告诉暂时不走，明天再休息一天。那一天是我结婚周年纪念日，是仁慈的上帝在我艰难时刻送给我的礼物。这虽然很间接，但正是他爱的缘故。贝克尔先生一封支付3000元并要求改善我们伙食的信，这时也送到这里。这使我们了解到朋友们的努力，为了我们，许多人正想尽办法，并蒙受了损失；仅主要朋友的姓名即可列一个长长的名单。当我读到长沙一个女孩在教堂写的信时，我眼睛湿了。她说，她能感受到我的困苦，她将买糖果的钱寄给红军，以求释放我。钱都让红军拿去，但我们吃的依然如故。不过，海曼获准可以看被红军扣留的《月报》，从字里行间，海曼捕获了一些消息。例如，格蕾丝·恩布伦现在很好，已回国度假；约翰和贝蒂·期坦姆成了殉难者等。

礼拜二，我们又踏上旅途，走了一二英里后停住。一些卫兵被命令到路旁树丛中折树枝，红军将采回的树枝做成圈放在包括犯人在内的每个人头上，马也用同样办法伪装起来，远远望去我们就像树丛，这样政府军飞行员的眼睛就不容易看见我们，开始我们觉得这样很新鲜，久了也就无所谓了。行军中我们再次体会到红军奋发紧张的生活以及犯人们的顽强耐力。行军时，发布命令是采取前后口传的办法，能很快传遍全队。一次，命令经我们下传时，那个湖北的小官掉了队。中间休息时，卫兵送来了冷米饭和豆腐，虽然不可口，但却补充了气力。每次当犯人队伍因累得精疲力尽而慢慢拉长距离却接到“休息”的命令时，真使人喜出望外。那个小官已经不行了，他呼吸短促，奄奄一息。他的朋友孙少校曾前去看他，但他甚至连人都不认识了，我们暗自悲伤他可能活不成了。后来红军让人抬他走了约十英里左右。当到达了那个我曾在小凳子上过夜的小村时，我们都希望能在这儿住一夜，可是却被命令继续前进。当在这个村休息一个多小时后继续向上爬时，我们的腿简直像灌铅一样重。

这时犯人的队伍又成了长龙，红军看到那个小官仍然昏迷不醒（可能是劳累加中暑的原因）就开枪打死了他；然后像以前那样，草草把他埋了。

红军认为我们尚有余力，因此行军中海曼要背自己的背包，这样红军就可以帮其他人。这一天因情况变化，我们多走了五英里。由于未能在前面那个小村过夜，大家的精神都垮了。海曼几乎无法支持，我只好替他背背包，一直到停止前进。我们是赶到一个大村子后才宿营的。一到分配的房中，海曼就昏沉沉地躺下了。我为他不断扇风排热，很长时间后他才清醒过来。

第二天出发，我们赶到一个叫忠堡（湖北边缘）的地方。在那里，红军又取得了一个巨大的胜利，打败了政府军第四十一师，并使这个师的张将军及二千余名部下，得到了与孙少校相同的命运[①]。

---

① 1935年6月24日红二、六军团在湖南咸丰县忠堡地区采取围城打援战术，一举歼灭自来凤驰援宣恩的国民党军第四十一师师部及一个旅又一个营，俘其纵队司令兼师长张振汉以下二千余人。史称忠堡大捷。

第四章　行行重行行

在队伍行军过程中，经常要为许多大小河流所阻。渡河的方式是多种多样的，从搭浮桥到跳过那令人战战兢兢的石磴。情况好时，我们会遇到典型的中国摆渡，船在河水冲击下摇摇摆摆，险象环生，船上的人心惊胆战，诚惶诚恐。这通常因我们和卫兵寸步不离而使船超载有关。一次，摆渡的小船被卫兵和我们塞得满满当当后，才摇摇晃晃地驶向河中，在接近对岸时，由于掌舵的同志惊慌导致失误，船撞到石头上，舱中涌进了河水。当时唯一的选择是跳水逃命，但卫兵们这时仍试图观望；船又一次撞上石头，随即沉入水中，船中的人挤着向船外跳。当我落到河中拼命游到对岸时，船已漂到下游水流湍急的地方。海曼没能爬出沉船，随船到了下游，后来红军把他救了上来。当我们狼狈地爬上岸时，人人都感到一种大难不死后的兴奋。一个红军同志开玩笑，说我在河中一气喝了足有两大碗水。

令人庆幸的是天已经不冷了。当等待对岸其他人渡河时，卫兵给我们解开了绳子，使我们有机会拧干自己的湿衣服。当天，在一个繁华的小山村停下宿营。孙少校和我们三四个人被分配住在一起，其中还有一个姓李的报务员。现在已不可能获准生火烤衣服了，我们在房中拴起绳子然后搭起湿衣服晾干。

第二天早上，天下起暴雨来。尽管早饭已吃过多时，红军对是否出发仍犹豫不决。后来通知出发，当到外面的列队已毕时，又告诉不走了；刚返回住房，再次命令出发。我们冒雨行进。当爬上村外不远的一座山时，在山顶上看到了由政府军精心修筑的一些工事。工事很完善，由战壕、射击台、胸墙及毒竹签组成。竹签是先用短竹削成尖，用火将头部烤硬；然后尖朝上，埋在红军必经的路和阵地前。当人们经过时，往往由于粗心而不幸陷入竹签阵中。竹签能刺透他们的草鞋；他们摔到时又能刺穿衣服，而这时，尖上涂的毒药就在这些受骗者的伤口上令人痛苦地发作。

我们对红军攻下这里感到敬佩万分。不过，被俘的张将军后来告诉我们，红军在这里曾遭到袭击，并且付出了很大的代价。[①]

在这里，红军对走还是停再次犹豫起来。雨越下越大时，队伍最终决定停止前进。我们和孙少校被看管的卫兵带到路边一所房中休息。当我们在谷仓中用草铺好地铺放下自己的东西时，突然又命令出发；我们又按老样子被捆好。这时，我们惊奇地发现，卫兵竟用捆普通犯人的方式绑住我们，这或许是因为我们对这次出发命令恼火的缘故。不过，此后再也未发生过类似情况。走了约半英里后，我们与早先出发的“吴法官”和卫兵连长会合。他们押着被俘的张将军等人，在这里的几间房中已等我们几天了。会合后，我们都住在这里。

我们住的地方旁边有一个大操场，原是由政府军为操练而修建的，现在红军又在操场的一端修起三个台子，中间的大，两侧的较小，每个台子上都装饰着醒目的纸花和旗子。

一天，红军和老百姓都来到这里，场子中人声、军号声响成一片，两侧小台子上设置了“乐队”。红军没有像样的铜管乐队，奏乐仅仅是靠军号和锣鼓组成，音量小而杂乱。参加会的人都给一面小纸旗来渲染会场气氛，以庆祝在这里所取得的空前的胜利。

我们算计着张、孙等人免不了要上台“示众”，可真没想到我和海曼也会被“陪示”。当那帮政府军俘虏被带入会场时，一个同志对我们说也“请”我们参加。我们只得跟着去。这时红军正排成纵队进入会场，而成千上万的老百姓也列队等在场中。中间大台子已坐上了一些人，两侧台子上的乐队正起劲儿“折腾”着。我们在一片“帝国主义分子”的嘲弄声中慢慢入场。小纸旗都绑在红军士兵的枪口上，会场上呈现了一幅节日景象。

---

① 即张振汉。详见下页注。

在等待“示众”时，我首次与张将军认识。他约四十六岁，穿着讲究，头部缠着绷带。这一行列中同样有那些校官，其中一个姓王。我们像老相识一样友好地交谈着，后来由于贺龙将军在台上讲话而中断了。贺龙将军讲了一会儿后转向我和海曼，他的声音很大，响彻全场。他说：“如果再在赎款上面拖延，我们就将砍你们的脑壳，不要自恃黄头发、蓝眼珠别人就害怕，过去红军就处决过一个抗拒时间比你们还长的神父。”[①]他似乎很风趣，谈吐幽默，场上的士兵和老百姓都很兴奋。此后，萧克将军及党的其他领导人也都分别讲了话。

一个被争取过来的“神兵”或“拳民”的首领也在其中。“神兵”是当地自称能在特定的时候刀枪不入的民众武装，幻想自己的信仰无所不能；活动的方式以练拳为主，某些方面似1900年“拳乱”即义和团运动的继续。

领导人讲话时，两侧台子上的乐队总算歇了下来。这时，一个领导走上台向大家介绍这次战斗经过，并说几个月前抓获我们以及这次抓获“张”都是非常侥幸的。于是他命令我俩走出来让人们看看，以面对台下那些欢呼的人群“示众”；接着张及那些被俘军官也被依次弄到前边，

---

① 此事件疑指1934年12月9日美国基督教会牧师师达能（John Cornelius Stam又译史坦）与史文明（ELizabeth Alden Scott “Betty” Stam，又译史施蓓蒂）夫妇在华事件。1934年10月，方志敏率领的由红七军和红十军合并组成的红十军，为牵制敌军，掩护第五次反围剿军事失利后中央领导机关和红军主力的长征，以“中国工农红军北上抗日先遣队”名义向敌东北方向挺进。12月6日，由师长寻淮洲带领的红十九师一举攻克安徽旌德县城，扣押了在此传教的美国人师达能夫妇。按照薄复礼书中不断提到的“吴法官”妻子即长征中老红军戚元德的回忆：当时红军对待国内的外国教会政策是，因教会“大多支持反动政府和土豪劣绅，以宗教迷信欺骗麻痹教友，进行反动宣传，指责我们是‘洪水猛兽’‘土匪流寇’，是‘红祸’。我们每到一处，他们都号召教友‘坚壁清野’，与反动政府一起撤退，视我们为敌。因此，我们抓到教会骨干成员，都要甄别审讯，没问题的放，有问题的都以帝国主义间谍罪处以徒刑和罚款。只要他们认罪，不与共产党、红军为敌；只要交纳罚金，支持红军革命、抗日救国，就立即放人，并保证护送他们到达安全地带。”当红十军要求师达能传信上海教会总部交罚款赎人时，遭师达能强硬抗拒。12月9日红军转移途中遂因战况紧急只得将拒绝与红军合作的师达能夫妇处决。红二六军团中堡大捷发生在1935年6月14日。

然后我们被带回去。这时，我才感到尿憋得厉害，好不容易找了个没人的地方，我才“轻松”了一下。

犯人们都暗中认为张逃脱不了像孙等人在桑植戴高帽游街的命运。后来，红军可能对他这种职位的人另有企图，他竟受到了保护[①]。

大会后的第二天，我们又上征程，目标是龙山。途中，犯人们在路旁一个地方停留了几天，分给我们的房子又是仓房。房主家中的一些人逃走了，几个老弱留在家中，住在正房里。由于我正为“刘法官”织毛衣，获准可以坐在房门外。春日融融，在这农家小院中别有风味。正屋的地上有一个火塘，里面生着火，几个小竹椅摆在旁边。房东是个妇女，有几个孩子，很小，都很安静可爱，他们围着看我干活儿。我给其中一个小女孩几根红色毛线扎头发，她高兴极了。这里，邻居们几乎一天到晚都围着看我们。

被扣留以来，我们都是自己洗衣服，在这里红军为我们雇了个洗衣妇。我们设法洗了个澡。到现在，我们的头发一直未理过，受环境所限，唯一的办法是借房主家的剪刀来剪。一个同志给我剪短了头发并剃了胡子。在他的收拾下，我们的外表显得很滑稽，同志们评论我现在很像中国人。为了干净卫生，我只得“苦笑”着接受自己这副中国打扮。

礼拜天到了，按习惯我停止了工作。“刘法官”知道第二天将出发，于是挂念起他的毛衣来，他想让我完成它。在他找我时，碰见的几个犯人告诉他，礼拜天老薄不干活。他由此恼了。当他看到我确实如此时，不由责怪我迷信。我告诉他，如果他坚持，我并非不能去干。他考虑了一下，决心坚持，于是我很不愉快地给他织完了。第二天出发时，他将新毛衣及其他东西交给一个犯人背着，谁料，那个犯人竟“黑心”地携物逃了，结果“刘法官”的毛衣求之急反而失之速。

① 1935 年 6 月，红二、六军团采取围城打援战术，一举歼灭自来凤驰援宣恩的敌四十一师大部。曾深得蒋介石赏识并吹嘘要“活捉贺龙”的敌四十一师长张振汉受伤被俘。红军以最好的药给张治伤，并给其应有的待遇。红军的所作所为，感化了这个国民党中将纵队司令、师长。此后张振汉参加了红军，任红军学校高级班教员，参加长征到陕北。建国后，张振汉任全国和湖南政协委员，成为唯一一个在红军长征中参加过红军的国民党高级将领。

队伍临近龙山城时，同志们变得很兴奋，因为这意味着将获得新衣、新鞋和好吃的东西。然而，红军却未能打下龙山。我们在距龙山城几英里处住下来。像中国典型的古城一样，龙山城地处险要，城高池深，有许多胸墙。虽然四面都被红军围住，但守城的政府军由于有飞机不断地空投食品和弹药而守城益坚。红军屯兵城下一月有余，但最终未能攻下。这时，一个与龙山遥遥相对并相互争雄的小城——来凤被红军攻克了。在这一地区红军招了一大批新兵。我们经常听到那些新兵激烈地争论，焦点就是这两个城中哪个更大。

我们仍住谷仓。一天，我们被调换到了厨房。房东一家人很和善，有时烙面饼送给我们吃。女主人告诉我们，红军来前，这里由“神兵”控制，她们的日子很难过。

战场离我们的住所很近，经常听到红军攻城的枪声。天气好时，政府军的飞机还来空袭。这对红军是最大的威胁，我们被迫到战壕和山洞中防空。山洞位于村边的山脚处，周围的环境很美；从洞中望去，洞外绿油油的稻田鳞次栉比，犹如厚绒绒的彩色地毯，一派夏日景色。洞中凉风阵阵，快慰人意，使人恍然如梦。每到中午，红军就把饭送来，如同我们的野餐。

刚开始时，红军准许我们和张在一处防空洞躲藏。在这期间，我了解了张。他很有趣，十分健谈；年青时曾游历过大半个中国，并去过俄国。他文质彬彬，常常对红军及白军士兵的粗鲁进行劝阻。一天，一个被俘军官要求我带领他们祈祷，这使我们大吃一惊。我是非常愿意的，但毕竟要提防卫兵，因为就连我们自己祈祷红军尚无表态。后来，这些军官自己干了起来。一天，张问我：“被俘后，红军是否反对你祈祷？”他非常想知道这些不必活动即可寄托自己思想的祈祷是怎样进行的，他说他渴望实现自己的愿望。他不无感慨地告诉我，他的愿望就是战死在战场上，然而命运却打发他到这令人怅惘的处境中。一二天后，张等人和我们分开来，被带到另一个洞中，或许红军怕我们将来充当这些人不屈经历的见证。

晚上，蚊子是最令人头痛的，我打算利用洞中的时光织蚊帐，海曼从绑我们的绳子上解决了原料问题，同志们看到后都惊赞我的勤劳。

真得感谢攻城这一个多月的休息，否则，就凭鞋不合脚一事，足令我在跋涉中吃尽苦头。我的脚比一般中国人的都大，脚趾被狠命地挤在小鞋中，因而小脚趾就在行军中磨破起了泡。红军中根本没有什么消炎药膏，万般无奈，我只好敷上一些大米饭。疮口竟意外地好了，这条经验后被推广起来，实践证明确实很有疗效。

在洞中防空时，曾有一个被俘的政府军士兵来看我，他说，过去他和一个朋友曾在当地的一个教堂干过，会祈祷。当他看到我那双脚时，马上送给我一双用布条打成的草鞋。这种布草鞋在红军中很普遍，不过用布作草鞋这对红军微薄的物资供应也是一个可怕的消耗。现在那些返回教堂时发现自己的床单、衣服、门帘全都没有了并为之纳闷的教士们，可由此得到启发，他们的那些用品竟是这般意想不到的下场。红军为打草鞋而撕开这些东西时，根本不注意它是丝的还是毛的，是价值昂贵的还是有其他用途的，他们的眼睛只是熟练地一瞥就能看出是不是打草鞋的好材料。那个政府军士兵，后来又送给我一些饼干，他表现得很友好。

“贝克尔简直在开玩笑。”一天，“法官”叫我们去后生气地说。

“他想 3000 元了事，好家伙，即便是一个小地主交的罚款也比这个多。你们写信告诉他，赶快再去筹款，我们只给他 50 天期限。”“法官”想了一下，“再经过这里时，我们将等到这个月（八月）底。”这意味着时间很紧。“如果那时罚款还不交齐……”他卖了个关子，闪烁其词地告诉我们，“那对你们将意味着什么？你们将被一个个地处决，这是最后的下场。”于是我们被要求再次写信。

当天，我们再次被叫去后，“法官”以幽默的口吻请我们坐下。我们被要求再抄一份信，但不填写时间，并增加了“如中间人空手来，将被视为间谍”的内容（这意味着监禁和处决）。这事使我感到意外，不过，对于已明确时间能结束我们无希望的等待也是好事。这封信送到贝克尔先生那里前，那个姓丁的已从红军回返了，贝克尔收信后，马上又派一个名叫高彼德的中国教徒去追丁，并随身带了 200 元钱。

有一次，我按要求给我妻子写信时，下意识地在信纸下面写了“×”记号，这招致了红军的盘问。他们非常多疑，不允许我们写超出规定的内容。还有一次，卫兵给“法官”报告，说我和那个姓李的报务员打密码，结果李和我们被分开审问，我和海曼甚至被罚到了普通犯人房中住。

在龙山这一段长时间内，我们更换了几次住处，不过多是谷仓，好一点儿的也只是伙房。房间还可以，都有床，但房中很脏，满是尘灰、碎草杂物和瓦砾。不时有人用耙子在这一堆破烂里找东西。

一次，我们返回房中后，发现房子因需关新犯人而把我们的东西弄到卫兵房中，跟四个卫兵同住。这房子很大，除去卫兵的那些显眼的大床外，空间仍不少。一张中式床上住了我和海曼。第一天晚上，我们没在床上铺草，结果弄得一夜难熬。这是因为睡觉时，一个卫兵教给我们说，夏天像他们那样睡光板最卫生。我们决定试试，床上什么也没铺，结果一夜下来连骨头都痛。在这房子中卫兵们常常无休止地吵闹。不过几天后，他们搬了出去。这间宽敞而又凉快的大房只有我和海曼独享，这真是难得。一两天后，一个来自卫生学校的医生犯人住了进来。他很友好，但被指定睡在我们的床上，这使人稍感扫兴。几天后他自由了，了解到我们缺这少那的状况后，离开时许诺将在外面给我买牙刷牙膏什么的。但后来，他像圣约翰的男管家忘了主人一样，把这档子事给忘了①。

这一时期，一个十六七岁的小姑娘加入了犯人的行列。她曾信仰过宗教，认识一些教过她编织的修女，尽管她本人很不幸，但她的到来，使这里透出了生机。行军中她像男人一样背着自己的小背包，一身男子打扮，睡同样的地铺。虽然她沉默寡言，但我从未听到她口出说粗野的话，或者看到她抽烟，就像前面提到的“吴法官”的妻子一样，真是不为环境所动的高尚女性。

在大房子住了几天后，“出发”命令又来了。同往常一样，我们既不知目的地，也不知有多远，这次只走了约十英里转了个大弯就到了。过去每当要到宿营地时，总要淌过条河或者小溪，我和海曼戏称它为“洗脚仪式”。红军的领导是骑马或用马匹接过去的，但大部分人和我们一样。这次又是“洗脚仪式”。天很热，我们在阳光下等待着分配住房。后来，我们被带到一间很理想的房中，屋里有床、桌子和椅子，我和海曼马上打扫收拾，当我们收拾干净正要祝贺乔迁新居时，一个同志突然来通知——谷仓已为阁下“备好”。又是谷仓！

---

① 《圣经》故事中的譬喻，是西方流行的成语，类似我国“食言而肥”之意。

冬天，谷仓是很吸引人的，它有地板；可现在是夏天，谷仓没有窗，密不透风，而且简直就是蚊窟。它单独置于院中，烈日之下，就像火炉。孙、李等人被分到厨房，那里条件虽差，但人们反而彼此友爱。指导员看到后，曾以完全自信的口吻，借此宣扬共产主义理论的伟大，描绘未来国家的美好前景，开导这些属于上流社会的敌人说“艰苦的生活，反使你们相互友爱，而这正与未来共产主义社会人与人之间的友爱关系相似；当然，原因是不存在压迫者和被压迫者”。这种颇惑人心的宣传不可能感召这些人，但却从某个侧面透露了红军对他们的态度。在我看来，房中出现的情况只是“强制”的产物。不过，对这些政府阶层的代表来说，反倒是极具讽刺意味的“报复”。

“你们的中间人到了。”一个新来的卫兵偷着告诉我。他曾到很远的地方去接这个人。上帝显灵了，海曼先被叫去翻译那人带来的那些信。但我妻子的信却使用的是法文，于是海曼告诉他们：“我不懂法文，必须让薄来翻。”当我们来到“法官”房中时，我看到桌子上有几封信，那是海曼夫人和我妻子写来的。“法官”要求把它们译成中文，他们在旁边抄。读信时我知道了，贝克尔先生现在打算支付6000元。我和海曼暗中祈祷红军能接收这笔看起来数目不算少的钱。贝希望与红军能就释放我们这些“漂泊者”的赎金数目会谈一次，那时，双方可按达成的金额，在规定期限内交钱并把我们当场带走。为了我们，教会方面正继续徒劳地呼吁人们施舍。我和海曼知道，这次再不行的话，我俩只得准备“砍脑壳”了。

妻子的信是在我们结婚周年那天写的。信中忆起了婚礼时的一首名为“我的心为上帝而跳”的赞美诗，于是我问：“需要翻这首诗吗？”“当然，一字别少！”期限很紧，我备感困难。因为诗需要我搜肠刮肚地找到相应的中国词汇。晚饭时还未翻完，他们邀请我一起吃，菜谱中有鸡，这在当犯人的日子中是罕见的。当蚊子开始找麻烦时，他们就大口抽烟来熏。我真希望在我住的蚊窟中也能如此，那里的蚊子比这多几倍。蚊子伴随着我读信的快乐。信中夹有照片，两张是海曼孩子的，一张是我妻子的，一张是我十四岁时与双亲的合影。还有一封信是我母亲写的。朋友们真了不起，竟了解到我母亲识字并动员她也参加到这一行列。母亲已七十高龄了，字迹仍很稳健工整。信都被“法官”收存，照片还给了我们。后来数天中，一批批同志们来看照片，并好奇地摸摸。他们看照片时，人类的天性使我们和谐起来。

“催那边快交钱，这样你们就能早日回家了。”一些同志善意地劝我。他们都认为海曼有福，因为他有四个男孩（虽然红军移风易俗，但他们中重男崇男的旧观念仍很牢固）。

第二步是写回信。每人写一封给妻子及贝克尔的信。“吴法官”定了三条内容必须贯穿其中：

（1）承认自己是间谍，不该来中国，红军扣押及罚款有理；

（2）逃跑虽不成功，但却使事情复杂化；

（3）扣押长的原因只能怨自己罚款未交来。

随信我们还被命令抄上一张药品单，要贝克尔就近购买并确定交付地点。

对“间谍”一词，我决定不服从，我在前面加了“as”即“当作”间谍。信写完翻给他们听后，有些地方他们仍不满意，于是我们又改。这次他们勉强认为可以了，但还得送到吴那里审查。

回去后，我们马上祈祷，希望上帝帮助我们能使红军同意6000元的数目，同时希望早日获释。海曼再次被叫走时，我们的祈祷证明是有道理的。

我信中写的是“钱交付时”，但红军却要改为“全部付清后”，这等于又回到75万元上。真得提醒他们，按照那样计算就算是一天1000元，我们也得被关两年零二十天，而照此比率6000元则只能担负6天。

这天，我又被叫去见“吴法官”，走了很远后，来到一间指定的房中。吴面前放着我写的信和一本英汉字典，他平框眼镜后的眼中冒着怒火。我一进去他就命令：

“念念你的信是怎么写的！”我照办了。

“确实用‘间谍’一词了吗？”

我答：“是的。”

他命令我拿起字典查查看，并指着“as”说：“用这个词，什么意思？你为什么说是当作间谍，你本来就是。”他指责着，命令我改。

“我不能违心承认。”我告诉他。

他生气了，大声喊：“你就是间谍，审讯你时的证据证实了这些；如果你不是，那么，请问你来中国干什么？”

“我传教。”我的回答使他气极了。

“那为什么带照相机？”

“我没照什么。”

“那为什么在中国买土地？”

“我没买。”我顽固地顶撞他。吴的脸变得阴沉起来。

“我命令你按我说的写……”

“信是写给我妻子的，纵然写了她也不信。”

“那我不管，但你必须按要求写，否则就马上处决你。”吴怒声喊着，我已遭到了他的仇视。他那里的一个人送我回去，等我改信，因为信第二天就要被送走。

那人很年轻，满脸书生气，有礼貌地劝我说：“你最好照‘法官’说的干，他可不是好脾气的人。”可能他自己就没少吃“吴法官”坏脾气的苦头。

当他接过我改的信后，又不安地问：“你是否按他说的写了？”一直等到我肯定的答复后，他才返回吴那里。

第二天中午，我被再次带到“法官”那里与中间人会面。海曼先前已见过那个高彼德了，这是我第一次见他，这次会见才知道他是一个卓越的教友。

我们并非自由会面。开始吴没来，我没来得及相互祝福就急切地问：“我只有一本中文版的《圣经》，你带什么来了？”看到我渴求的目光后，他马上明白了，迅速将身上带的《圣经》送给我。不巧，被从外边进来的吴看到了，高马上装着像送礼物一样；同时，煞有介事地告诉吴他要做什么。

“你应先交我们审查，没有问题的话，我会转给他的。”吴说着收了起来。此后，我再也没得到这本书。

那封信，吴仍不满意。他决定自己起草，然后由我抄成英文。信没写完时，又开晚饭了，我再次和他们一起吃饭。红军的大米储备已不多了，他们改吃包子和豆汤。与我们西方人比较，中国人主要以米面为主，食品单调；无论米、面，最大的满足则是中国式的“吃饱”。

这次的信，吴总算满意了，但比计划晚送了一天，原因就是我前天的“愚蠢”。

在这里，红军筹到很多面粉，并给了我们一点儿。孙是个北方人，他要了些猪油和调味品，包了些可口的包子。我们都高兴地帮着干，认为交上 6000 元后红军会遵守诺言释放我们。当我告诉张时，他对此充满疑惑。

我们又照过去的样子，在与贝克尔先生谈判的路上跋涉，而我们的“护送人”就是这支押着张、孙等俘虏的红军。在爬上途中一座高山后，我惊奇地发现自己又恢复了体力。一条小溪在路旁蜿蜒流淌。我们向茨岩塘进发。我们从这个繁华小镇的大街经过后，向右拐，停在一个大院前，等人们进去给我们分房子。后来，由于军团领导要住，我们又转移到一所学校。这里的房子大部都已损坏。我们分住的房子地面很脏，只有一块地方还算平整，房顶漏了个大洞。当时我想天若下雨，可就“好看”了，结果，果真下起雨来，房中一切都泡了汤。本来有一张床，但为防我们逃跑，床板被拿去堵后门了。我们只好搬到狭窄的过道里睡。好在天气不冷了，天晴时房子很亮堂，正对着小院子，对面就是“吴法官”及其妻子的房间。

在我们到这儿之前，先到的同志们已在周围挖起了防空壕。壕采取下挖一半，然后用土在两边培起一半的办法，从我们住的地方一直通向远方。人们继续干着，留下一部分卫兵看着我们。壕挖好后，用树干铺顶，上面再覆盖上 5~10 英寸厚的土，这样里面即可容纳相当多的人。我们一天中大部分时间是坐在壕中防空袭，壕中十分潮湿，中午饭是在里面吃的，每天黄昏从壕中返回住房时都有一种说不出的愉快。但这里已是战场，想到建造者们费力修建这一壕的目的时，我们不免心中阵阵发怵。每天到壕中都要走很长的一段，比起张将军那些人来说，我们是幸运的。他们的小房很潮湿，并且紧靠着隐蔽的一段壕，得不到自由行走的机会。一天，红军将我们带到那里，我和张又愉快地交谈起来，在聊了一会儿后，他真诚地问我：“告诉我基督再世是怎么一回事？你又是怎样打发在这里的时光……”

我于是想起《詹姆斯·大卫》一书第五章中几条恰如此境的箴言，对我们真是再适用也不过了：“来吧！你虽富有，但眼泪和呻吟却缠绕你终生……”张被深深地感动了。我每次来这里后，我们都继续谈这些教义。张变得开朗起来，对一切逐渐超然，这都是我们交谈的结果。

“如果我们没有这些交谈，你能变得这样开朗吗？”

“不错，是《圣经》给了我一切，它展示了无所不能的创造，他爱我，派他的儿子来鼓励我。”

我们坚信上帝使我们在与人的交往中能把人从迷惘中解救出来。

我们也经常在一起祈祷，我坚持从基本教义去启发他。张读过大量的共产主义书籍，其知识水平不亚于红军。他也认为共产主义是社会发展的最高形式，但红军却是其从反面衍生的坏现象。张领悟到了基督千年王国的前景，消除了他的鄙见，增强了辨别是非的能力。

“你来这里很好，”一天我们到张房中，连长碰见我后说，“这里条件不错，不过你来之前最好把个人问题都弄完。”他说完便又去挖战壕了。

张的房间很大，很凉快，只是土地面，一角上是用木板搭的铺。张、孙被关在这里，房子隔壁关的是那些士兵俘虏，趁卫兵不注意时，常有一两个溜过来和我们闲聊。他们很友好，交谈中我们了解到，像他们这样阶层的俘虏，选择完全在自己，如果不愿参加红军，即能有机会遣返回家，而且离开时还会发三块钱路费等的好事。张和孙曾被叫去给士兵讲话，动员他们参加红军。红军这些办法的确很吸引人，很多士兵由此加入了他们的队伍。

一天夜晚，四五个新犯人被带到我房中住。第二天早上交谈时，我才知道其中一个是基督徒。我问他：“你有《圣经》吗？”

“我被俘时还有，后被他们搜去了。”我想和他交谈一会儿，可是他不久被换到另一个地方，以后不知他的命运如何。

一天晚上，一个同志来通知：“吴想找你们。”我们很快从床上起来跟着他走，心中感到不安。那个同志告诉我们说：“想请你们去唱歌。”这话顿时使我轻松下来。海曼突然想起忘记带假牙了，但这太晚了，我们已迈入大门来到院中。这时红军领导人在院子里正坐成一圈，张也被“请坐”在其中。他们指定两把椅子给我们坐，然后大家善意地就我们传教被关押的事和拖延不交罚款等，开了一大堆玩笑，如对误期交款，我们将和被杀掉的那位神父一样，别误认为他们软心肠，他们不在乎杀人，等等。

有人提议江西来的刘主席来一个节目[①]，他讲话时的表情似乎很严厉，样子很凶。不过他的一个评论却荒谬得可笑，而且解释得很糟，人们开怀大笑，紧张的气氛消失了，我们大家都感到很轻松。

对面的一个同志轻轻告诉我们："这些男女同志想听你们唱歌，但提前预告，不得与宗教宣传有关。"

"可我学的全是宗教歌曲。"我为难地回答。一个小个子的妇女及时插了一句："你们随便唱吧。"因为那个同志早已知道，我和海曼在路上就商定好了唱法，决定唱《我们得到上帝的爱，一直到永生》。我们先合唱第一节然后分唱各节，唱到高潮时，许多卫兵都出来站在那里听，大家专心致志。曲终时，刘主席评论说："真不错！"人们开玩笑说，唯一可惜的是这首歌是宗教内容。后来我们就回去了。虽然，那时我们的身体仍未康复，但我们为有这样的机会赞颂上帝而高兴。

刘是"吴法官"及其妻子的常客，这好像是他党务的一部分。在晚上，能听到他们房中那些欢快热闹的笑声。

几个月后，当有一段时间未看到刘时，我问卫兵："刘发生什么事了吗？"

"你不知道？"他答道，"他被处决了！"

"为什么？"

---

① 江西的刘主席，疑似为1933年任江西省苏维埃政府主席的刘启耀。1935年1月，中央红军长征后，刘启耀在坚持苏区的游击战中负重伤脱离部队。据有关史料载：他凭自己坚强的毅力在山林中养伤康复；1935年下半年起至1936年底，刘启耀化名刘茂财以小商贩身份四处奔波寻找组织；1937年1月刘启耀联络部分失散的党员重建中共江西临时省委，任书记；抗战爆发后，任中共吉安、泰和等地的县委书记。1941年遭日军逮捕，被释放后与党失去联系，至1946年在家乡因病去世。这里刘启耀是否在1935年至1936年以小商贩身份四处奔波时到达过湘鄂川黔边革命根据地，虽未见正式记载，但可由此存疑。另外"吴法官"即吴德峰，进入根据地前一直在周恩来领导下从事地下工作，至于书中后来卫兵所说的刘已被"发现是反革命被处决"一事，未见有关史料记载，估计是刘受党的委托自红军秘密返回白区工作。

“发现他是一个反革命。”

唱歌后没几天，又来了新犯人。我搬进一间蚊子成群的房子，于是打蚊子成了我们的消遣。我们习惯用网球规则去比赛，每场十五个，三局两胜。两天后，到防空壕的短程旅行取消了，但我们仍有事，继续织蚊帐，这次是因为一个同志给了一大团棉线。

第五章　“打”

一小队人和三副挑子经过我的门口向院内走去，令人注意的是其中一个人很像是丁，挑子里装的大概是药品和赎金，我由此想入非非并感到了高兴。从窗子里我可以看到院子对面房中的丁和高。听声音吴也在里面，他用一种从未听到过的温和语调说着什么。我为之一阵阵地担心，不过从断断续续地谈话中，我听到赎金似乎已经备妥，并随时可以交付。后来，时间就一小时一小时地慢慢过去，没有人来找我们，一天就是这么令人失望地过去了。

几天后，当我为了防空袭从小屋中出来，经过吴的房门时，看到吴正给一些士兵上课。他讲得很快，我听不清内容，士兵们注意力很集中，边听边做笔记，似乎都渴望从吴讲的那些大道理中得到启发和教益。

在这期间，谈判人始终和另外的卫兵待在一起。

一天，卫兵漫不经心地把我们带到一个战壕中防空袭，我们在此交谈了一会儿。后来，指导员叫我们去翻译一张英文报纸上刊载的新闻。当我正译着，通讯员进来告诉说：“吴找你们两个。”他直接带我们到了吴的房间，吴此时很生气，命令通讯员带我们回房先彻底搜查。卫兵对我们像犯人一样上下搜查了一遍，什么也没有发现，而吴的举动，使我们觉得简直如坠五里云雾。这之后，我们被禁止回自己的房间，但由此我们得到了在户外活动的乐趣。

一直到现在，仍未允许我们正式会见谈判人。一天，我们再次被吴叫去，他命令我们给他从英文报纸上译消息，我一边译一边浏览着报纸的内容。突然，报上的一段内容跳入眼中，它的栏目虽然很小，但内容却让人激动万分。上面写着“神喻：在基督面前你要扔掉忧伤，他将给你无穷的力量……”这句神喻简直就是写给我们的。在后来翻译报纸时，我高兴得像蜜蜂一样勤奋。此刻，我旁边一个士兵也正忙碌着刻钢板，已刻好的蜡纸堆了一摞。我问：“刻的什么？”他答道：“一本翻译的俄罗斯著作。”

他们就是这样，将成百张的蜡纸用油墨滚子一张张地油印出来，然后装订成书。有时油印需要人时，海曼也去帮忙。那里的情景使他很忧伤，一个小姑娘（即前面提到的那个十几岁的女孩）和一个大约九岁的男孩子负责操作一个简易的石板印刷机（用油和酸写在石板上，经化学处理后，再用纸拓印），他们用这种机器甚至能印红军在所到村镇张贴的那种大布告。繁忙时，他俩一天要印到几千份。当我滞留那里时，他们刚好又搞到一套油印工具，这是通过一个商人买来的。

看到那个小男孩，我想起他在塔卧参加红军时的情形。那时，士兵们曾带他到我的房子中看“洋鬼子”，他很幼稚，吓得畏畏缩缩。以后，我们渐渐成了朋友。在行军转移时，他和士兵们穿一样的军装，背着小背包，像是一个缩小比例的红军。一个月前，他成了连队卫生员的助手。一次艰难行军中，他因累得走不动而坐在路边哭，士兵们经过时，不断哄着他，“坚持走，没多远了！”他的脸因出天花而留下麻子，士兵们由此给他起了个“小机关枪”的绰号，大概是指脸像被机关枪打烂了之意（指那种枪筒上附加散热套的风冷机关枪，由于散热套上有许多圆孔如人出天花后的麻斑，故战士借喻它为小红军的绰号，非指脸上被机关枪打过的样子）。我不知道他这么小就参加红军的原因，也许他是个孤儿吧！

令人盼望的礼拜天到了，我们虔诚地唱起了《但丁》（译名）等几首赞美歌。然而，这种安逸的精神享乐却被一个卫兵冷冰冰的命令打断了，“吴法官命令那个年轻一点儿的外国人去他那里。”

跟着走时，我趁机问卫兵：“吴找我有什么事？”卫兵没有回答，但从他紧绷着的脸上，我预感将发生什么事。

我走进吴的房间。他正端坐在给士兵讲课时的那个位置上，那也是他处理公务的位置。这样，我正好面对着吴。谈判人丁和高也在场，他们都坐在吴的右侧，充满着紧张和不安。

“罚款为什么还没送来？”吴问我。

“我不清楚，因为这方面的任何事都取决于我那些朋友的恩赐。”

“我提醒你，作为一个间谍，你本来就死有余辜，”吴边说边对卫兵下着命令，“现在，我们将按香港英帝国主义对中国穷人的方式，惩罚你这个帝国主义分子。”他下令卫兵，“用鞭子抽他！”

于是，后面几个人粗暴地抓住我，并将我的衬衣撕开，一个人用嘴往我背上喷了些冷水。房中大部分人都很吃惊，谁也没想到会发生这样的事。带我来的那个卫兵和另一个人负责抓住我的胳膊，后面一个人开始用细竹条执行这种英国式的刑法，每抽五下要停一停。这时，我感到自己献身基督考验的关头到了，我眼前浮现出耶稣受难的情景。在鞭打中，我更加意识到神的考验而强忍着，没有发出半声痛苦的叫喊。我的行为，使得下这种不近情理的命令的吴感到迷惑和气愤。

“使劲打，不要手下留情。”

行刑的人仍然像先前那样继续打着。周围的人都不出声，于是吴跳下讲台，夺过竹条使劲打几下做了示范，然后回到椅子上。

“什么时候交足罚款？”

“这不是我自己能决定的！”我抗议着，“在这里我除了按你的话写那些信外，还能干什么？”

“那么，我不在桑植时，你是不是未经检查给了丁一封信？另外，你还偷着在信上做记号，这都是造成贝克尔拖欠的原因。”吴因为我的抗议更加生气，命令我旁边的卫兵，“打他的脸！”

不知过了多长时间，我被打成几乎遍体鳞伤时，他们住了手。

“什么时候把罚款交来？”吴再次追问。

谈判人悲痛地目睹了这个场面，脸上显示着无限同情和哀怜。他们劝我不妨先答应一个期限，而正是由于这个建议，后来使贝克尔先生几乎走投无路。我提出十天为限，吴同意了。这样，他才命令卫兵将我带走并将海曼带来，还叮嘱卫兵“不要让他俩讲话”。我无法提醒海曼，不过，他可能从我脸上看出已发生的事。他就这样忐忑不安地被带去了。我默默地为他祈祷，希望他能得到人们的同情而免受毒打。后来他回到房中与我交谈时，我发现他虽未挨打，却遭受到违心地给贝克尔写信的折磨。

我对自己在上帝面前的诚实而感到高兴。我想起自己看过的一本关于奴隶的书，里面说：当奴隶被鞭打后，同伴便用盐水帮他洗伤口，这样虽然很痛，但却能防止感染。由于我生活在一个极不卫生的环境里，到处是蚊蝇虱子，我担心伤口感染。可是，从哪里能找到盐和开水呢?

在湖南的这个地方，就如同贵州一样，吃的是那种食用时需先捣碎的盐巴。现在已很长时间没见过捣碎的盐巴了。于是，我从卫兵几天前给我的咸鱼上找到了一些细盐粒。我的房门处有一个大茶壶，每两天装一次开水供士兵饮用。当我提出要求后，卫兵周到地给我弄来了水。我在自己的铜盆中放上茶叶和水，烧开后将咸鱼上的盐粒小心地溶于水中，再用这种盐茶水轻轻地洗我的伤口。

那个带我走并在行刑时负责抓我胳膊的卫兵来看我，带来了些爆玉米花。他的谈吐不无善意，充满着体贴和人情味，不过他只字不提那次的事。行刑时，这个年青人严肃而认真，只是在他认为适当的场合时，才让自己流露出人类仁爱的情感。

几天过去了，没有人找我或海曼去翻译回信或被讯问。因此，我们很担心，在这么长的时间内，我们的信肯定会送到了，但令人迷惑的是到现在还这么沉寂。一个礼拜后，我们终于被叫去译贝克尔的回信。信中贝克尔不客气地表示，他简直已不知如何与红军谈判。他原相信红军会同意用六千元的代价释放我们，目前对红军能否遵守协议感到疑惑。现在需要落实的问题是：下一步红军需要他干什么，例如交三千元后，是否立即会释放我们俩中的一个，而后一个是否也会按上一个步骤执行。

后来，我们再次被叫去按拟好了的中文稿给贝克尔写回信。红军的回信说："我们对贝克尔这封来信的生硬和迟迟不交款非常气愤"，并指出：薄的挨打，只是英帝国主义对香港中国人方式的仿效，而这一切完全是由贝克尔的拖延造成的。如果钱还不送来，那么这种惩罚将不断重复。对于罚款数，将不再让步，而且按交三千元先释放一个的想法太幼稚，红军的态度是"要么都释放，要么都别走"。

信按上述内容写好后，我们签上名，然后交给吴审查后送出。

这之后，我们被允许会见谈判人。他们对贝克尔能筹足这笔钱好像很有信心，于是获释的希望又重新浮上心头。

一天，萧克将军很随便地（这是吴所缺乏的）来到我们房中。我们站了起来。“不必拘礼节！”他招呼我们坐下，然而房中除了床之外没有可坐的东西。他只好站着。他一边随便地在房中走着，一边问我们几个问题。他很温和，临走时说：“我相信你们会因得到足够的罚款而被释放。”

现在，政府军的飞机几乎天天都来，有时炸弹就扔在我们房子旁边，随之我们被转移到防空壕旁的一座与原来住房相对的房中。一次刚从防空壕出来，警报又响了，我们只好再跳进防空壕中，一直到飞机走后才回到房中。

有迹象表明政府军已逼近红军了。我们随红军司令部几次转移后，再次回到桑植。转移中爬山时，山间的密林和夏日的炎热简直让人喘不过气。一次，当走了一半路程时，我们因天气炎热，停下来休息。后来总算找到一条沿山沟的小路，但这样走中途休息的机会就减少了。当我回头看后面的行军行列时，看到其中有几个妇女，一个似乎年纪很老了，她艰难地走着，每逢休息时，甚至要靠卫兵推到树荫下纳凉。休息后的路程依然是爬山，不久，那个老年妇女在卫兵的看护下，跌跌撞撞地落到队伍后面。到了山顶，山下风光尽收眼底，山路蜿蜒成一条条线状，在烈日照耀下，像一条棕黄的长带。下山时，我嗓子渴得冒火，几个士兵跑到山涧里大口地喝水，当地的几个孩子看到我们很渴，便送来一桶水，这使我们再次振作起来。

休息时，后面的人说那个老年妇女试图跳崖自杀，但被卫兵抓住了。卫兵推拉着她继续走，当来到我们的休息地时，她一下子就躺倒在地上。路程才走了一半，很明显，靠人们推拉着走不了多远，只有采取“特殊处理”了。有人提出处决她的建议，卫兵一致赞同。尽管因多次目睹这种场面我已麻木，但看到这些年青人如此嗜血，我仍感到震惊。三四个人拔出刀来要去行刑，但只其中一个年龄稍大的获得批准（不过也只有二十几岁）。他从伙伴那里借了一把好用的砍刀，然后将老年妇女拖走了，后面一个卫兵扛着镢头，去执行类似教堂司事——掩埋的任务。一会儿，他俩说笑着好像什么事都没有发生似的回来了。也许，在他们看来，处理一个“反动家伙”就像杀只鸡一样随便。

再行军爬山时，他们允许我抓着马的尾巴，这对我爬最后的那座高山起了很大作用。天很热，这时，我的胃开始作痛。“预定的释放地桑植就要到了。”我这样鼓励自己坚持着。突然，一个很熟的地方出现在眼前，果然桑植到了。我们停在一间临街的屋外，等待分派过夜的地方。一大群士兵和老百姓围过来看“洋鬼子”。人们一边看一边聚精会神地听关于我们罪行的“传说”，这里面掺杂着不少我们会念妖咒的夸张。后来分给我们的房子竟是我与吴吵架的那间。在这热得要命的夏天，屋里的蚊子多得成了团。人在里面必须一刻不停地运动，不然蚊子就会不要命地冲过来。这里的蚊子不分昼夜，从清晨一直到夜里，甚至我们逃到隔壁也不放过。这里和先前宿营的地方一样，我们一到，政府军的飞机就来，我们还得天天防空。和我们住在一起的还有伙夫，看着他们做饭，我们可以解闷儿。

一天，那个“王法官”来到这里，看到我们的住房很差时，很生气。在调查了所有士兵住房及犯人住房后，提出给我们调房子。于是我俩被换到一间有床、桌子、椅子和其他几件家具的好房子里。

从这里，我们能看到红军审问犯人，说不定正是为了这个目的换的房。当然，先前我们离卫兵太远也是一个原因。不过，几天后，我们又被从这间好房子里迁出去，搬进一间农民的房子中。这里有一间堂屋和西屋。从那窗子可以看到院内，对门的墙上有一个洞，从那儿又可以看到街上。夜晚，我们躺在中式木床上，凉风从三个地方吹来。在这舒适的房中我们住了大约一个月。

这期间，有时也将别的犯人关到我们房中。其中有一个是“吴法官”的司务长，他沉默寡言，很不友善。开头的几天，他几乎吃不下饭，从不讲他的经历和被关的原因。后来，我们间接地了解到，他是因为用不正常的手段私存了二百元钱而被关押的。他经常被带出去审问，有一次提审竟严重到卫兵将他摔倒捆起走，后又被捆着带回来。原因是他的供词每次都不一样。被关押两个多月后，他的贪污问题仍未查实。这是红军对待自己人的例子。

在桑植，红军每天要趴在地上练习瞄准，不少人很笨，进步很慢，但每个人都要进行这种训练。由于几乎每天要卧倒练习，卫兵晚上要天天洗澡，我们由此得到使身体保持清洁的机会。

海曼的胃病越来越严重，甚至吃米饭都不行了。这里要找其他吃的东西太困难了，特别的照顾也只有大米稀饭。对海曼来说，这也是不讲卫生的教训。他经常喝其他犯人的剩饭粥，喝时根本不管粥是否变馊。鸡蛋是这里最好的营养品，但要煮熟很困难，于是他就经常喝生鸡蛋，结果弄出了麻烦。直到一天洗澡时，卫兵看到海曼消瘦的样子后，我们的伙食才开始获得改善。过去我们是一日三餐大米饭，中午、晚上有菜，现在则又加了一样形式的菜——鸡蛋汤，但只给海曼一人。后来，红军为我们规定了每天四个鸡蛋或四分之一磅肉的特殊伙食标准。

一天，我们从后窗（墙上的那个洞）看到了街上发生的事情：一群人围着看一个士兵。士兵疯疯癫癫地很可怕。他是先前四人一批参加红军的其中一个。患病前，他是新兵文化学习中成绩最好的，而现在却成了世人所称的“疯子”。无论人们打或骂他，他都两眼发直没有表情。我不知他患病的原因，但看到他就让人心头压抑。在靠我们房子的地方，人们找了一块木板给他当床。后来，人们告诉我，他是因做错了一件小事，被连长罚几天不准吃饭而气疯的。有时，他很狂躁，甚至卫生员都治不住他，他尖叫着让人“滚开”；有时他作出怪样吓唬人。他家距这里只几里地，红军后来将他的母亲、妻子和孩子叫来。看到他这样，他母亲泣不成声，他的妻子、孩子悲痛地呼唤他。不知是因为与家人见面，还是我们祈祷的缘故，第二天他像从地狱回来一样奇迹般地好了，他能认出所有的人了。红军让他自己选择继续留队还是回家，他选择了前者。

在这期间，红军对那些刚入伍的新兵进行了戒除鸦片恶习的伟大实验。凡有这种恶习的新兵一律被集中到一起，免除操练和勤务，给吃最好的伙食；同时，卫生员发一种药品来减轻他们戒烟的痛苦。卫生员即前面提到的那个九岁的小男孩，经过几个礼拜后，就把这些人区别情况对待，每两天分一次级，渐渐使他们戒掉恶习。这些“秘密消息”，是卫生员几次来我这里玩时透露的。

一天，有个同志来我这里借礼帽，我很吃惊，不知他要干什么。后来才知道，他要在联欢会上演戏用。这出戏是描写蒋介石和帝国主义的。红军从新兵中找了一个外貌很像的来扮演蒋。戏的故事很有趣：红军一个新兵经过教育训练，最后在战斗中生擒了那个声望很高的蒋介石。

我们虔诚的祈祷终于使贝克尔的使者到达了桑植。他带了药品和信，并给我们带了一本从《主日愉快》文艺杂志中抄出来的、考门夫人所著的《荒漠甘泉》[①]。这本书像美国文学那样读来引人入胜。带来的信说：原来75万的赎金已减少为一万元了。红军曾私下允诺，我们释放的代价，最低限度不能少于6000元。

我们好几次被叫去翻译我妻子的来信。一次，我们旁边来了个年青人，他很狂傲，操着一口怪腔，让我们用英文写他的几个名字。这些英文名字是那个被俘的政府军报务员给起的。那个报务员原是个农民，后来学过几句英语，也经常被吴找去翻译我们的信。有一次，他告诉我他的英文名字叫“彼格诺思”，这与英文“大鼻子”谐音。他每次尝试说英语时，总招致周围人的嘲笑。红军中有一个同志的鼻子确实长得很大，鼻梁也高，于是大家都叫他“帝国”，他就是前面我们说过的那个李。

当我和那个政府军报务员在房间里翻译信件时，他很有信心地告诉我：“你的朋友已募集了约一万元钱。”当红军看到我们已很听话时，允许我们会见谈判人。中间人这样安慰我们：“贝克尔先生会妥善安排好一切的，我们将以最快的速度把钱送来。”

我并不担心是否会筹足这笔钱，问题的关键是如何经过土匪出没的地区把钱送达红军。我觉得与其操心这些事，不如多做些诸如祈祷、唱歌之类的事。我想起了《上帝指引》这首赞美诗：

“引导他们，噢，全能的上帝，我们祈祷您引导他们一帆风顺，引导他们早登圣境，我们依靠的伟大名字就是耶稣基督。”

人们不难想象我们在这里的盼望之情是多么焦躁不安，简直每分钟都是度日如年。令人难忘的是《荒漠甘泉》里关于传教士的一段描写，

① 又名《心灵福音书》，是1920年美国一位虔诚的基督教徒考门夫人所著。该书问世八十多年来，已被译成十多种语言出版；上世纪20年代初，考门夫人曾到过中国上海。

就如同我们的经历。看看全能上帝的安排吧，这本书就是我们在这荒山野岭饥渴交困中最好的精神食粮。这两段诗是最好的诠释：

奋斗中祈祷能获得力量，
使你走出苦海深渊摆脱迷惘；
祈祷使你昂首阔步，
纵然铁栅铜门也不能阻挡。
坚定的信仰就是成功，
那怕厄运围绕身旁；
坚定的信仰就是成功，
让我们为成功而欢唱；
信仰、成功，莫再犹豫和徬徨。

我们抑扬顿挫地唱着这些赞美诗。为感谢来自纽约的这个“上帝使者”，我们还唱了她的《渔夫曲》：

我将满足你的愿望，
实现你的梦想；
如果你真信我，
就请耐心等待，
我最终将满足你的愿望。

一些迹象表明，我们作为红军俘虏的日子就要结束了。红军在院子中腾出几间房子做为我们最后的锚地，一个不好说话像哑巴一样的卫兵负责守卫房子和做勤务。这个卫兵不声不响地工作，离开时就打个手势示意。他总是闲不住，且每次来我们房间时不是捏捏鼻子就是扇扇子，似乎我们这里有怪味儿一样。

对面房中关着一个五十多岁的妇女。她长相普通，人很瘦，受到红军严厉对待，不给她水洗去脸上、头发上的血污。她很痛苦，经常尖叫和用“不要杀我”来回答红军的提审，红军对她很头痛。另一间房中关押着二十几个男犯，他们的隔壁还关着一个妇女。后来她在房中生了孩子，我们听到了那个未足月婴儿的啼哭。但不久，那个孩子死了。经过反复考虑后，红军给这个母亲一些鸡蛋和特别餐，以便她继续活着。婴儿死的那天，红军中一个同志也死了。这两件事使红军很难过，他们用没收的地主的棺材，埋葬了死去的红军士兵。我们院子中有一个很深的井，为防止行人掉下去，井口加有木盖。一天，卫兵揭开木盖把一个年青的犯人捆着泡进井里，让他自己决定是招供还是淹死。他在井水里泡了一夜，浑身颤抖不止。

女犯人们有的会带着大约两三岁的孩子。看着这些随母亲遭受监禁的孩子，令人非常难过。有时审问，孩子就躲在母亲身后哭泣；当母亲被单独带走时，这些可怜的孩子就战战兢兢地躲在墙角等着母亲回来。

九月行将结束的那天晚上，天气突然变冷。红军为此增发了衣服。他们的新军装是黑色的，但衣领是绿布做的，配有红领章。我们也发了新衣服，是没有领子的茄克式上装和绒裤，尽管是这种样式，但我们非常高兴，衣服使人暖和。而这之前我们的财产只有一条毯子和一床打满补丁的破床单。镇上的一个理发师来为红军理发。自上次红军士兵给我理发以来，我的头发已长得很长了。这次我也得到了理发的照顾。

“理平头还是长发？”理发师问。

“平头。”于是理发师用中国方式给我理了发。

当穿着茄克留着平头的我走出来时，简直变了个样。一个士兵惊讶地说：“你现在真像我们了。”后来，他甚至大胆地叫我“外国同志”。

因为新兵大批参军，红军的住房变得紧张，于是我们被再次更换了住处。令人遗憾的是，我们被调到后面一个非常小的房屋下住，地面都是土，非常脏，但这里可以举目望到院内的一切。住了几天后，海曼病得连拿筷子都困难，一个士兵关心地送给他一把匙子。军医用红军典型的治病方式——针灸给海曼治疗。他用细绳子捆住海曼的手指，然后用一根细针扎上面的穴位，并将血挤出来。这种治疗方法很痛。我告诉连长，海曼的病是因为潮湿的缘故。于是连长很人道地把我俩调到在桑植曾住过的那间房中。那里很干燥，但房子一半关着政府军的俘虏。其中两位是前面提到的孔和报务员李。房中的一个茶盘和一张床，归我和海曼。

卫兵拿来一个铜火盆供我们取暖。我和其他人都享受到了温暖；不过，每天是否生火要取决于卫兵的情绪。当点燃火盆之后，我们大家就用壶来煮东西吃，我们甚至还烧出了一种咖啡代用品。房东很和善，经常给我们一些大米和猪肉。我们从他那里借了一口平底锅，将大米放上烤焦，然后冲着喝，味道类似咖啡。房东自始至终都在帮我们的忙。我们从他那里还学了不少生活知识。孔来自中国北方，会做一手好吃的北方食品。

孔和李都渴望了解一些基督教的知识，并能用蹩脚的英语背颂《天主耶稣》的赞美诗，以及一首译成中文的诗《归宿》，他们还请我将祈祷词译成汉语供他们背诵。礼拜天，他们就请我讲《圣经》故事，这使后来的几个礼拜天简直变成了弥撒。他俩为我们的教义所征服，其最大的愿望是能凭借上帝的教导认清自己的未来。孔过去一直为悲观和失望的情绪所支配，像一只被关押在囚笼的狮子一样焦躁不安。也许正是万能的上帝看到了他子民的这一现状，因而使他们皈依上帝的愿望得到满足。

房中的另外一个犯人是大约十四岁的红军士兵，他的罪名是“偷窃”。当我们为防空袭躲进战壕时，往往粗心忘记将自己的东西收好。一天当我们从战壕归来时，我突然发现自己舍不得吃的炼乳罐头不见了。我当时认为就是留在房中做勤务的这个小红军拿走了，但考虑到他的名誉，我没有说。一次，大家都到外躲避空袭时，我和海曼悄悄返回房中，将我们的东西藏到屋外的一个小土洞里，海曼望风，我负责藏。这样小红军再想偷吃我们的东西就必须到处找，然而他现在是跛子，脚肿得很厉害。

谈判人再次来了，给我们带来了几个炼乳罐头以及药品和钱，带来的信被红军留下了。贝克尔在信中希望能以药品和钱作价共支付一万元，并希望红军给予明确答复，不要玩弄外交辞令。他还提了些其他问题。贝克尔已抵达永顺，这里是政府军占领的地盘，距红军这里仅两站路。

我们与中间人见了面，希望他转告贝克尔先生，于十一月十六日在指定的地点，一手交钱，一手将我们从红军这里赎回，确保双方同时进行。

我们再次按红军拟好的内容写了回信。我期望红军的答复能使贝克尔先生满意，并暗示这一交易正在顺利进行。获释在望，也许这个礼拜我们就能重获自由。我们获释的谈判终于有了结果。

几天后，有迹象表明，红军将再次转移。士兵们在整理行装并补充衣服和草鞋，每人的干粮袋里也装满了米；同时开始每天剔除犯人。我们一遍遍祈祷上帝保佑成功，获得自由的念头再次涌上心头。对于这时的海曼，也真是到了最后关头的祈祷，他已无法步行，红军只好为他配备了马。

一九三五年十一月十七日，我们没有像往常那样过礼拜，而是去帮炊事员做饭。炊事员是江西人，与贺龙同名。这天，我被行将自由的快乐情绪所感染，一点儿也没有想到，与我后来真正获释的日子还有一段漫长的时间。这天，我总在想，如无意外，谈判人定会到达这里，而红军也已做好接收钱和药品的准备。天渐渐黑了，谈判人仍未到达。但我没有失望，坚信他们将会在第二天早上赶到。

十八日早上，我坐在山脚傍战壕的地方看着大路，脑子里不断设想着各种情况，渴望早日结束这种生活，尽快回到亲人身旁。我总担心吴忙于点收钱物而忘了派卫兵通知我们。

中午，吴派一个卫兵来找我们，卫兵脸上的表情很兴奋，一看就知道钱和药品已送到了。卫兵边走边谈交接过程。他是个新兵，看来对这种事很不老练。他悄悄告诉我："就要放你们了！"我们经过吴的门口来到卫生员房中，恰好吴从里面出来。他让我跟着他去核对药品。就在核对药品时，一个可能是医生妻子的女同志高兴地告诉我说：你们即将获得释放。这时高也来了，我们交谈了几句。他告诉我，钱已送到另一个地方，在那里有两架滑竿等着我们，而贝克尔正在两站路外的永顺等候。药品清点后，我回去告诉了海曼，他高兴地流下了眼泪。

我们都沉默着，仿佛一切都结束了。然而我们门外仍站着卫兵，我想这简直是多此一举。我们俩正做着离去的准备，这时吴派一个卫兵来叫我们。我边走边想象吴一边点钱一边宣布撤销对我们指控的样子。吴派来的那个卫兵羡慕地对我说："你们回去又要过富人的生活了，真有福！"

吴布置了一个类似欢送会的场地，红军的领导都到了。我们一进去，吴却命令卫兵："先带他们到隔壁等着。"

我们坐在旁边房中的床上等，里面几个红军正清点着送来的赎品——绸缎。我们天真而毫无疑心地祈祷着。

这之后，我们被吴叫去，他脸上的表情很平静，稍有快意。他先说了一些诸如贝克尔给我们带来毛巾、服装、糕点等词不达意的话，然后，不敢正视地对我们说：“贝克尔只送来了一半的钱。”他似乎也不相信自己的话，“因此我们只好先放一个走。现在决定，谁年龄大就先放谁。”

这简直是晴空霹雳。海曼先反应过来，他激动地请求红军更改决定，让我先走。吴回答说：“这都一样，你现在病得很厉害，需要我们照顾。你必须明早离开，有滑竿在等你，你的问题都结束了；你随时可以走，如果愿意，天黑前就走，你还可以赶几英里。”

我默默地转过身来准备回房，吴在身后说：“你不要担心，剩下的钱会很快送来。再过一两个月，你也会得到释放的。”

我脑子里一片混乱，想不出钱的问题是怎么回事。刚才高什么也没讲，只说滑竿在等我们。我渐渐明白这可能是吴的骗局。

我对吴抗议说：“贝克尔不会像你说的那样办事，我的那些朋友已经尽全力了。如果再让他们重新筹一万元，这是幻想，他们绝不会再那样干了！”

“你不必担心，你的那些朋友会送钱来的。他们可以向蒋介石要，那一万元准会送来的。我们抓住你这个间谍不容易。我们的卫兵看着你就和蒋介石看着自己的钱一样，你休想逃跑。如果敢，我们就要你的命。你总是这样固执得令人讨厌，现在可以回去好好想一想了。”吴的话打破了我的一切幻想。

这是一个巨大的打击，感情的损伤是无法弥补的，然而他的话却满足了我，使我明白了一切，是上帝重新使我坚定信心。

海曼的离去，使我感到从此孤独一人置身于苦难之中，不由心里非常难过。当经过院子时，我把这一消息告诉碰见的卫兵，他们都非常吃惊，并非常同情我。

只有很短的时间来告别了。我们没有那些戏剧性的握手、拥抱和挥泪惜别，只是紧张地做分别的准备。后来我们一起祈祷，共同表达了对上帝的崇敬。海曼没有为获释而高兴流泪，然而我在祈祷时，却为他即将与家人团聚而高兴。我告诉他自己此时所想：这是上帝给我的考验。

中午，卫兵要带我到战壕里去。海曼的滑竿在村外等着他，他就要随另一个卫兵走了。我们紧握双手相互祝福平安，我激动得再讲不出其他的话。我请海曼转告贝克尔："如有可能就请他中断谈判，代我致谢那些朋友。我感到自己现在与基督心心相印，这些日子里那伟大的友情使我永生难以报答。"我们不由自主地相互拥抱起来。

海曼在卫兵的护送下慢慢走出我的视野。后来他从山脚那边的房子处又返回来，高喊着"再见。"卫兵拉着他走了。在村子那头的小路旁，停放着的滑竿正等着抬他离去。①

---

① 海曼于1935年11月18日被红军湘鄂川黔省肃反委员会释放，红军释放文件上他的名字为成邦庆，估计是他自己所起陈国荣中文名的谐音。根据华中师范大学中国近代史研究所刘家峰教授最新考证，海曼（Arnolis Hayman）于1890年生于锡兰（今斯里兰卡）。父亲是英国救世军传教士，他几个月大时母亲早逝，1892年其父再婚，全家迁到新西兰的基督城（Christchurch），1902年再迁奥克兰。海曼少年时曾在商店打工，20岁时去了安嘉斯传教士学院（Angas Missionary College）读书。1913年9月25日，他作为英内地会传教士被派到中国，先在镇江内地会语言学校学中文，后被派到重庆、江津、遵义、镇远等地传教。1933年初，海曼到了原属镇远教区的旧州工作。旧州是汉苗杂居地区，海曼因此掌握了苗族语言给苗民传教。

1935年11月18日，海曼在被扣押413天后被释放。回到上海短暂休整之后就开始撰写这段时期的经历，其中有一部分内容早于薄复礼被红军释放前，就在1936年4月号的内地会刊物《中国亿兆》上发表。该文虽仅5页篇幅，但却把他们被扣押、逃跑、审判、谈判以及长征途中的生活等过程做了简要的概述，成为以后他撰写回忆录的基础。不过由于薄复礼的回忆录在他人帮助下于1936年8月完稿，并且当年即因在英国出版后的轰动，一个月内两次印刷和第二年法文版的续出等，海曼先于薄复礼的红军长征见闻录反而慢了下来。

海曼此后去了芜湖，抗战爆发后再迁上海，成为内地会总部的商务经理。珍珠港事件后，他和妻子被日军拘禁，1945年返回澳大利亚，在悉尼担任圣公会牧师，一直到1971 年中风去世。与其共同见证红军伟大长征的"难友"薄复礼相比，海曼的一生反而显得默默无闻。直到2003年新西兰坎特伯雷大学的安琳（Anne-Marie Brady），在澳大利亚发现了海曼的一部1936年11月成书时间稍晚于薄复礼的回忆录原稿，书名为 *Who Shall Separate*？直译为《谁将分离》。该原稿于2010年经安琳整理后在美国出版，书名为《长征路上的外国传教士——中华内地会传教士海曼回忆录》，至此两位外国人共同见证红二方面军长征的史料全部问世。与薄复礼一书相比，海曼回忆通常都是不加修饰，直抒胸臆，颇具个人化色彩。除与薄复礼所记述红军激烈的战斗、行军的惊险等见闻相近外，更多是其对红军长征途中日常生活细节的记述。海曼的回忆与薄复礼一书互为补充，两者的亲历传记问世，进一步丰富了"第三只眼"中红军长征的视野。

第六章　并非孤独

再次穿上那身茄克上衣，就像利刃一样刺透了我的心。我的遭遇未得到吴的丝毫同情，他冷冰冰地命令我回到战壕。大部分犯人得知了我的事，当我独自被留下时，都来安慰我说，海曼回去后会帮助再筹款来的，你很快就会自由的。这些同情和关注，促使我更加伤感。

“大家放心，虽然海曼离去，但我为有他这么一个真正的朋友而自豪，我十分高兴他能先走。”我用圣经的话表达自己的心情，“上帝不会置你而不顾，将和你永在，哪怕到世界末日……”

回到房中，我拿起《荒漠甘泉》读了一整天，那里面的故事和我的经历惊人地相似。里面有这样一句：“不公正的判决听着，上帝还未在你们这喧嚣狂妄之夜来临，切莫超越上帝容许的限度，我告诉你，若非你必将自食其果。”

我重新收拾自己的行李，那里面有一块银圆、一个指南针和毛巾等洗脸用具，以及红军给的一个蛋糕。这时，我发现银元不见了。我突然想起从外面土洞里取回的罐头，结果也没有了。我怀疑是刚才我不在时被人偷走了，于是我去找连长报告。

“一定是因为你外出时未放好。”连长用一种漠不关心的口气回答我。

“如果你这样看待问题，我只好不找了。可要是你的东西被偷了，你会怎么办呢？”

我去找了“嫌疑犯”。那个被“嫌疑”的少年红军像受了天大冤枉一样，强烈抗议着，似乎我玷污了他的“清白”。他争辩说：“说不定掉在床下了。”他一边说一边不顾自己干净的衣服爬到我的床下。他突然像被咬了一口似的，大惊小怪地找出了那块银元。我对此真没什么可说的了。

吃晚饭时，我从红军的脚上看出又要转移，他们发给我一双草鞋。对于每次出发行军发草鞋之事，没有人解释这是为什么。有时在早上，红军会透露一些当天的行军计划。因此，我对于行军时需要的物品，如挎包、铺盖、雨伞之类的东西每天早上就收拾起做好出发的准备。每次收拾行装时，同屋的那个少年犯人总使我分心。后来，红军重新给了他自由，他离开的那天晚上，提出要帮我收拾行装，真使我哭笑不得。

晚饭后，我再次拿起《荒漠甘泉》，看到了《祈求赐福》一段：

> 他坚信主的赐福将使他不受伤害，
> 纵然险象环生，
> 全能的上帝也将与他同在。
> 虽身陷囹圄但意志不摧，
> 上帝的信仰可慰生平，心愿已足。
> 困苦危难，主的赐福将使他冲破罗网，
> 面对恶魔的凶残，我们一遍遍祈祷，
> 大家心心相通，暗暗相助。
> 噢，上帝子民，主将给你们赐福，
> 哪怕恶运重重，水深火热，你也将得到主的帮助。
> 主将赐福于你不受伤害，
> 那无形的帮助，将使你看到圣灵，驱散心中的迷雾。

清晨四点左右，我们吃了早饭等待出发，并用供给的木炭生了一盆火取暖。这时，卫兵叫大家收拾东西出发，但当大家带着行装出来后，又有人通知返回等候命令。配给我的那匹马被红军充分利用，马身上驮了一大捆纸，但却没考虑马的主人将怎样用这匹马。显然，这么多的东西已使马无法再担负不幸的我和我的行李了。出发后我成了马夫，牵着马或跟在马后面，在这种“照顾”下，我们穿过院子离开了桑植。

中午，我的疟疾突然发作，简直无法跟上队伍，但服了奎宁和嗅盐后疗效很好。上帝通过卫兵之手显示了对我的怜悯。那个高鼻梁绰号“帝国主义”的红军士兵，有一脸与一般中国人不一样的又浓又黑的大胡子，很像欧洲男子，虽然胡子常刮，但那胡子长得很快。他看到我发高烧，允许我休息了一会儿，因此我们掉了队。这引起红军领导的怀疑，几个士兵被派来帮助我拿行李、雨伞，但没考虑如何使我跟上队伍。我对那些帮我背东西的士兵很感激。我那些行李与士兵们的相比显得微不足道了，他们的一杆枪就有十磅[①]重。

当到达预定的宿营地时，我发现没有给我们准备住房。卫兵们很恼火，一般讲，打前站的人应将名字写在分配的住房门上。而这次，我们这一部分的名字是写在桥边的石头上，但这是过桥还是顺桥边向左走，意思很不明确。后来，决定过桥，结果错了，我们必然再返回原处。当我们最终知道去向时，天已很黑了。路虽很近，但这次红军让我骑马去，而这就是我一天的“骑马行军”。

连长对我的病很关心，答应第二天给我配备马。晚上的住房，曾是以前经过这里时住过的，我的位置靠着火塘。天亮时，我们再次出发，而我的马仍驮着纸和别人的东西。天下起雨了，道路泥泞。我们走了大约二十五英里，而我仅被允许骑马走了约五英里。

晚上宿营，犯人们被集中到一间当地人传说“闹鬼”的仓房中，一共住了十五个人；而前一天我们住的最拥挤时也不过五人，即连长、司务长，以及孔、李和我。仓房实在容不下这么多人，我被分配到房子里面的墙边。人太多了，我们只好和衣躺下。连长发现后，下令调出去几人，这样，我们的处境才稍微得到了改善。作为特殊照顾，他让我到他房中烤干衣服，并给了我一杯热茶。

政府军的飞机又发现了我们，我们第一天行军时大概未被发现，但第二天行军一开始飞机就跟上来了。防空袭时，我们曾隐蔽到一片果林中，树上柑子满枝，因未查明是地主的还是老百姓的，红军命令不许摘。后来，一个妇女看见了我们，马上赶来卖柑子。我渴极了，买了一个最大的，一气儿吃完这个新鲜的柑子后，便躺在树下草地上休息。飞机走了很长时间后，我们才开始行军，但刚走出果林，空袭的号声又响了。

① 1磅等于0.45千克。

我们还未跑到林子边，飞机就飞到跟前了，显然飞行员发现了我们。飞机盘旋着俯冲下来，我与孔以及两个卫兵慌忙跑到一棵树下卧倒，炸弹在我们身边爆炸。我吓得不知所措，孔很镇静，他问我是否害怕，我回答说：“上帝保佑我。”一个士兵和一匹军马被炸死了，孔请求我教给他祈祷。

再次行军时，我的腿有点儿跛了，而我的马仍旧因驮着东西而无法骑。当来到宿营地，正准备上住房台阶时，吴和他的妻子看见了虚弱无力的我。我和张将军坐在台阶上一边交谈一边等待分配住房。

张问我：“最近怎么样？还天天祈祷吗？对继续这种生活有信心吗？”

“感谢上帝的帮助使我坚持到现在，只要他爱我，我就不会倒下。”

“大家都为你和海曼的真挚友情而感动，你应为此而自豪。”

上帝使我和海曼为他们这些人做出了榜样。吴的妻子拿着几件要洗的脏衣服经过这里时，听到了我们的对话，她为我仍有这样坚强的信念而惊讶。张告诉吴的妻子，我们正在回忆与海曼相处的那段美好时光，并说老薄认为海曼是上帝特意安排来的。吴的妻子听着一边啧啧地点头，一边评论：“唉！他还是这么迷信。”

晚上，红军派医生来为我看病。我告诉他我的腿可能是患了风湿，他告诉我：“明天你的马不能再驮东西了，你应该骑马行军了。”

第二天，纸被转移了。不知走了多远，连队的通讯员请求说：“让我骑一会儿你的马吧。”我很不情愿地答应了他。

路越来越险。连长带着我们又走上一条更险的山路。突然，队伍后边有人大叫，回头一看，山顶上一块大石头滚了下来，大家都躲进旁边的一条水沟。这时，通讯员骑的马突然摔倒了，马没有受伤，但骑马人被压在马身子下。看我的卫兵马上推我去骑马，并评论道：“真妙，看来这马只能你来骑。”

天黑了，我们仍未到达宿营地。这时前面出现了一条河，我想大概又得按惯例进行“洗脚仪式”了。有人在桥那边手持火把接应我们。这是一座非常简陋的桥，人和马通过时很危险。

前面的人和马都艰难地过了桥。轮到我时，马夫害怕了，他将马牵到河边趟了过去。当我骑马登上对岸时，衣服都湿了。晚上我靠着马鞍，没有生火烤衣服，医生也没有来，我就这样过了夜。而马就在旁边吃草，这成了以后我们过夜的方式。

第二天出发时，我们走上一条通向城市——修平（音译）的大路。红军情绪高涨，有一种像猎人捕捉猎物般的喜悦。中午，我骑的马被让给了一个红军领导，他病得很厉害。当我气喘嘘嘘地坚持了五英里时，那个领导正牵着马等着我换骑。快接近城市时，我又再次徒步行走。其他红军让我再坚持走一会儿，我的腿痛得很厉害，掉了队，大约两三个小时后才到达那个城镇。

我们在一个官衙建筑中住下，这是一个四合院落，在正厅内我看见里面有许多家具摆设。院子两边的侧房已住上犯人。孔和李郁郁不乐地坐在犯人中间。晚上，他俩和一名中尉被带到我的房中。

卫兵来时给我们拿来两只小木凳、一个铜火盆和一些铺床的稻草。我们四人挤在一张床上睡。

在修平住下不久，红军开始紧张地到处书写关于“共产党”的标语，并配以宣传画。修平的许多商店住上了红军，像占领军一样，许多士兵随意从里面拿自己喜欢的东西。当然，这是在查抄浮财的名义下进行的。其中有衣服、鞋、成匹的布和绸缎，以及富人家的各种物品。这种方式，类似人类原始的掠夺，其理由就是“他们富有”。行军中，这种现象是反复出现的。犯人中那个十七岁的富农要求吴运用手中的权力为他找双鞋，并要求吴做出时间保证。他太大胆或者太直率了，不过他的确觉着自己活够了。后来他又给吴写了张条子，表示他对这种生活已无法忍受，要求给他一颗子弹。

上次在果园防空时，因轰炸，树上的柑橘落了一地，大家拾了一些并送给我，甚至吴也送了半打给我。在修平的停留使我感到松了一口气。

不久红军又顺利地攻占了前面的一个城市，在这里红军修改了他们以前的政策，商人、地主等被勒令交纳罚金。红军没收了这里的官方邮局，并从中得到一批英文报刊。他们命令我翻译其中的重要内容，以供他们参考和油印，这占用我了很多时间。指导员接受了登记那些没收财产的任务后，他让孙少校、王少校、张将军和我帮忙登记，我们大家因此能天天见面。

译报纸时，由于了解到外面的消息使我非常高兴。我得知意大利与俄塞埃比亚的关系日趋紧张；国民党召开了第五次全国代表大会[①]。他们要求知道会议情况及当选人员。我从早到晚紧张地工作。一天，张获准买了些羊肉，他设法煮熟了，邀请我去吃晚饭。这顿美味的晚餐，使我不由得沉缅于将来获释的幻想之中。

几天后，红军给张供应了加糖的米粥。当张知道我没有时，送来一大碗给我。这使我深为感动而无以回报。

在这座占领的城市中，最成功和出乎意料的是红军发现一家面粉厂及其产品。吴曾是湖南的一个佃农，会蒸馒头，我暗地希望吴能亮亮他的手艺。后来吴送给我四个油卷，来自中国北方的孔看见了，眼中流露出一种“贪婪”的目光，这是北方的主食。当然，我和孔、李等共同分享了。吃的时候如果能有一点儿黄油，我真能高兴地喊出“面包加黄油”！

红军在这里还占领了一座天主教堂，他们将里面的东西拿出来，其中有一副已破坏了的耶稣受难十字架，它有五英尺高，背带光环。红军很奇怪它的造型，拿来让我解释，并问我的宗教是否也崇拜它。虽然我们与天主教教义有区别，但看到他们这样亵渎圣物，我心中十分不快。我只能简单地告诉他们说：“我很难回答这个问题。”他们对这个受难十字架的意义茫然不知，由于我不肯告诉，他们只好拿了回去。但如同红军在处理其他事物讲究追根问底一样，他们不断地问我。后来他们也为自己的行为感到内疚，告诉我：“对十字架的那种做法是不应该的，但的确是因感到好奇才从教堂里拆下来的。十字架上的那个人为什么受此酷刑，是什么原因使他被钉住了手？”看到他们的确对耶稣受难十字架不了解，我告诉他们：那是上帝看见人间的罪恶，看到罪恶紧紧围着人类，这是他为了免除罪恶而暗示我们的，上帝能看到人间一切罪恶，也能赦免你的、我的、大家的罪恶，把我们从沉重灾难中拯救出来。那些提问题的士兵注意听着，似懂非懂，但这些真理引起了他们的思索。

---

① 中国国民党第五次全国代表大会，于1935年11月12日至23日在南京召开，这个月的19日，正值红二、六军团主力由桑植以北的刘家坪及桑植东北的水獭铺（今瑞塔铺）地区出发，开始长征，因此红军对此极为关注。

在这期间，又有同志要求我给他们编织衣物。王的助手介绍来一个同志，他拿来一大捆深红色毛线（当然是没收的），请我织一件毛衣。这件活儿及翻译报纸忙得我不可开交。每天过得很快，我的风湿也由此加重，以致每挪动一下腿都感到痛苦。

这些天里有一件趣事。一天当我和孙少校在房中翻译报纸时，那个十二岁的红军女兵跑来。她戴着一顶与她不相称的大军帽，在认真地看了那些英文报纸后，出乎意料地用英语对我说："哈罗，大胡子，这里是不是一个你感到不舒服的外国城镇，你的名字怎么写？"看着这个脸旁衬着红领章的小女孩，我简直惊讶得说不出话来。"你……你过去不是不能说话吗？"她对我的提问不予回应，转身像风一样跑了。红军中的人过去老是因为她不说话而嘲笑她，我们大家都没想到这个女孩是那么聪慧和深藏不露。

没有迹象表明我们在此停留多长时间。一天，负责后勤的一个年轻红军给我们四人（我和孔、李、中尉）送来一些老式的中国衣服及物品，其中还有一些布草鞋，可能是到了换发衣服的季节了。衣服中有件是用山东的粗短丝绸做的，这件衣服甚至比我当传教士时的衣服都好。我穿上这身衣服，很像中国的老夫子。

八九天后，我们曾转移过一次，不过只是从大房间搬到一个长廊里，原因是那房子的主人回来了。我的行装最主要的是装着碗筷的背包，每次住下时，我总要将背包挂在一面墙上，并将那下面作为我的餐室。在这里我们仍有床，中尉已获释，四人变成三人，尽管少了一个，大家睡时仍很挤。富农对晚上大家要挤在一张床上睡表示不满，他说："我不习惯看着别人睡觉。"结果他只好横着睡在我们脚下。

卫兵无处可待，只好坐在房中，天冷时，他就生起火来取暖。我们要得到他的允许才能凑过去烤烤火或干点儿自己的事。这样大约住了三四十天。一天中午，吴带着警卫员急促地来到我的房中，一进门，他就命令大家放下饭碗准备出发。秩序一下子乱了。大家慌慌张张地连衣帽都未穿戴好就列队出发了，不知道是执行任务还是紧急撤退。

在卫兵的催促下，我只来得及拿上挂在墙上的背包，衣服等用品都未来得及收拾。幸运的是那本《荒漠甘泉》因事先放在包中没有丢失。

我们从城后面撤出，急行军爬上了一座很高的山。卫兵不断催我快走，由于我那患风湿的病腿一瘸一拐的，他只好挟着我走。卫兵又是那个长得有点儿像西班牙人并了解一些外国事的大胡子士兵。他长得又高又大，我们都戏称他为“罗马教皇”。这时，连他都累得不行了。

吴见此情况很担心，可他爱莫能助。先前，他曾命令给我找匹马，然而由于突然出发，队伍混乱，马夫也不知跑到队伍的哪边去了。

后来我们沿着一条很窄的公路来到一个城镇，停在一个四边不靠人家的小院内待命。这时，那条窄窄的路上挤满了红二、六军团两个系统的队伍和牲口。不久，我们又出发了。走了一个多小时后，经过一座浮桥，大家只能排成单行过桥。过河后，我们边走边等候宿营的命令，但一直到了天黑仍没有消息。

拘押的地主、犯人及我们排在一起走，只是他们被绳子捆着。犯人中有一个是汉口人，会讲一口流利的英语，当看到我这个外国人时，他很惊奇。不知他为什么被押，看起来他似乎是个洋行职员，后来未再见到他。

很快，这座城镇成了突破政府军包围圈的最后通道。在撤离前我们曾听到远处的枪声，但城内仍显得很平静。晚饭像平常一样开饭，饭后开始撤退。不久我们突出了包围，走进了山野之中。

天黑时，队伍仍在前进。这时离开了公路改走一条田间小路，走了约二英里后，我们被带到一间农舍中就地宿营。由于铺盖上次已丢失，我们只能和衣而卧，想到红军的现状及未来的日子，恐怕已很难再补充那些铺盖了。房间分成两部分，我很累，躺下后马上睡着了。半夜时，我们又被叫起来出发。

几天后，政府军的飞机又发现了红军，因而每天都要防空袭。一次我们安全地藏在空磨坊中，但后来发现里面全是水，大家只好站在水中等待飞机离去。那天晚上，我们是在一户农房中过夜的。“王法官”拿着一块从地主家没收的红毡子来问我，那块毡子大概是中国式婚礼上用的，他问我结婚时是否也用这种东西。我一边回答一边想到它可以做床垫，后来王就把它送给了我。

天已很冷了，我的衣服很少，因此行军时很愿意爬山，可下山时则感到浑身很冷。连着三天我们都在山边宿营，为了暖和，我们只好在房中多铺了些草。在这里每天早上都得待命出发。

这几天中，连长很关心我。他让我到他房中烤火聊天，问我的大部分问题都是关于“外国”的，最平常的是世界上有多少个国家。我回答前，先反问他认为有多少。

“五个。”他回答，“中国、帝国、外国、英国和日本。”日本、英国虽属他们说的外国范畴，但他们往往认为外国也是国家名称，红军所说的外国即我们所说的他国之意。

当我告诉他们前面所问及的地理常识后，他们接着问：“你的国家离中国多远？”

“大约四万华里。”大家接着开始计算按我们的行军速度步行这段距离要多长时间，结果是大约要走两年。

“那你为什么跑这么远来中国呢？”这是红军常对我提的问题，也是个很实际的问题。后来提的问题超出了红军的政治范畴了。

“信奉上帝能有什么好处吗？”

“他将给我们以新生，这与你们共产主义大同小异。一般说亲兄弟手足之情是比较牢固的，但即便是共产主义革命成功后，人们的心灵深处仍会利己和相互排斥，要达到你设想的未来，只有那些信仰上帝并通过不断忏悔而纯洁的人们才能实现。”

再次踏上行程时天已变得很冷了。一次当爬上一座很高的山顶时，那里已有了积雪，不过已给我配备了马。山越高、雪越厚，马行走越困难。由于我经常落在后面，马夫很恼火，常口出脏话。我只好下马步行，结果前进速度更慢，马夫又不得不让我再次骑马走。

“这对你应该说是好事。”我对马夫讲。因为只要我骑马，他就可以甩手自己走。我感谢上帝给我这种照顾。当我们慢慢到达山顶时，能看到远方红军的队伍，我们必须加快速度赶上。马跑下山的情景真是惊险万分，可从来没有发生意外。大多数情况下，马的负荷很重，我一边骑着一边不停地祈祷上帝给这可怜的畜牲以力量。同时我还得像安慰“巴拉姆之驴”[①]一样，不断地对着这个可怜的家伙说话。

---

① “巴拉姆之驴”是西方一个谚语，指一头驴置于距两堆完全相同的干草垛之间，因不舍得放弃难下决心而选择最后饿死。类似中国首鼠两端的成语。

一天，走了很长的路后才宿营。李和我睡一张床，这时我发现他已瘦得皮包骨头。床虽然很硬，但很暖和。

早上醒来，卫兵给我发了一件老式的中国短上衣，不知道这件衣服的主人是男还是女，衣服已补了很多次。“冷的话，你可以穿上御寒。”卫兵边说边递给我。衣服的袖子简直有一英尺肥，衣服主人的身材恐怕挺胖。因衣服上有许多补丁，使得这件衣服变得很厚，穿上很暖和。

在行军的背包上，我的枕头是一把纸雨伞。宿营休息时，孔告诉我，从后面看我不像外国人，样子挺有趣，有点儿像打鱼的老渔翁。

走了好多天后，我们经过一条河，河上搭的是用绳子拉成的浮桥。当时，军情紧急，困难很大，但红军以惊人的速度建成了这座浮桥。桥是用绳子拴住浮在水面的桌子茶几等东西搭起来的。等候渡河时，一个身穿绸缎长上衣的红军领导现场讲话。我希望能听到一些新闻和实际情况，但他讲的又是“打倒日本，反对蒋介石”等大道理。这个演讲是为启发士兵觉悟，鼓励他们在困难中坚持奋斗的。

过桥时，遇到吴和他的妻子，他俩看着我的模样哈哈大笑。人们排成单行过桥，马则从河中赶过去。桥很不稳，走过去很不容易。到了对岸，我的情况复杂了，马夫没等我就牵马走了，追了大约半英里后我才赶上。看上去，我很像马夫的下级。

这之后的行军没有再爬山，我没有掉队。晚上宿营在一个很大的村子，我们在一处约有四十间房的地主院子里候命。一个卫兵给我送来一条裤腿还完整的裤子，可能裤子太长了没有人能穿。等进了住房后，士兵们又送给我一些布头，这是一些睡衣的残片和衣领，很长也很结实，但这却增加了我行军的负担。很可能是吴看到我的破衣后，下命令让人给我的。我适当地剔除了些破衣服，这些被扔掉的衣服第二天就“自由”了。

行军过程中，红军偶然也通报一下前面政府军的番号或兵力。红军中有军事教官，但不是正式委任的，而是根据需要临时安排的。有两个教官最出色，一个是张将军，另一个则是红军的一个尉官，可不久他被指控为“奸细”。我第一次看见他时，他穿一件很厚的蓝上衣，像犯人一样被捆着。很多卫兵押着他，但却优待他没有抽打，似乎他被押着走也是一种教学尝试。在那组犯人中，他的行军位置总发生变化；或是提前一个小时走，或者落后一个小时到。

几天后，我们到达一个大的村镇，我真希望能在此休息几天。当住下后，红军中似乎也有人提出了这个建议。我住的是一间很像样的正房，从后窗可以一览外边的稻田，房内有桌椅、床等一些摆设，还能看到村边的一些猪和家畜。经验告诉我，它们即将在“没收”的名义下成为我们的盘中餐。

住下后，吴的秘书来了，他让我给贝克尔和妻子各写一封信。这次内容要写的很简单，让我告诉他们，我已患严重的风湿病，除按期交足一万元外别无办法。交钱地点可以选在修平一带，那里将是我们下一步的目的地。获释的希望又开始充满我的心。

后来我的妻子收到了这封信，但她疑虑重重。信是写在一张从祈祷书上撕下的小纸片上的，而且文笔很像共产党的文学作品，根本不像出自我的手迹。

信写完的当天中午，秘书对我治病的要求很快做了答复。一个医生被派来看我的风湿，他医术高明，为人和善，穿一件藏蓝色西装。他原是上海某医院的毕业生，后来受聘于政府军，现作为红军的俘虏来贡献他的技能。他懂一点儿英文，称我密斯特薄。他给我打了一针，并给了几种以前吃过的确有疗效的药。在他的治疗下我感到病症减轻了。

第二天早上，没接到出发命令，我很高兴，虔城地祈祷上帝：希望后天也不要出发。这天唯一的“行军”是我被迁到卫兵住的农民的房中。搬家时，我们曾路过一家商店，里面关着一个政府军尉官。商店的房里光线很暗。我被命令靠着那个坐在柜台边上的尉官，这很适合我们交谈。

“我姓陈，是长沙人。你是传教士吗？是不是内地会的，我奶奶是内地会的教友。那个教堂就在我老家镇子上。我懂得一点儿德文和宗教术语，教义不错，是不是要求人们互爱？”他这样问我。后来，他教给我一些如何辨别风向和天气的常识，也不管我是否讨厌他的谈吐。谈到祈祷时，他竟说他的祈祷能像念咒吹口气一样将卫兵吹走。当我提醒他现在正和其他犯人一样是红军俘虏时，他似乎清醒了。

对于他谈的教义，我认为在这个世界上让这类人来宣扬我们的上帝，简直是一件可怕的事。当然，他的奶奶可能就是导致他现在这种古怪祈祷的错误原因。

第三天早上，令人高兴地再次听到卫兵通知我继续原地休息。于是我开始设想一天的活动安排。但早饭后，突然命令出发，大家又不得不慌忙上路。

走了两三天后，在行军中我发现会“祈祷”的尉官和那个“奸细”教官气色不好。当我经过他们时，尉官已累得躺在地上。晚上我们到宿营地很长时间后，他才被卫兵拖着赶了进来。

第二天行军时，我突然看到一个卫兵身着尉官的那件衣服，忙问：“尉官呢？”

“他和他的同伙被处决了。”不必再打听了，我断定孔和李也一定同时遇难。

我们越走越向高海拔的地区接近，周围随时可以看见陆地冰川。这时已近冬季，我永远不会忘记这段行军。每当夜幕降临，我总是在累得半死的状况下宿营，等很长时间后才吃上晚饭。饭后，我们随地而卧，一觉醒来又是行军。行军时我累得每时每刻都盼望着休息和宿营，每接近一间竹编房子，每爬一座山，甚至每走一步，我总在幻想到了目的地；然而，队伍仍在行进。每天我们都要走很长的路。

我们是在山区行进，天老下雨，我的下半身衣服总是湿的。虽然，卫兵让我上马，而马夫却老怕我骑马；我既得看马夫的脸色，又得看那可怜牲口的力气行事。

每当爬上山顶，我心中总有种到了目的地的感觉；但红军前面的将军们，似乎不知疲倦，总不下休息的命令。我一直未掉队。有一次中途休息后，我的腿痛得打不过弯来，而马夫又把马提前牵到前面了。这时后面的政府军步步紧追，枪声和火光可见可闻。我们离开小路从山顶往下滑，草和雪挡住了我们的视线，当滑下山后才发现队伍和路离我们已很远。前面队伍的火把很高，甚至可以闻到烟味，但要赶上大队非常困难。卫兵们拿出被单摇晃着喊，但无济于事；马夫也跑了，现在唯独能做的就是打着哆嗦等到天亮。我们等了约半个小时，后来卫兵带我到稻田旁边的一间房中过夜。

在这段艰苦的行军中，我最同情的是那些犯人，与我相比，他们衣着单薄。真弄不明白，他们是怎样忍受而一天天活过来的。一次行军中，一个犯人趁天黑跑了，负责看他的卫兵倒了霉，像别的犯人一样被绑了起来。

一天早上醒来，我发现衣服结满了霜，我几乎冻僵了，马的身上也是一层白霜；然而，我们晚上的铺盖仍然只是寒酸的稻草。我这时甚至盼望着早一点儿行军，可是必须等待吃完早饭再走。

我们开始向山区外进发，真希望在经过的每个村子里住下来，但这里的村子都有民团把守。一天在一个山脚下的拐弯处，前面一片零散的农房突然跳入眼中，远远地还看到一些红军士兵正在吃早饭；这时命令传来，我们的宿营地就设在村头的房子里。

第七章 饥渴交困

这是一个特别的地方。尽管红军挨家购买食品，但这个穷村子既无菜也没有充足的粮食。后续部队只能不幸地饿着肚子。卫兵设法给我寻来一碗米饭，我强迫自己吃了大半碗。我过去认为，人如果饿急了，会饥不择食，现在看来并非如此。饥饿只是人的一种感觉，只有当为了生存需要时，人才能强迫自己吞下食物。

中间人丁在这里追上了我们。他先赶到溆浦，不过我们已经离开了那里。他只好在后面追赶，并跟我们一样受了很多苦。现在他只有很少的休息时间。

刚停下来凑合着吃了些东西，队伍又继续向一座更高的山进发。当走到一半时，忽然停止前进，返回刚才休息的小村。士兵们都高兴得鼓起掌来。因为早饭时，红军曾发现村里养着几头猪，正打算购买时，因要出发而放弃了。前面曾提到红军中有两个同志会杀猪，他们动作熟练，手脚干净，备受大家尊重。但到村子后，与杀猪吃肉的愿望相反，又奉令继续前进。队伍转而走向另一座山的小路。

真希望这一天不要走得太远。一个炊事员在村里搞到一坛子酒，行军时只好扛着走。一些卫兵建议帮他分开带，在这种状况下这一建议应该考虑，但遭到他很不友善的拒绝。当我们又爬向更高处时，这个想不开的炊事员只好扔了那坛子酒，结果大家都不满意。

我骑马通过了村子。在上山时，由于路很险，队伍行走得很慢，于是我下马让马得到休息。卫兵中一个尉官病得很厉害，实在无法往上爬了，请求让他骑马上山，下山时再还给我。我同意了，但那可怜的牲口却得不到喘息。过去我不愿下马步行时，卫兵们常借口马要休息来让我步行，现在具体到自己人时，就不再遵守那规则了。

尽管自己走了一天一夜，可白天仍继续行军并走了很远。这些日子，我已弄不清是几月几日，因为一般不使用公元纪年。

后来几天的行军中，红军将一匹小马的缰绳系在我的马鞍上，小马和我的马一起走。我的卫兵为此很烦恼。他始终要跟在我的马后走，可那匹小马很调皮，忽快忽慢，常影响卫兵行走。一不顺心卫兵就用驳壳枪上的皮带抽打那匹小马。路很窄，小马一跑就扯着我那头牲口摇晃。后来终于发生了意外：当卫兵又抽小马时，我的马被小马猛地一扯失去了平衡，结果后蹄掉入路旁沟中。幸运的是我一把抓住了鞍子未被摔下去。马的前蹄趴在沟边，我的衣服全湿了。马夫和卫兵很恼火，只好下到沟里把马扶上来。

部队通过一座木桥时，因桥面过窄，牲口需趟水过河。马夫把马牵到河边将缰绳交给我，自己却为减少湿鞋的麻烦从桥上过。马在河边很不听话。尽管我大声吆喝催它过河，可它就是不肯下水。后来它没等我坐好突然冲入河中，结果弄得我满身都是水。桥上的卫兵们看了很开心。

当再次过一座桥板已腐朽的木桥时，天已黄昏。我骑马走到桥中间，马又不听话了，结果一只蹄子陷到桥板下，我的一条腿被马压住了，费了半天劲儿才弄出来。我那患风湿刚有好转的腿又因此痛起来。不过在其他一些场合中，这匹马是很聪明伶俐的。一次它曾由马夫骑着成功地通过了一座独木桥。马夫为此洋洋得意夸奖说："这是匹能玩马戏的好马。"

后来这匹"好马"表现得太差了。由于红军天天行军，这匹马后蹄没了蹄铁，只剩前蹄还有蹄铁，所以马蹄一磕上石头就痛得打滑。为躲避路上的石头，这匹马总自行其是地在路上乱跑，使人很难坐稳。

夜幕降临前，我们一天的急行军仍未停止。天很黑的时候，我们来到一座只能单列通过的桥上。黑暗中骑马涉水是很危险的。在前面牵马的马夫，又"放心"地把缰绳交给了我，而他自己却跟着马走。这马是不听我吆喝的。以往过河总是它自己选择看中的地方冲过河去，现在这牲口因天黑又怕蹄子磕着石头，突然冲出队列跑起来，马夫跟在后面追。马没跑多远就滑倒在河边的泥沼中，弄了半天我才从马身子旁站了起来。在我的连声吆喝下，马终于站起来，可鞍子全松了，我只好牵着它，追上队伍。

过桥后我整好了鞍具，骑着马继续在黑夜里行军。队伍走得很慢。当我们转入一条新公路时，前面传话离宿营地约只剩二英里了。这时我这匹已经走了一天的“好马”，竟然不知疲倦地小跑起来。

一天，我们经过了一处挖了许多矿坑的地方，到处是开采出来的碎石头。几个红军士兵跑到路边拾了几块碎石头问旁边的行人，从这些坑里挖什么。那些当地人告诉红军，这是金矿并有“电力”。几个士兵便凑过来和我“探讨”问题。在他们的传统意识中，外国人能看穿地面，找到宝物。他们向我请求说：“告诉我们哪里有宝，怎么挖？”卫兵中的一个官员自然比那几个人认识问题“尖锐”，他自以为是地告诉士兵：“不行，他的眼珠和我们差不多，除非是别的颜色。”

我告诉他们：“基督徒所寻找的珍宝是在地面上，它就在我们大家的心中。”

早上仍需点灯的时候，马夫向连长报告说，我骑的马跛了，必须养几天。于是连长请我步行，并允许我可以与看护我的卫兵不拘队形地行军。当我多休息了一会儿继续走上一条笔直的公路时，一个卫兵不耐烦地催我快走。我很虚弱，无力走快，于是那个卫兵打了我一下。这是红军所禁止的。我坐下拒绝前进。另一个前面提到的卫兵较好，为缓和气氛，解释说：“他很无知，做得不好。”那个卫兵向我道歉后，我们又继续前进。

中午，我们到达紧靠一条大河的镇子。这里引起我许多美好的联想。不过队伍没在镇子里停留而是继续前进。镇里沿街有许多卖东西的小摊。我很饿，但没有钱，看着叫卖的馅饼，只好流涎水。

走出镇子，红军需要费很多时间在河上搭浮桥。当坐在河边等待时，丁来找我。他在街上买了一个大柑子，分给我一半吃。或许他看到我那穷困潦倒的馋样，接着又把另一半给了我。

红军通知离宿营地还差七英里。我的马没人骑，鞍子上空荡荡的，而我却被推着走。

我有气无力地走着，卫兵必须不时地帮助我。连长向那两个卫兵交待说：“可以随时掌握休息。”第一次休息我们是在河边，后来天黑时我们开始爬山。我不仅腿疼，而且肚子也饿。爬到一半时，我要求休息一会儿，并请求弄点儿吃的。那个好一点儿的卫兵同情我，从过往的士兵那里设法要了碗冷米饭，自己一口也没吃全让给了我。我休息了一会儿，并吃了大半碗饭后，才感到体力有些恢复。路很窄并越走越难。一人跟着一人，谁想停下都不行。从山顶往下望，下边很陡，路也很滑，路旁什么树木或竹子也没有。天很黑，需要火把照亮。那个态度较好的卫兵很聪明，他扯碎了一床被单，然后一条条地点燃照亮，一直到我们走完那段险路。以后在其他相似的困境中，我们经常采用这一照明方法。

圣诞节这一天[①]，我祈祷能有什么使我高兴的事：一封家人来信；丁送给我一件礼物；或是宿营休息。然而一切都未发生，天刚亮就继续行军。这一天，第一顿饭是天还没亮时吃的，第二顿饭则在天黑后，而且只是米饭和卷心菜。不过，这一天天气很好。中午时我们爬上一座很高的山，尽管山顶上有许多积雪，但在阳光下并不感到寒冷。我乘机饱览了周围的风光；湛蓝的天空，白雪皑皑的山野，甚至远方那酷似瑞士式的小木屋。一个念头突然涌上心头——这不就是你的圣诞卡吗！

我向上帝祈祷，感谢他创造的一切。

黄昏，我们来到一个周围环绕着零星小房的村子。红军的两个官员为各自部队的住房吵起来。我们等待着。通常当我这个外国人路过村子时，总要招来一大批人围观。一个同志凑过来说，我会你们的赞美诗，接着他唱道："我知道耶稣爱我，他的真理教导我。"在这普天同庆的圣诞节中，我心中不由感到一阵温暖。那个同志问我："基督有多少岁了？"我对他这种浅薄的问题感到惊讶。红军一般也使用我们的纪年，我问他："你们布告后面署用的一九三五年根据什么推算出来的？"那个同志说不上来。我提醒他，虽然他们使用一九三五年，但并不知道那就是我们的救世主降临人间的年岁。尽管这日历仅是上帝无所不在的一个小小例证。

分给我住的那间屋冷得要命，不朝阳，四处漏风，但我毫不在意，和衣躺在床上。为自己这一天的快乐，我唱了一支歌。并试图让同屋的孔和李同享这圣诞快乐，然而他们似乎无动于衷。李指责我说："你疯了，

---

① 这时间应为红二、红六军团自桑植撤出湘鄂川黔根据地后的1935年12月25日。

受的罪还不够吗？我可没你这种兴致。”谁也无法强迫我。我们的上帝在这一天降临荒蛮的人间，从此我们便属于他。我发自内心地唱道：“我心欢慰，无所不在的上帝耶稣，你是我心灵的支柱。”

第二天，我们走上一条路面宽阔的公路。这是我被俘以来第一次踏上正规的公路。我很激动，不知不觉一气走了大约十英里。红军很担心走这样的路会被飞机轰炸。卫兵告诉我如果遇到麻烦，我们将再次转入山里。显然，这种地方政府军占着优势。我们行进在湖南人口稠密的地区，沿途有许多大的村镇，公路有时沿着沅江走，这是连接贵州和云南的一条要道。我似乎记得如顺河而上，就可直达镇远——我那离别十八个月[①]的家。河上看不到船，河面平静。但当我们最后渡河时，却发现有许多大船来摆渡我们这支大军。

河对岸是一个城镇。通过时，红军没收了镇上的几个商店，缴获了一批糖和饼干。一天的行军在夜幕降临前停止了。我们来到一家地主的房中吃糖。这时，张将军和孙少校来了，我们将一些糖送给他们共享。不久红军又拿出一大盘子糖块，供我们自由拿取。我拿了一点儿，得以在后来的几天中享用。

一两天后，我突然发现已随红军来到一个过去曾到过的地方。沿这条路一直走可达到一条芷江通沅州[②]的路，到现在红军预告的前方目标很

---

① 此处的时间表述有误，按本书他于1934年8月离家，至1935年12月应为16个月。另外，因薄复礼在随红军长征中的局限及出书时间的仓促，多次出现类似的笔误。例如，被俘白军军官孔和报务员李，在上一章薄复礼就已断定孔和李被处决了，但到本章时两人又出现了。此时的红二方面军，已在中共中央指导下彻底纠正原极左“肃反”等的错误，特别是在对待处决内部或外部“犯人”方面，有着严格的审判程序。从薄复礼关于孔、李被处决误判一事，可知他书中关于很多犯人被处决一事，仅是薄本人限于当时环境下的猜想而已，对此望读者留意。

② 沅州又称枝江，即今沅陵。1935年12月，针对国民党军企图在湖南溆浦将红军围困于沅水、资水间的阴谋，红二、红六军团采取声东击西的战术先向东南资水一带佯进，使其急忙调兵北上，然后红二、红六军团掉头西进，24日经绥宁竹舟口过巫水，27日在黔阳托口过清水江，月底到达芷江以西冷水铺。由虚晃湘中到转进黔东，成功摆脱了尾追之敌，是为红二、红六军团贯彻中央遵义会议精神在军事指挥上的神来之笔。薄复礼所言“到现在红军预告的前方目标很矛盾”，即反映了这次成功的战略转移。

矛盾，士兵们曾传闻将向常德或长沙进军，可后来证明这是假的。

不久我们走上那条公路。在经过一个有内地会教堂的村子时，我看到为圣诞节而推出的饰物遭到了破坏。街上散落着一些教会宣传品，有两张是耶稣的头像，但不知是谁踩上了脚印。我听到了红军已攻克沅州的传闻，并为那里人们的遭遇而悲伤。明天说不定我们将到达那里。

我们在公路边的一间房内过夜。房子很小，一部分卫兵只能睡在房外。房东是个很矮的老太太，带着一个约十岁的孙子。因为很穷，没有生火，一老一小围了条破毯子坐在床上。家中年轻的女主人则跑前跑后地照应我们这些客人。

女主人很善良，但她不了解进她家的这些人是犯人。当我们请她帮忙从外边拿些柴生火取暖时，她很惊奇我们为什么不能自己走出屋外去取。卫兵在外面已生了火。交谈中她告诉我，她曾在教堂里做过几个礼拜的零工；但听起来，她并不了解教会的事。

“如果我们在里面继续做事就必须不信中国的神。”老太太摇着头对我说。

她的话千真万确，但她现在这副穷样子却真是“神话”。那个孩子也许受到过什么惊吓，表情紧张，一言不发。

女主人后来生起了火，我们非常感激她。她们家中三口睡在床上，上面堆满了乱七八糟的铺盖。我们将屋中的箱子和那些用来腌咸菜的坛子收拾好后，便在房门前的地上睡觉。

马仍未换上蹄铁，早上还是不能骑。连长准许我在卫兵的陪同下慢慢地走。这是一九三五年的最后一天，我们每个人都认为将会在沅州城里度过我们西方的新年。红军高兴的是能在这城中得到衣服和食物的补充。可我的思路想了到另一方：城中的教团、女子学校、育婴堂怎么样了？教会医院和教堂以及成千的教友怎么样了？我心中感到冲动，想为此而祈祷，请求上帝保护城里的人和他们的生活。转念一想，如果城已陷落，这祈祷就没有意义了。祈祷的念头在我心中交织着，使得我在行走中犹豫不决。

走了大约五英里后，我们看到远方城里露出的塔尖。卫兵们越走越兴奋，一步步接近城市了。这时我们突然听到了枪声，顿时红军士兵的情绪低落。我们隐蔽在河堤上，远远地看到沅州。红军的前卫部队，正在我们前面的房子处等待着后续部队的到来。

沅州和我们之间隔着一片开阔地。城外中间大路上是一座普通的桥，桥的两侧与中国的其他大街一样有许多铺子。我从前来这里时很繁华，可现在却铺门紧闭，空无一人。

红军调头返回了。我知道这座城市安全了。我猜想我那些朋友可能都撤到河那边的城中。那里有属于内地会的各教派机构，大约二十几个孩子、贝克尔先生夫妇[①]，以及十二个天主教神父和嬷嬷。为他们大家的安全祈祷吧。河这边的教堂已被红军占领。孙莉尔小姐的一切都被没收了。

一九三六年的新年，我们宿营在城外一间小仓房中。早上，我将一部分时间奉献给上帝，请求他给我以爱。我没有《圣经》，但我却从祈祷中得到上帝的指引。后来我发觉竟有约二三十首赞美诗涌上心头，给我以巨大的安慰和力量：

“我不忧伤，你的精神将与我同在。”

也许，这是我当时最好的慰籍。

我的那些犯人伙伴们已经知道我的生日，并告诉了正为新年聚餐忙碌的红军。他们为了这顿饭杀了许多猪，同时还宰了不少羊，以及许多鸡和鸭子。一个同志自夸会杀羊，然而当他将羊捅了一刀等了大半个小时后，那只羊仍喘着气望着他。为庆贺我的生日，红军送给我一只活鸭子。不幸的是必须由我来宰和洗净下锅。新年的聚餐，包括我们这些犯人，大家都痛痛快快地吃了一顿肉。

第二天我们仍原地休息。第三天早饭后才开拔。马仍然无法骑，不过令人高兴的是，走了几英里后，我们又走上了大约三年前我曾经到过的那条新建的公路。

真希望晚上宿营地内能有火。那只洗净的鸭子还没有做，当我们宿营在一间有灶房的农舍时，我向房子的主人要一些盐，并提出拿糖来换；可他表示没有盐。盐是极普通的生活用品，我提出再增加几块糖来换盐，

① 本书第十二章《海曼·贝克尔的记述》中贝克尔讲他此时在黔阳。

这次他同意了。几个小时后，他将鸭子煮熟了。因盐放得很少味道很淡，鸭子味很差。不过使我高兴的是，可以补充一下营养。

在这里开展招募新兵的工作。红军的生活吸引了房子的男主人。看着这一身农民打扮，缠着穆斯林式头巾的小伙子[①]成为红军的过程很有趣。开始先发给他一件高衣领的蓝上衣，一条像睡裤一样肥的裤子，以及一双草鞋。不久又给他一顶有帽檐的红军帽，并给他一把常用来执行死刑的大刀。这时他就需要开始学打草鞋来装备自己，并打上裹腿。再往后他有了一个装日常用品的挎包，以及装替换衣服的背包和步枪，这样他从农民到红军的外形改换才算结束。这之后开始学习做一个红军士兵的知识。后来，他离开了家和我们一起随队伍到了平水(译音)。

一次刚到达宿营地时，传令我们必须再次渡过沅江。浮桥搭得很坚固，甚至马都可以过。当爬上河岸时，我们便到达了街上。对这地方我很熟悉[②]。我和妻子曾两次在这里住过，离公路不远有一处小教堂，街上同样有一些基督装饰物。第二天准备启程时，我注意到几个曾在教堂里工作的当地人正趴在墙上看，他们惊讶地认出了我。时间很短，我来不及打招呼，也来不及掉泪，因为卫兵催我走。在街上走时，我因吃了一顿很咸的菜但未喝水的缘故，便向路旁一位站在房外的女主人讨水喝。她回到房中给我倒了一大碗水。村中一部分人是基督徒。我很高兴在上帝感召下，从她那里得到报答。

我们沿着通向晃县的公路前进。公路旁经常可以看到卖东西的小贩。士兵们经常以糖块来与小贩交换东西。那些糖是以前缴获的，每个人都有一些存货。刚开始时，大家吃不了到处扔，而现在已很少了。红军对食物和衣服总是缺乏储备观念，多了就浪费，少了就挨饿受冻。他们的经历就像我们上山下山一样，气温忽冷忽热，变化很大。

下一站到了晃县，在那里休整了几天。开头我住在一间临街开窗的

---

① 湘西一带是苗族、土家族、侗族等少数民族聚集地区，“缠着穆斯林式头巾的小伙子”，应指他们。

② 今湖南新晃侗族自治县，位于芷江以西湘黔交接处，此地距薄复礼传教的贵州镇远很近，因此他对此地熟悉。红二、红六军团经此地之后，便甩掉了追敌向黔东挺进。

房子里，从那里能看到街上的一切。房子原是政府的税局，墙上贴着些中文报纸，有个地方甚至贴有一篇宣扬基督的短文。我给那些同屋的犯人们朗读并解释有关内容。房中还留有一些家具。我的床铺在一个较干净的地面上。

看来读报的日子长不了。约一两天后，我被更换到一间什么文字、纸张也没有的房中；作为精神补偿，房中有一张床归我使用。

我的难友们在这苦难之中渴望能买只鸡吃。几天后，我们请求房中的女主人帮忙买只鸡。开始她说不好办，后来她想起邻居家养了三只鸡；我们提出最好能从三只鸡中选择一下，于是开始了讨价还价，最后达成协议。用秤称时，发现由于鸡是活的，称不很准，只好选中其中一只，按只论价。货币兑换的困难又来了。我有一块墨西哥银元[①]，希望她找给我们九枚一百文的铜钱，她担心村内没人能有那么多钱。过了很长时间，她终于将银元兑开了。就在我们数钱给她时，红军传令出发，我们只得中止交易，继续上路。

中午，我们这些人被带进一处中国人称之为衙门的四合院待命。我们排成队等着。这时卫兵连指导员指挥大家唱了些共产党的歌曲。后来队伍继续前进。走了不到一英里，就到了龙家河码头。我们沿街找宿营地，最后选中了一家米铺。这里有几间房和一处院子，当然红军的"没收"又从这里开始了[②]。

我们被分到一间又小又暗的房子里。床仍是地铺，旁边紧靠灶房，里面有一大桶水并有炉子。接近晚饭时，我对未能坚持买鸡而感到后悔。

---

① 明清时，欧美各国携来本国银元与我国进行通商贸易，因此大批的外国银元流入我国，其被称为"番饼""番银"或"洋银"，其中西班牙本洋和墨西哥洋输入最多。因外国银元一般重七钱二分，含银率90%，即实含银六钱四分八厘，在中国兑换，可兑到银锭七钱二分甚至八钱，每枚银元导致中国亏损实银一钱左右。民国时期银元兑换铜币随时代不同而不固定，薄复礼在此地用墨西哥银元约能兑铜钱1000文，而购活鸡的价格约为铜钱100文。

② 应为龙溪口。1936年1月4日，红二、红六军团利用国民党追兵李觉部第十六师前突的时机，在便水一带设伏反击，此役虽未达到全歼十六师的目的，但却狠狠教训了一直狂追红军的李觉。贺龙曾风趣的评价："人怕老虎，不知道老虎也怕人。"

第二天休息待命。李向一个端着盆经过这里的红军要了一盆热水。他以最快的速度洗自己的衣服，我也参加了进去。

从这里出发，我们离开了公路转向镇远方向前进。向北走了大约十英里路，我们在一个村子里宿营。这时天还很亮。和我们睡在一起的是一个约摸二十岁、很粗俗的年轻犯人。

这天的路很难走；急行军时，他曾两次掉队，为此卫兵把他推来搡去，身上弄得很脏。在宿营地吃饭时，我惊讶地看到他竟拒绝吃米饭和炒萝卜；卫兵只好将他那份饭送给我吃。明天还不知走多远，我劝他多少吃一点儿，可他却奇怪地说饭不干净。后来我才明白他是一个穆斯林，他不能吃任何与猪肉有牵连的东西。我告诉他这米饭和菜是分开做的，同时，我也怀疑红军目前能否有猪肉。于是他吃了一些米饭。他没有碗筷。当我主动把自己的那套碗筷给他用时，他因上述的缘故再次拒绝了。这样他只能用那双脏乎乎的手抓米饭吃。这位“原始人”，如此讲究“干净”，真是有点儿做戏的味道了。我无法帮助他。不过他那种坚持信仰，不为环境所动的精神却令人佩服。他很单纯，是个好人，不知犯有什么大罪，第二天早上便被处决了。

现在我们转向江口前进。大约共走了三四站路。我们一般不走大路。最后转入了一条极险的路，有好长一段，我们是沿着山脉向前行进的。累了，我们就在山上的村里宿营。传闻我们的目的地是一个城市。在行军中我们常提的问题就是“多远”和“上哪”，答复一般都是令人难以置信的“5 里”，这是个标准回答。当一步步走完 5 里，我们再问“多远”时，答案仍是“5 里”。当前面的城市突然跳入眼帘时，一条河横在前面。我们必须再爬上一个陡坡，但城市却看不见了。下坡时我听到一个士兵唱起《那是我的家》[①]。红军士兵们经常回忆并赞美桑植，然而现在丢失

---

① 红二军团来到 1928 月 4 月贺龙在桑植发动起义创建湘鄂西革命根据地后，当年的红军，结合桑植这个“一天不吃饭可以，半天不唱歌受不了”被称为中国民歌之乡的传统，创作了许多如《农民协会歌》《红军歌》《卫兵歌》《妇女歌》《起义歌》《暴动歌》《行军歌》《老子本姓天》《要吃辣椒不怕辣》等以通俗歌词和桑植传统民歌曲调谱写的歌曲。薄复礼书中记录红军所唱的这首歌，英文直译为《那是我的家》。比对上下文的含义，译者认为应该是当年根据地最流行的《马

了它，他们将带着我奔向遥远的地方。

我们成功地通过了浮桥。当进入对岸的城市时，我累得简直走不动了。队伍没在街上停留，径直来到了一个衙门里。分给我一间有床的房子，但可惜由大批犯人共享。我希望在这个地方能休整几天。有两件事更加强了这一愿望：首先，我要再次开始编织王[①]的毛衣。他的那一件已丢了，他强烈要求我用他在溆浦给我的那些深红色的毛线再织一件，可我说那些线不够，他怂恿我先织着，并允诺以后再给我找一些。他实在找不到同一颜色的了，就取来一大堆蓝色、粉红、黄色的线，要我认真地搭配一下颜色；然而每种颜色的线都很少，如果硬要织，那么毛衣将是花花绿绿的。王告诉我他也实在无能为力了，并说只要能暖和，颜色他不在乎。其次，在我们宿营的一座旧的官方建筑上面，有些国民党书写的标语，红军要求我连同先前他们得到的国民政府关于“新生活运动”的宣传品一起，做出正确的解释。我从中了解到一些“新生活运动”的内容。标语写的是“早起、勤洗”“加强锻练，呼吸新鲜空气”“纯洁的爱”等。这与红军提倡的一致，但红军对此很厌恶，原因很简单，这是敌人的。后来红军用许多蔑视政府军的标语和宣传画代替了它们。

在那里我住了三天，并听到了一个“好”消息。消息说，石阡的三个外国人被抓住了，罚款数目同样是三万元。当我在衙门院子中准备出发时，吴笑着把我叫去说：“可能有三个外国人被我们抓住了，你将有伙伴了。”后来他又问：“你去过石阡吗？那三个人是否同你一个教会？”

“石阡离镇远有三天的路，内地会有个教堂在那里。但天主教堂比我们的大，德国圣心（音译）教会有个分会在那里。我想，抓住的很可能是天主教的神父。”我告诉吴。

桑树儿搭灯台》这首红军歌曲。当年这首人们喜闻乐唱的红歌，宣传着红军崇高的革命理想，在艰苦长征中激励着红军战士战胜一切困难的顽强斗志。特别是忠堡战斗胜利后，红二、红六军团再次折返湘西龙山。通过对龙山采取围而不打的方式，以吸引更多的敌军来掩护中央红军的长征。战斗期间，战士们曾唱着瓦解敌军歌词的桑植民歌花灯小调，涣散了守军军心，许多士兵拖枪起义加入红军。这段记述为今天真实地再现了红军在艰苦中长征中的一个片段。

① “法官”的助手。

这美好的一天算完了。我们慢慢通过大街。我听说过铜仁的福音教堂在此有一个工作站，就在我所经过大街的左侧，可现在却大门紧闭，不见里面的情形。

预定中午我们将到一个大镇子。马仍然无法骑，我累得几乎走不动了。卫兵鼓励我说，前面不远就会到一个大镇子，在那儿将停下宿营。可到达镇子刚要迈进分配给我的住房门时，红军又传令继续前进。我通过这个繁华的镇子时，心灰意冷，几乎是被卫兵推出门的。走出镇子约一英里后，队伍停止前进，并在一处小院落里宿营。

我们住的是被当地人称为“洋房子”的屋子。在红军看来，这是一处理所当然的宿营地。房子为砖木结构，有玻璃窗和阳台。我们住的房子分里外间。我的那间住三个人：孔、李和我，这种人员分派是最适当的；另一间住了四五个犯人，屋里堆了半屋的大米。卫兵在外面生起了火，并允许我们围着烤火。

早上传来今天不出发的好消息，不过宿营休息时，总有不顺心的事。一批新犯人被抓来了，我们住的屋子里又要增加新犯人，而这次押进我们屋来的就是洋房子的主人。行军中，我们的停留从某种意义上讲很难说是好是坏。从窗子里望去，一些新抓来的人正被绑着带进院子，其中有妇女、儿童和一些看起来不像坏人的男人。

第八章　强迫中的痛苦

一个红军士兵因前一天晚上违抗命令或吵嘴的缘故而受到惩罚。他被关进了我们的房间。虽然如此，他却并未因受惩罚而影响呼呼大睡。他充分利用这一时间休息，一天后就“获释”了。我们刚要为空出的床位高兴，接着又有两个犯人挤占了那个空位。

新来的两个犯人，一个身体很虚弱，手被捆着，他挣扎着恳求带他来的那个红军给他碗水；另一个犯人即将获释，他扶着同来的伙伴让他躺在地上。押送他们的红军官员拒绝给捆着的犯人水喝。“行行好，给我一口水喝，给我一口水喝吧！”我实在看不下去，请求卫兵用我的碗给他盛点儿水。卫兵身旁有个水桶，他答应了。当我靠近那个犯人给他水时，他急不可待，用捆住的双手捧起碗，几口就喝了下去，接着又乞求喝水。当再次用这种困难的方式喝水时，水洒了，他也一下子摔到地上，不知是死还是活。我翻开他的眼皮检查其瞳孔，并用草在他眼前晃动，发现他几乎没有反应；就让卫兵去请带他来的那个红军。那个红军来后，似乎见多不怪地说，“他没事，明天早上就会好”。过了一会儿，那人长长吐了一口气，醒了过来。他告诉我们他因拷打而全身疼痛，即便获释，也会因这些伤而活不了多久。

“新伙伴”的到来令人烦恼。我分给那个被捆的犯人一些铺草过夜，为此卫兵很生气。我指责他没有同情心，但卫兵提醒我注意不要对红军的敌人有过多情感上的暧昧，告诫我我对这个犯人的所作所为极不明智。我坚持自己的做法，卫兵也没有阻挡。第二天早上，那个犯人被带走了，可能是被处决了。

同屋的犯人中有一个是中年农民，红军对他罚款 8000 元。"我们明天将离开去石阡，钱不交来，你就得跟我们走。"红军告诉他[①]。

那个人怕得要死，红军让他给能帮他的朋友写信，以便在红军离开此地前交足 8000 元。只有两天了，那个人没有选择的余地，只能看着他怎样凑够这笔钱，他拼命地哀求他的朋友。

"把猪和桐油卖了。"

"家里什么也没有，猪因过年(中国的春节)已宰着吃了。"他的朋友对那个可怜的人说。

几天后，他被红军带上了路，一直到后来他实在走不动时，红军才答应了他的哀求，放他回家了。

对这种不人道的做法，红军毫不在乎。他们让这些犯人流血、受辱或丧失财产沦为乞丐。这期间几个妇女被同样地勒赎罚款后才释放。当她们离开时，家产已荡然无存。

从这里出发的第一天，沿途风光很美。路边可见小小的村庄，路在山谷里顺着溪水而下。有时我们踏着石头渡过小溪，一不小心，跳错石头，就会湿了鞋子。走了几英里后，我们又开始爬山。一连三天都在山里行进，每天的路都不长，大约只有二十英里左右。

走了一段路后，我得知不久将会有新的伙伴，即前面所传闻抓获的外国人。卫兵知道我曾在那一带住过，向我打听是否去过石阡。当我告诉他有关情况时，他紧接着问："那里房子好不好，那个地方怎么样？"

提到下一站石阡是非常令人兴奋的，那里有温泉。石阡城外的断岩处有三个温泉：最上面的那个虽然小一点儿，但温度高，主要供官员享用；中间的供一般人洗澡用；最下面的那个则是归妇女专用，除了洗澡之外，妇女还在里面洗衣服。温泉的水很充足，泉水经过这些澡塘后流向下游。有墙围绕着洗澡处，以便人脱衣服；同时修有通到水里的石阶。

---

① 这个人以及下文提到的妇女等，结合文中内容判断，这些人显然不是薄复礼所说的纯粹的"农民"和"妇女"。根据当时红军的政策，他们应属于恶霸地主、富农和反动坏分子等。

士兵们听我介绍后非常高兴。他们都想目睹一下温泉。在他们的想象中，温泉的水是很热的。

第三天，我们沿着一个山谷前进。远远看到了石阡的轮廓，那里有一些建筑很壮观：一条河从城边经过，河两岸是繁华的集市；我们能看到城和城门的轮廓，城内雄伟的天主教堂及附属建筑耸立在平民区中，官衙则因形状四四方方很容易识别。士兵们推测我们可能要住进官衙的侧房内。与他们的希望相反，我渴望的是在这一段行军后，在此得到休息。我浑身肌肉已达到忍耐的最大极限。很明显这里的地势较低，城外的河流从这里经过流向思南——格蕾丝·恩布伦小姐的教区。一年中大部分时间河里都可通航。

当我们经过城门转向沿河两岸繁华大道时，我多么希望能在此买点儿吃的。路经基督女子教会门口，我瞪大眼睛企图从沿街人群中寻找一个熟人，但没有看到一个过去熟识的女基督徒。如果她发现我，会尽其所有来帮助的。后来我们住进过去我曾工作过的小教堂附近的一所房子。我来华的四分之一时间是在那个值得回忆的地方度过的，住的房间里的家具很干净。

晚上，李和我同睡在一张床上，孔则睡在一张长凳上。半夜，几个人来到房间，把我们吵醒了。我睁眼一看，发现其中一个是外国人，一身神父打扮。我马上向他问候“晚上好”，但他未听到，我又慌忙摇手并再次同他打招呼。这时卫兵命令醒来的孔睡到我们床上，把长凳让给新来的神父①。

他的行李由一个小挎包和一块毯子组成。当他躺下睡觉时，凳子对他的身材显得很不合适。他没说什么，不过睡在上面必须挺得像死人一样不动才行。那天晚上我不时醒来借助灯光(晚间卫兵总要在我们房中点一盏长明灯)看我的新伙伴，暗暗嫉妒他在这长凳上熟睡的本领。早上他

① 进来的外国神父为汉斯·凯勒，亦译作克尔纳，中文名字耿友华，时为天主教贵州东路教区石阡教堂司铎，1936年1月21日红军攻克石阡时被俘，薄复礼获释后，于同年在红军西进准备自丽江强渡金沙江的转战中，汉斯·凯勒病死在云南姚安县，红军以漆木棺材装敛埋葬于该县城郊。

告诉我，实际上他一夜未合眼。我们相处很熟后，神父说，他刚来的那一夜，看到我为保暖和用毛巾包在头上的俄国农民式的打扮，未能认出我是个外国人。

第二天，像预期的那样休整。这时一个负责提审的红军拿来一顶毛线织的童帽，要我拆了给他织一双无指手套，我于是又忙碌起来。整个早上一批批的人来看那个新抓来的神父，并在旁边评论。一般都说我俩的外表近似，有些人的评论就无分寸了："这个的鼻子比那个大。""瞎，外国人主要是鼻子和眼珠。"有的评论很有见地："这外国鼻子，恐怕顶我们的两个。"

"你叫什么名字？"

"凯。"神父回答。孔听到新来的外国犯人与他的姓氏的发音近似，竖起了耳朵；的确，他的姓在中国是较少见的[①]。

"来中国几年啦？"

"两年。"大家很惊奇，他的汉语说得这么好。

"多大岁数？"

凯用中国式的方法伸出三个手指变换比划，"二十八岁，看我这胡子显得老吧！"

"你家离这里多远？""为什么来中国？""你来传教能挣多少钱？"潮水般的提问向他涌来。

大家很高兴了解我俩所信仰的宗教的区别。他们问："你是否也像老成和老薄那样饭前祈祷？"这时，神父很不高兴地说："这些烦人的打扰什么时候才有个完呢？"他对我叹息道："从我被抓以来天天不断，有时我只好假装睡觉，可他们为了打听就会弄醒你，非得满足他们后我才能安生[②]。"

神父是德国人，毕业于意大利罗马大学语言系。除德语外，他还会荷兰语、意大利语、法语、英语和一点儿西班牙语，当然还有拉丁语。

我把"吴法官"向我透露的关于抓获三个外国人的传闻告诉了他，

---

① 英文"孔"和"凯"发音近似，均拼写为 Keng。

② 指海曼，红军扣押时认定他的中文名字为成邦庆。

凯说这不真实。我问他，其他神父和嬷嬷是不是都逃了，为什么只有他一个人被抓。他告诉我，那次红军是突然袭击。嬷嬷们因传闻红军要来，提前走了；神父们则留下，在教堂顶楼上收藏怕被红军抢走的东西。他们曾从窗子里看到军队从山那边开来，不过并未意识到那是红军。

原计划藏好东西后撤出，每个人也都准备了一头骡子。但他不知道逃走时，那俩人在他前还是在他后。凯是在城门处与一小批红军相遇，因被认出而被扣留的。另外两个人，估计是在他后面，看到前边情况有变，随即撤回城中躲藏起来，然后潜逃出去了。

第二天早上，神父被“吴法官”叫去，吴让他写信。回来时，神父脸色忧郁地告诉我，虽然贺龙将罚款减少到5万元，但吴却坚持要10万元。当神父解释时，吴又发脾气说：“我的‘宗教’使我坚信，你也必须遵照共产主义原则办。”吴告诉神父：“假设你继续顽固地坚持自己的宗教立场，我们就枪毙你。”

温泉使那些洗澡的红军官兵很惬意。他们在温泉里洗泡后，看上去很精神、脸色红润。我先前的介绍漏了洗澡需花钱这一点。士兵们回来时告诉我，洗一次需300文。我打趣地问他们：“知道水是怎样变热的吗？”大家都无法回答。后来在交谈中他们才明白，这是由于地下水靠近火山，因受到地层断裂阻挡才从地表上冒出来的。

神父颇有兴趣地观察我是怎样在这种环境下消磨时光的，他也想效仿。我让他明白现在的日子就是这么索然无味，“除此之外，我不知道还能干什么，特别是在一个地方住长了时更是乏味。我强迫自己在室内不停地走动，否则晚上就会失眠。不知什么时候才是命运的终点。”

我的话在几个小时后被证实了。晚饭前，我们突然接到出发的命令，大家只得在挎包里装上一点儿干粮，向河边走去。

当大队人马经过街道时，街上一些居民用冷漠的目光盯着走在我前面的神父。神父转头对我说：“那些人都是基督徒。”没人表示认出我们，或许他们怕因此卷入麻烦吧。当我回头看时，发现他们中有人流着泪。

卫兵看见了，大声斥责那些人：“想干什么？快把眼泪擦了！”尽管这样，这些人仍跟在我俩身后，一直走到河边。在桥旁等待渡河时，远方传来了枪声，红军因此紧张不安。显然，我们必须在天黑前撤出这个城市[①]。

不久，我们从桥上经过，再次爬上来时的那座山。爬了一会儿，红军传令停止前进。一支从城另一方向撤出的红军也会合到这里。我们等待着调整行军序列。虽然是一月份，但天气很好，太阳落山时仍很暖和。同往常一样我们又受到那批新来红军的注意，他们和我交谈着。当我告诉这些好奇者，我那新伙伴身上发现虱子时，大家都觉得难以置信。

再次前进时，太阳已落山。山路很陡，我们很艰难地爬到山顶。这时看到队伍正快速下山。卫兵把我的马找来，在黑乎乎的夜色中我骑着马下了山。神父也受到照顾，红军将一个下级军官的骡子拨给他使用。

在夜色中行军，红军没有点火把。我几乎看不见路，全靠那匹“好马”自己走。我向前倾着身子，紧抓鞍子。这时突然马肚带断了，我一头栽到地上。后来我只好跟着马步行，等到中途休息时，才修理了鞍具。

当天宿营时我们受到优待，我与凯被带到连长房子中，和他合睡在一张床上。李和孔则睡在地上。虽然我一再对连长的优待谦让，但不知怎么引起李的嫉妒，小小的磨擦在后来的日子里出现了。

神父发现我缺少手帕，他自己有几条，于是送给我一条，并不无歉意地说这手帕不干净；但我看来，它比雪还洁白。不久我把手帕弄丢了，神父为此又送了一条给我；这时，他的存货也告罄了。

到宿营地之后，没有什么额外的供应，我们吃了点儿出发前给的饭，也不觉得饿和累。神父想弄支烟抽，但什么也没有。一个士兵送给他一些烟草和一张纸，当他卷烟时，发现上面有字。他看了纸上的内容后说：“这是帝国主义奸细A·海曼的通行证，他缴清罚款获释，沿途哨卡放行，只限本日。”纸上盖有湖南、湖北、四川、贵州苏维埃政府肃反委员会的章。

我从凯那里要过这张通行证保存起来。当凯抽烟时，卫兵们很吃惊地说：“教会的人(他们的意思是指我与海曼)是不抽烟的，也不准喝酒，你喝酒吗？”

我和凯一直谈到天亮。他注意到我那个挎包里东西很少，我说：“包

① 1936年1月20日红二、红六军团撤离石阡。

内除了圣经和牙具外，其他东西都不重要。”

他告诉我，他包中有教会编的笑话集，题目为《玫瑰和风琴》，还有两三本别的书，但都很薄。后来他从包里拿出一张耶稣受难像，卫兵们都围过来看，不久那个给烟草的士兵把像要走了。

我们起床等着吃早饭，穿衣时他发现围巾很脏，围起来也很麻烦，于是就扔了。早饭后，我们再次上路。

天气仍然很冷，风雪扑面。红军中一部分同志戴上了护耳，一些人增添了衣服，有些人则很“富有”，穿上了各种不知从哪里弄来的毛皮背心。我那匹“好马”因为有病不能骑了。步行时我感到很累。爬山时，幸亏有神父的骡子，我俩轮流骑着上去；下山时，我们没骑。后来我们到达了一个村庄，等在一所房子的门外，房子很小，已挤进了很多人，我们又被带到村那边的房子内。

那天神父的马夫病了，跟不上队伍，便把缰绳交给了我们。按理他应将骡子委托给卫兵照看，也许他因病难受而疏忽了。在村前边屋外等待时，我们把骡子拴在旁边，并放心地来到后边的房子。一小时后，那个马夫来了，一见面就问：“骡子在哪里？”我们告诉他就在前面房子那里，并请他将我们的行李——两块毡子取来。不久马夫阴着脸回来说：“骡子和行李都没了，没人知道哪里去了。”这天，神父为图轻快，将他宝贵的书放在行李里了；由于这一可怕的差错，书和过夜的铺盖可能都丢了。当然，我俩只好合衣而睡。

或许，我应谈谈孔和李的不友好举动。他俩矛盾很大，都虚情假义地拉我支持自己，但难以理解的是这俩死对头却必须睡在一块儿。

连长看到我的鞋湿了，很关心，命令我到他房中洗脚并烤干鞋袜。当回到睡觉的地方时，我们发现孔和李已各自将自己的床铺移到房中相对的角上，以致没有我和凯睡觉的地方。在卫兵的干涉下，孔和李被调整和我们睡在一起。这一夜令人很不愉快，我不知新来的凯感想如何。

早先，李身上曾患皮肤病，我尽可能用我的盐和绷带给他治疗，虽然他病好了，但我仍愿意为他们帮忙。无论什么疾病，我的上帝都会指引我在治疗上获得成功的。

这个小房由两部分人住，我们四个住一边，前一天晚上抓来的一个妇女住另一边。第二天早上准备出发时，一个红军提审她，因回答得不好，红军当着我们的面，用棍子打了她。这场面真是惨不忍睹。出发时她被带到普通犯人那里去了。

我已回忆不起后来几天发生的事了。但有一件事至今难忘，那时雨雪纷纷，路面泥泞，上山可以骑马，下山则因路滑得下马步行。我穿上自己那双舍不得穿的雨鞋，跟着队伍穿过一个稻田。我的脚陷入泥中，费了半天劲儿才从泥中摸出鞋来。真希望能快到宿营地，但这时红军正处在危险的环境之中。我们一直往山里行进，并越走越高。队伍走得很慢，这里几乎没有平地，窄窄的土路由于几千双脚踩过，路面很滑，有时只好借助路边的草和树，但我的两旁往往都是卫兵，这些方便之处都被他们利用了。路滑难行是当时最大的危险。

当我们到山下时，队伍停下来。从离开龙家河码头起，“吴法官”的妻子病得很厉害，甚至连马都无法骑了，红军只好用滑竿抬着她。她病得又黄又瘦，都快认不出来了。滑竿使她免受这一夜爬山之苦。休息时，我们坐在地上烤火，神父因地面湿不肯坐下，他站了好长时间后，终于被我们烤着的火吸引过来。

天亮时，神父骑的骡子在另一部分红军那里被发现了。经过一番交涉，骡子回来了，但我们的行李却下落不明。这么寒冷的天气，我们因没有铺盖难以睡眠。

当宣布天亮后继续行军时，我们很高兴。红军说，白天的这一站路程很近。他们的确不畏艰苦，不知疲倦。我们走了一段路后，在一块平地上等待调整行军序列，然后一直走到黄昏。等待时，我们用柴草点了一堆火取暖。

到石阡前，我曾看到两个中间人陪着丁一块儿找到红军。他们来自沅州贝克尔先生那里，带来的信我收到了，但到现在我仍未与他们见面。烤火时，我们恰好在火堆旁相遇；我点头向他们打招呼，并与其中的杨谈了好长时间话①。

① 为找到中国教徒杨某和吴某，他们于1935年底自湖南出发，1936年1月在贵州找到红军。

他告诉的消息令我感动。他说红军包围沅州时，沅州教会曾给红军一个关于释放我的条件的正式答复，并试图减轻我的苦难。他对我的释放及与红军达成的交款协议很有信心。我在此艰苦环境内，为上帝给我带来的信息而感动得流泪。

还在湖南境内时，我就失去了《圣经》，但上帝的指示却无处不在，纵然只是片纸单词，却总能在上面看到上帝的鼓励。一天，我们从一所中国学校旁经过，拾到一页《圣经》，即第十五和十六页，上面写着："鼓励他们坚定信仰，一切都会逝去，我们必将进入天堂。"我把这页纸给卫兵们看，他们嘲笑我说："如果真有上帝，他为什么让你这个上帝的奴仆在此受罪？"

我指着这页纸说："这是他的声音。发生的一切都超不出上帝的安排。他将安慰我，帮助我，并给我力量，一切幸福都来自于上帝的爱。"

看看上帝的奇迹吧，在贵州一个小学校旁，我竟能从路边拾到一页《圣经》并从中得到上帝的信息。我同样对杨说："想想我们这一段经历，光荣归于我们，无人能与之匹敌。""我们代表光明，暂时的苦难，只能使我感到考验带来的兴奋和光荣。"

杨正等着红军让我写回复的条件，以便返回沅州。我感谢他在只有一线希望的情况下，仍不畏路途艰辛为解救我的痛苦而所做的一切。在后半夜烤火时，卫兵们不断地向火里添木头。这里满地都是伐倒的树木，大都是当地人砍了准备运出的，有的卫兵怕火而离得远，几个卫兵则离得很近。有二三个卫兵被叫出去执行任务。他们脸上都有麻子不大好区分；一个被派去抬两天担架，另一个需借用我的马。值得庆幸的是有骡子的神父仍和我在一起。

在接近牛场[①]时，不知不觉天已黑了。我们继续前进。红军告诉我们路很险，骑马不安全，并要求下马步行。红军夜行军没有什么特殊装备，我们的照明工具则是灯笼；唯独供给我的是根作手杖用的木棍。

在夜行军里摸黑骑马是极端危险的。我们在黑暗中战战兢兢地摸索着走。我的马夫仍迷信他的马有天才。他任凭着那匹"好马"自己走，

① 位于今贵州瓮安县境内。

结果灾难发生了：马滑到路边的山沟里，幸亏灌木挡住马腿，才没摔下去。他说没办法把马从沟里弄上来。连长很生气，命令他不管怎样也得把马救上来。

我们走了很远之后，到了一间点着火把的房子里休息；不久又一步一滑地向山顶爬。天气冷极了，士兵们用稻草点起了火把。前边传说距宿营的村庄还有两英里。后来我累得掉了队，赶到住地时，发现我们与一些犯人被分派住一间很小的窝棚。没有晚饭，我们饿坏了。

第二天早上，我的马跟上来了，但因摔伤而不能骑了。我在卫兵的陪同下，现在有充足的时间在征途上“漫步”了。走了五英里后，我累得坐在路旁的一间房子外休息。这时一些卫兵赶上来，告诉我们，大部队已转向另一个方向宿营，离这儿约五英里。我的愿望是休息，我们只好再掉头走五英里。但后来命令又撤销了，我们继续向原来的方向前进。

到牛场后，分派我们住一家富人的房子。当我们那一大批人到后，士兵们又按自己的喜好从这房里任意取用东西。这时已距春节没几天了，我们在此吃到了黏米糕；同时还吃到了糖块，这糖有一种香味，很像枫叶糖的味道。我们睡在一张精制的木床上，屋内还有铜火盆和水壶，木炭随意取用。卫兵们仍在房中搜东西，先找到几封信，他们读完后把信烧了；后来又找到这些家人的一些照片，我从照片上看，这家人是有文化的。

到这里后不久，我们俩提心吊胆地被“吴法官”叫去。在与中间人见面时，吴关于红军的条件谈得言简意赅。杨再一次请求减少罚款数，吴当着我的面拒绝他说：“这不可能，我们已作出巨大的让步，一万元是最后的考虑。不过，如果贝克尔能痛快地答应有关条件，我们也将考虑帮助贝克尔。在这一方面，贝克尔做得好，红军将考虑减少数目；贝克尔做得越好，红军将考虑减少越多的数字。”

有关条件分为四项：

（一）贝克尔必须以中华内地会的名义写一封表示认罪的复信，信中要表示他们在谈判及获释问题上不再坚持宗教立场；

（二）当中间人带着罚款来红军时，必须让张将军的政府军谈判代表同行；

（三）红军的两封信由教会转交广西省的两位有影响的人物，并带他们的回信返回；

（四）贝克尔必须用罚款购买部分红军在信中所列的物品，如果购买后合计用款数超过罚款，那么红军将在凯勒神父的罚款内扣除。

有关上述内容的中文草稿交给我让我翻成英文，由中间人代交贝克尔，然后我向“吴法官”和杨鞠躬后离开。路上我为贝克尔的困难处境而难过。我觉得这次会面，红军提的条件简直是异想天开。

当凯从吴那里回来时，看上去有些得意。吴让他分别给德国驻华领事和罗马天主教驻华使团写信，以及给在上海的一个富商教徒写信。凯认为获得帮助不难，请求自己起草，但吴拒绝了。三封信的中文稿已拟好，词句粗俗傲慢，信中所谈的条件近乎疯狂。令人庆幸的是人们都知道这并非出自我们的意愿。

第二天早上，中间人携带这些信返回了。虽然他们这是徒劳的往返，但我们高兴这三个朋友能安然从吴那里离去。我非常同情他们的困难使命。他们中那两个信奉上帝的教友也为我进行了不寻常的祈祷。

这一天我们又艰苦地行进了很远，来到一个位于山脚下的贫穷的小村。村中的穷人不知道共产党是属于他们这种受压迫阶级的，他们逃到山里，村中空荡无人。

第二天，我们没有行军。红军列队在田野上听一个部队领导讲话。这位领导首先肯定了这一段进军的艰难困苦，并提出在这两天内将打到一个富裕的地方，在那里休整补充。对于缺乏供给的红军，这个目标是很吸引人的，因而提高了红军士兵的士气。这个领导人以红军特有的方式——喊口号来激励士兵。这些口号是“打倒帝国主义！”“打土豪分田地！”“打倒国民党反动派！”最后是欢呼“苏维埃万岁，万岁，万万岁！”这之后红军官兵的精神都振作起来了。

以往行军时，我曾看到路边写有上述这些口号。由于行军艰难困苦，红军的宣传人员常在山脚醒目的地方用粉笔写一些标语和口号，鼓励士兵们勇往直前，但其中一些标语的内容不能当真，如“到山顶了！”这意味着尚在半山腰；如“不远了！”这意味着尚差十英里之遥；如“到了！”这意味着至少还差五英里。有一些标语是提出爬山竞赛或讲一些有趣故事的。

几天后，红军向一个城镇发起攻击。但结果令人失望，我们只得从右边绕过这个城镇。

中国新年(春节)的第一天，我们仍在行军。后来我们经过一个看上去很富庶的村子。村子沿山路排开，房子后面就是稻田。村内的房屋建得都很好，显示这里很富有。我们下山进入村中，一些房子的大门上贴着红纸对联，上面是中国式发财大吉的字句，以庆祝“春节”。

中午我们到达猴场①，这是海曼教区的一个大镇。从前，有一次当我从镇远到自己原来传教地遵义时，曾在这里待过一个礼拜天。这次我们分住的房东是一个晚清的秀才。他看上去很有学问，待人友善。他表面上对红军的到来非常欢迎，但内心肯定对这些在春节时来他家的不速之客感到烦恼。

他给我指睡觉地方时，告诉我年前红军朱德将军的部队也曾经过这里②。军中也有两个外国人，但他们是朱德的顾问。老先生认为那两个是俄国人。他们穿得很好。

从这里我们向瓮安进发，当听到瓮安时我很高兴。赛西尔·史密斯和哈理·泰勒就曾在那里旅行，并在当地传播了福音③。当我们穿过那里的大街时，有人正在烧政府的牌匾。我当时认为还会住在衙门，可不久我们这一伙却被带出城，住在城外了。进房后发现里面东西杂乱，显然这是前面部队干的。

第二天继续行进，在山谷的村庄旁我们看到了一条公路。路很宽，两边有沟和防护墙。走在这里简直像国王出巡，但我们是个例外。我们转入另一条路，这路是贵阳至旧州的。我们似乎正向贵阳前进。我开始

---

① 位于今贵州瓮安县境内。1936年1月23日红二军团部队占领猴场，翌日占领瓮安县城。

② 朱德等所率领的中央红军经过此地的时间是1935年1月，1日中共中央政治局曾在猴场召开重要会议。毛泽东等大多数委员抵制了当时主持中央工作的博古、李德要求回头东返的错误要求，由此地出发突破乌江天险，扭转了中央红军长征以来的被动局面。

③ 两人的具体情况不详，似乎应为中华内地会早期到贵州传教的牧师。

为省会的朋友们担心。后来我们又转向另一条通往扎佐的路。远远可以看到座落在一片美丽平原上的那个城镇。这时红军的将军们停下来讨论下一步行军路线。待命时，我看到一个政府军尉官在卫兵的押送下被带到这里，红军围着他了解前方的事态及被俘经过。他后来被押在我们身后。队伍迂回了一个大弯，然后通过一片稻田，走上一条通向那个城镇的公路。

城里的主要建筑是我很熟悉的天主教堂。过去我从遵义来往于省会时都要经过这里。这时神父指着建筑的外墙令人惊奇地说：那也是一个教堂。我们渐渐靠近，看得也越来越清楚了。我对两个教堂如此靠近而惊奇。神父说："那个位于墙外的可能是属于天使姐妹会的。"当经过时，神父让我注意看大门上的灰色天使塑像（做工极差）。这是一个新教派，它的教堂建设尚未完成。

我们住在一个小旅馆里，里面的一些房间以前我经过这里时曾住过。女老板待我像客人一样，并同意卖给我们一些面条、猪肉和鸡蛋。她后来认出了我，说："你以前在这里住过吧！"我点头证实了她的记忆。

被俘的政府军尉官被分在了我们的房子中，他满脸忧愁地说："我活不过这一年了（春节）。"我试图让他高兴，后来发现他最大的问题是爱情。他的未婚妻在贵阳，他们正打算结婚。他俩是新式的一对儿，女方受过教育，过去他们经常通信。他现在缺少衣服和铺盖，只得靠别人行善了。我送给他一件上衣，并让他时常使用我的毯子。

这里距省会只有一站路，我们都希望第二天能向那里进发，但早饭后我们转向西南，走上另一条公路。我发现队伍正向修文那个小城进发。有人说这是因躲避飞机而向贵阳迂回前进。在上午这段好时光里，我们大约走了十英里的路。公路直通山上修文城的城门，远远看上去庄严的修文城几乎与天相连。

刚要进城，突然命令防空，大家都疏散隐蔽；但等了大半个小时，没有看到飞机，我们才开始进入城中。这时防空号又急促地响了。一架飞机盘旋在城的上空，并扔了一颗炸弹。不久当我们重新列队时，防空号再次吹响。卫兵把我推到一个庙里隐蔽，我在那里度过了一个中午。后来饭好了，我们才到外面街上吃饭。天黄昏时，我们再次出发，继续向西。我们离开了公路转向一条贵阳至黔西的土路。经过两天的行军，我们到达了贵州的主河——鸭池河边，但没过河。队伍离开公路沿河行进。最大的困难是河边缺少容纳这支大军宿营的地点，许多人只好露宿。我们被安排到一个灶房的地上睡。在公路上时，红军曾缴获了一辆长途汽车。大多数士兵都没见过汽车，有一些人以为这动不了的汽车像一个活动房。由于车不能开，大家很失望。

红军搭了浮桥渡过了河[①]，马由马夫赶着从水里游了过去。后来我们沿着一条路向山上爬时，马夫又采取让马和我分离的老办法。我只得步行。到山顶时，我累极了。卫兵们很关心我，直接了当地说："下山时你可以骑马走。"我们在山顶等着马夫，直到我骑在马上才松了一口气。卫兵担心我掉队，竟在后面恶作剧式地用皮带打马快走。马对下山要快跑的抽打很不情愿，在原地转圈；卫兵继续抽打。这时"吴法官"看见了，警告那个卫兵：如果因抽马发生了什么事，就要他的命。晚上我们到达了一个大镇——威信。这天是礼拜日。当在街上等待分"卧室"时，一个边吃边卖葵花籽的小孩跑来，他父母是天主教徒，他以为我也是神父。

第二天，我们到了黔西，被带到衙门里待了几天。开始住的房子很好，但没有家具。地上散落了一地文件，我那些同伴都好奇地拾起来读，并从中得到趣味。房中有长条形的窗子，外面是主要的过道。人们从窗外的过道出出进进。有时那些穷人会在此受到招待，诸如分发衣服什么的，场面很嘈杂，许多人挤在那里以便得到东西。有人不知道我们是犯人，有时竟向我们讨要食物和衣服。过去这里教堂的教士克罗夫特对这些穷人很关心，克罗夫特的名字在城内外几乎家喻户晓。有人告诉我，他刚刚离开此地，撤到大定去了[②]。得知他从红军的突袭中脱险，我感到宽慰，

---

① 便水战斗后，红二、红六军团进抵石阡、江口。由于国民党军以十五个师的兵力围截，加之该地人烟稀少，粮秣匮乏，军团决定放弃原拟在湘黔边建立根据地的计划，继续西进，力争向黔西、大定、毕节方向发展。2月1日，红二、红六军团连克扎佐、修文重镇；2日以缴获的电线绞成铁绳搭建浮桥，强渡乌江上游的天险鸭池河，将敌人彻底阻隔于鸭池河畔；3日红军攻克黔西，至9日实现了向黔、大、毕战略转移的目的，在大定建立了中华苏维埃川黔滇根据地。薄复礼所说的"浮桥渡河"，即指这一事件。

② 今贵州大方县。

我希望他能在大定和他的德国姐妹那里暂避一时。

在这里住下后，红军建立了一个共产主义政府。住在衙门里的吴恰如其分地成了这个政府的首席法官。中国的衙门通常就是审训犯人的地方。这一天杀了猪，我们停留在这里第一次吃肉。城里的摄影师被叫来为红军卫兵们照相[①]，他们中的一个借了我的钢笔，这成了大家照相时不可缺少的装饰，而摄影师为自己的生意忙着干活；这表现了人的天性。

大定[②]距黔西两站路，已证明也归于这个红军政府管辖之下了。后来我们沿着公路向大定进发，被红军押着走的还有包括妇女在内的几个需交纳罚款的新犯人。第二天行军时红军与政府军发生了遭遇战。靠近城市时，我们离开公路迂回到另一条山路上。爬到山顶，大定远远在望。下山的路很难走。上帝指派那个像西班牙人的卫兵与我同行，纵然我自己能走，但他出于关心怕我摔倒，扶着我走下山来。

进入大定，我和其他几个犯人被带到天主教堂管事的房中。晚上，我、神父、孔、李被从各自的房中叫出来，集中到旁边的一间有家具的房中过夜。房中有两张中式大木床和一个茶几、一张桌子和几个凳子，这些家具都涂有明亮的大漆；地上有一个炉子，里面烧着煤。安顿下不久，房子主人的孩子来了。他很友好地给我看一些明信片。在这里住下后，大家很喜欢和孩子玩。一天，一个很小的女孩子拿来一本内地会印刷品《主的伟大》，让我读给她听，上面有图和文字，介绍教会的历史发展和慈善事业。我的那些伙伴们也都用心听着，我回答关于上帝的信仰、祈祷等问题，这使他们感到兴奋和鼓舞。到现在虽然没有《圣经》，但这份宣传品却使我感到极大的满足。这里面引用的章句，后来我又一遍遍地背诵。

第二天晚上，两个犯人加入到我们中。他们是政府军的官兵，一个三十岁左右，另一个是十五岁的孩子，他是政府军连长的勤务兵。没等到天亮，我们就成了熟人。他告诉我，他的连长因害怕落在红军手中不会

---

① 此地应在黔县县城，据悉：红二、红六军团长征留下的若干珍贵照片即拍摄于此。在大定（今大方）县城，红二、红六军团部分干部也摄有传世照片。

② 大定和毕节的兄弟会、女子会同属内地会。

有好结果，而在被红军抓获前自杀了。

一个卫兵来到我们房中，递给我一个从贵阳送来的包裹。包里有一双羊毛袜子，一件毛衣，一些巧克力、牛肉干、方糖和咖啡，以及一听炼乳；我愉快地与神父共享这些朋友的赠品。

能在这里等待一段时间令我感到快慰。后来我们调整了住房，搬进一座庙中。我住在左边的配房，从这里能看到院子中士兵们的活动。房子很长，有床、条几等几件家具，以及做工很讲究的窗；但上面贴的窗纸都破了。从破窗孔中能看到其他房子里犯人被带进带出院子的情形。我们大多时间在房中烤火。

红军告诉我们，这里烤火的燃料只有煤，煤燃烧的时间长，但不易生着。其他犯人不会点，我先前曾烧过煤炉子，用一些木柴和纸就引燃了煤。

红军在此继续招募新兵，一些新参军的人是苗族。一天晚上，这些苗族新兵唱起他们民族的歌；与我们宗教歌曲比，苗歌也相当淳朴。大定周围有一些苗族部落。

住下后的第一天，我就听说中间人回来了。中间人在吴部下的陪伴下来到我的房间。我兴奋地发现来人竟是我过去在贵阳认识的乔舒亚。我们在一块儿亲密交谈。乔是阿昌族[①]，家距大定三十英里。他是个虔诚的基督教徒，为贵阳的教会所雇用。他告诉我到这里的困难经历。我感谢他给我带来的包裹。这时我才明白，原来带的东西很多，但被没收了一大部分。从他那里我得知贵州的朋友一切都好。我们会面的时间很短，后来乔到街上买了些饼干和糖送给了我。在这中国的春节期间，我正处于缺这少那的困境中，这些东西真是一份厚礼。

一天，一个卫兵将一本书扔给我说："这是你们福音堂里的书。"接过一看，是本中文的《新约》[②]，书后附有赞美诗。谢谢上帝，我得到

---

① 阿昌族为古代氐羌部落的一部分成员南迁后形成的一个跨境民族，中国境内的阿昌族人大多居住在云南省德宏州。

② 《圣经·新约》与《圣经·旧约》等均为基督教圣典，但后来天主教崇尚《圣经·旧约》。汉斯·凯勒为天主教徒，故对《圣经·新约》避而远之。

了日夜渴望的东西。这是一个多月来我心灵不断祈祷的回音。孔、李也凑过来看。神父出于他们信仰，对此不屑一顾。

在这里待了不长时间后，我们再次奔上征程，沿着公路向毕节进发。我们行进的速度很快，中午就走完了一半的路。早上出发时，经过乔那里身边时，他正在捆扎笨重的行李，我们又谈了几句。交谈中我得知了世界上诸如荷兰发生的一些事。乔还将他的两块银元送给我，告诉我他回去的路费够用的。这些事他都明明白白地告诉卫兵，因为他受到卫兵们的严密监视。后来卫兵看到我们已破坏了队列，于是将他带开了。在行军中，天空阴云密布，雷声隆隆。我非常担忧地祈祷，不要在我们行进时下雨，后来果然云开雾散。不过灾难又来了，路上我们有一两次隐蔽在沟内躲飞机，看着飞机在天上盘旋真是又新奇又害怕。第一次，炸弹呈抛物线状被扔到了前面很远的地方，后来飞机又扔了两三颗炸弹。飞机数量少，速度快，无法按预定计划阻止红军前进。飞机飞走后，有几个人被炸死了，但我们安然无恙。到达宿营地后，我们停在街上等待分配住房。通常，这时我们身边会围上一群人，与我们进行有趣的对话。有些当地人很好，给我们端来水并拿来椅子；一个卖大个儿甜梨的小贩，还减半价卖给了我一些梨。

我们被分派进一间可能是新婚夫妇住的房间，里面的东西全都是新的，刷了明亮的油漆；床很精致；乌黑发亮的条几带有雕花嵌板，上面放着一些装饰品；椅子和小茶几都非常新。大约一小时后，几个人又被带进房间里。床划给我们两个外国人，另外的犯人睡在地上，头枕着条凳。过去住的地方都是小凳子，现在房中有椅子，我在上面坐了一会儿，并像绅士一样轻松地吃了一顿饭。红军仍按习惯围成圈蹲着吃，菜则放在一个小凳子上。条几上的抽屉，在我们来这里前已被抢空了，但这不妨碍卫兵和犯人继续找东西。在一个抽屉里，他们发现一双仿象牙筷子；后来大家又争夺房中的瓷碗。一些刺绣用的纸样子，被一个红军犯人铺在自己的草床上了。

两个失职的士兵现在沦为犯人，关在我们这里。当我们坐下围着铜火盆烤火时，我拿出《新约》来看。这时孔讲起了在家乡一次庙会上听外国人讲的故事。大意是一个老人有两个儿子，年轻的那个儿子拿着老人的钱去上海，但将钱全挥霍了，回家后仍得到了父母的宽恕。这个故事我知道，就是“败家子”的故事。孔很有兴致地复述这个故事，但令人遗憾的是在那种环境里没人感到有趣。

住房又一次调整。卫兵们为调到一个好住房而忙碌。我问一个换班的卫兵：“我们下一站将去哪里？”他告诉我：“进城后将住在毕节三个衙门中的一个。”

我收拾好铺盖走出房间。神父的脚痛，走起来有些跛，为了不失去作为神职人员的尊严，神父找了根竹棍拄着。一所房子远处看去令人印象深刻，走近了却发现房子很旧。窗下和门边让两个犯人占了，对面还住了几个。我们的位置正是风口。房顶没有天花板。第二天，卫兵用纸糊了窗，屋里稍微暖和了一点儿。

在房中，一个卫兵拿给我一本英文书，问我能不能看懂里面的内容。书的封面被撕去做了草鞋带，同时他还从上面撕下了几页纸。我告诉他我能看，并认出这是一本英文的《新约》。他觉着没用就送给了我。当我翻开看时，发现里面竟也附有赞美诗。

第九章 “狱中”

在这里红军并未让我们安于现状，不久我们被带到正规的衙门监狱中。监狱是砖结构，窗子装有坚固的条栅。为安全起见四周都是砖墙，留有约五英尺的栅门。木匠被叫来继续加固我和神父的牢门。后来这所房子修得很坚固。夜间，一个卫兵在木栅门外站岗。左边关着我的那些犯人伙伴和新被抓起来的人。

我想起在镇远时，曾在一个礼拜日中午为传播福音到监狱里讲道。后来我常对妻子感叹说：“那些犯人怎么能在那种环境里生活？我想如果是我自己，一定会死在里面的。”但现在上帝的荣耀使我成为这里的犯人，我感到自己有能力面临一切考验。

神父病得很厉害，对米饭没有食欲；我则患上咳嗽，这都是那晚在山路边露营着凉的缘故。医生马上来了，他诊断神父的病不要紧，让伙房为他特制面食。他问：“喜欢咖啡吗？”当看到我们反应强烈时，他答应说送给我们一些。我们兴奋地等着，后来得到了约半磅。一天吴把我叫去，结果只是让我给神父带了一点儿他们从神父的德国姐妹那里缴获的药。这里的桌子上还有一架全新的英文打字机，没人会用，让我教他们。吴后来产生一个想法，他让一个同志看着我，让我用了大约半个小时将他们的名字打在一页纸上。

吴的妻子在房内，看上去她的病有好转，但仍很虚弱。她给我一些李子脯，并拿来一个炼乳罐头让我帮忙打开。我告诉她：“如果吃不惯这个味儿的话，可以把它调和到别的东西里面吃。”“法官”还有一个好的留声机，但唱片都是中文的。

一两天后，有人给牢房里的我送了一听炼乳和半听黄油，后来我在街上买了一些吃的，加上它做成“布丁”，在吃饭时慢慢享用。

一天，贺龙的警卫员带着一捆东西来了。他把我从狱里叫出来，把那捆东西放在外面卫兵的床上。那是一些纯毛线，上方的标签证明，这些线来自德国。显然，这是从教堂里缴获的。线有黑、褐、绿、紫、白等几种颜色，警卫员要求我为贺龙的小女婴[①]织毛衣和外套，并允许我自由搭配颜色和选择式样。我需要尺寸，警卫员量去了。一会儿，带着两件灰色的衣服回来了，一件是很小的内衣，一件是外套。他希望立刻拿回去，我马上用纸记下了尺寸，他同时还送给我一个美观的不锈钢钩针。我于是开始编织，经常有人问我：“这是给谁织的？”当知道是为贺龙的孩子织的，士兵们为我高兴。

一个士兵为贺龙孩子的性别而惋惜，“真可惜不是个男孩，不然会像她爸爸那样有一天成为将军的。”

“你受的教育不是主张人人平等吗？”我问他，“为什么女人不能成为将军？”

“为什么！”他也感到不好回答。“当然不为什么了，还没有一个女人当将军呢。”看来，他心中仍是那些老观念。

警卫员同样为衣服的事着急，我没早没晚地以最快的速度织着。这期间，我们还得不断跑到老远的地方躲避飞机轰炸。第一次防空时，卫兵把我带到一个距住房不远的防空壕内，卫兵们大都隐蔽在这里，我为这个防空壕很近而感到高兴。但后来发现这里放满了红军的弹药，可是他们和我们一大群人仍藏在这里。出防空壕时，飞机突然又转回来，我们只得再跳入壕内。警报解除后，我看到此时的天难得那么晴朗，很高兴能从昏暗的牢中出来晒太阳。

我旁边一个同志正在对面的墙上书写标语，白色的标语非常醒目，内容是“苏维埃是中国的希望！”

一天警卫员看着我织的时候问我：“明天这衣服能织完吗？”这使我感到我们很快又要出发了。

---

① 指贺龙的长女贺捷生，后来成为中国人民解放军将军。

晚上，我靠着油灯（碗里面放上菜籽油和灯芯的油灯）继续织，大约半夜时衣服还未织完。我担心明天会有事影响进度，坚持着织完了衣服。睡了不到一个小时，起床号突然响起，我又困又累，几乎无法上路。

开早饭时，约早上四点，警卫员来取衣服和毛线，这是我最后一次见到他。虽然为了衣服我没有睡好觉，但仍得作为犯人上路。

早饭后，天仍很黑，我和其他犯人到院子里列队准备启程，后来又传令待命。天亮后，我们通过大街走上公路，毕节落在身后了。①走到一片开阔地时，飞机又来了，但未发现我们，后来队伍集中起来等候命令。

没走多远，我发现队伍中有一个穿着很得体、胡子老长的中国绅士。神父指给我看，他以为是个外国人。的确，远远看上去他那副打扮如不是个天主教士则真会让人惊奇。行进中从他那里经过，我注意到他的滑竿下面还铺着软褥子。红军抬着他前进，简直像是出游。红军带他走，但他的确不像是犯人，红军对他很尊重，称他周先生②。周有四个女儿都信奉基督教，并在毕节教堂接受洗礼。这些女孩和玛丽特·韦尔小姐关系密切。一直到我释放，我不知道红军是否考虑过周的这些有信仰的女儿。

---

① 1936年2月，国民党军队逐渐缩小了对川黔滇根据地的包围，同月26日晚，红二、红六军团及根据地群众在毕节召开了向乌蒙山区进军的誓师大会，翌日军团沿毕节、威宁公路西向安顺进行战略转移。

② 为在毕节自愿参加红军的贵州著名人士周培艺，字素园，贵州毕节县人。生于光绪五年(1870)。周氏原为殷实之家，后来逐渐衰落。少年时周在家自学，曾经考取过秀才、贡生。辛亥革命时，任“大汉贵州军政府”行政总理兼枢密院枢密员和立法院议员，是革命派的核心人物之一。辛亥后，周曾被迫在外流亡十年。北洋政府期间曾出任奉军总司令部秘书，黔军总司令部秘书长兼政务厅长等职。1925年辞职回家，从此脱离政界，在家读书，阅读了大量的革命书籍，著有《贵州民党痛史》等书。1936年1月，作为民主人士参加红军川黔滇川黔根据地建设，任组成“贵州抗日救国军”司令。同年随红军由毕节出发，参加了举世闻名的两万五千里长征。途经云南时，曾写信给旧交故友龙云、孙元渡、鲁道元等，争取滇军中立，以使红军能顺利进入四川。抗战爆发后，任八路军高级参议。由于年事已高，体弱多病，不适宜在陕北生活，经中共中央批准，以八路军高参身份，带着毛泽东主席的亲笔信返贵州工作。贵州解放后，周素园任毕节县和毕节专区支前委员会主任、西南军政委员会委员、贵州省人民政府副主席、贵州省副省长等职。1958年2月1日因病逝世。

周看到我俩时，没有表露出他认识我们；或许友情现在很可怕，会加深红军的怀疑而把自己卷进去。他出现在红军里显然是自愿的，抑或是不同意则会遭到麻烦的缘故。

周自己不信奉基督教，不过，红军了解他与外国教士有联系。红军像对待德国贵妇人那样，仔细地向他询问前进路线。红军现准备向镇雄（属云南省）开进，但周却建议往威宁走，红军于是改变了原来的方向转向威宁。结果周这位外国教士的朋友，无意之中使自己置身于“敌人”的行列，虽然他追随红军，但心中对此恐怕也不乏惶惑。那个城市的人们对红军的到来担惊受怕，我们的上帝将保佑他们。

我们沿大定方向的公路走了约十英里，然后向南沿着通往威宁的公路前进。红军中有许多民夫挑着物资，其中有缝纫机。看起来我们的路程不会很远，我希望很快到下一个休息地。

出发后的第二天，我的病加重了：发烧，肺叶隐隐作痛，我估计是胸膜炎。胸痛越来越重，有时痛得让人难忍。夜间，我担心呻吟声影响房中其他犯人；有时痛得我感到气短，必须坐起来才行。结果，我在房中走动弄出响声，神父非常同情我，但他没法减轻我的痛苦。

我正担心自己会病倒在行军途中时，伟大的上帝为我承担了痛苦。礼拜日准备启程时，我幻想上帝能让红军停止一天前进。天亮后，我们被要求返回房中，果然这一天没有出发。

到现在，我的释放一事仍杳茫无望。红军规定我可骑马跟着行军，可事实上我一骑马，卫兵和马夫就警告我当心累死这高贵的牲口。上帝给这个看上去的确已不能走多远的牲口以最大的力量。

现在最大的困难是面临一座很高的山，因夜里爬山困难，我们便在山下宿营。同屋的一个犯人因身上疼痛一头栽倒在床上。伙夫们忙着做饭，房东卖给红军一些米，并为我们几个准备了一点儿麦片粥。

第二天夜晚我们继续进军，我希望能在半山腰处的一个小村庄宿营，可是当我们经过小村时仍继续前进。一个同志站在路边告诫士兵们，这里有土匪出没，不要掉队。我们自然不能在此停留了。

后来我们在一块潮湿的田里休息。天很冷。吴听说我的病很厉害后，马上叫医生来看我，医生诊断后给我一些药。这时萧克将军就在附近，他命令把孙少校和王少校带到另一支部队里，只留下张将军在这里。

那天夜里，我们来到一个小村子，被分配在外廊下睡觉。被俘的政府军尉官和士兵被命令去为红军做事，以前不幸运时，我也曾被如此。到这里时，我想马上休息，可红军却命令我去找医生看病。医生距此地一英里远，骑马去那里时，我那头牲口肯定为妨碍了它的休息而怨恨我。

到“医院”时，医生正吃饭，我们在外面等了一会儿。医生给我检查后，很友好地给我开药并让卫生员去配药。一些药要搭配着吃，拿药后我返回了住地。

第二天仍是爬山，地势越来越高，有些地方可看到冰雪。我估计差不多到顶了，但后来发现路仍艰难地通向高处。队伍行进得很慢，我们在冷风中边走边停。吴看到马爬山很吃力，命令我下马步行，并允许我自由掌握休息时间。在这只容一人一骑的小路上，想找个坐下来的地方歇歇都很难。因我走得慢，老影响后面的人。我们爬到山顶，发现已掉队很远，卫兵催我快下山。阳光斜照着这条路，路上的冰雪开始融化，路的前面是一片沼泽地。到谷底时，我累极了，但卫兵不允许我休息。路旁的坑里，有一些清澈见底的冰水。我感到口渴，卫兵用他的碗给我盛了一大碗，水喝下去人全身透凉。我们又继续前进，一次次地跳过小河。当追上吴时，他正骑在马上。他看到我已累坏了，让卫兵扶我上马前进。

这一天上午，我们到达一个座落在山里的小镇子。它位于云南境内，我注意到这里的房子大都是由土坯盖的，与贵州有明显差别。虽然这是个镇，但它的房子却大都是茅草顶，瓦顶的很少。

我们沿着小梯子爬上住房。这是一个仓房，没有窗户，看不到外边。墙上的裂缝透进了一些光亮，地上堆满了土豆。我的床只好铺在这些烂土豆上。

房子的女主人让我们随意吃她的土豆，这真是充足的供应。我们这几个人，像饿疯了的穷人一样吃起来没够。红军给我们点燃了火并拿来木柴，我们就烤土豆吃。乔舒亚给我拿来一个壶，于是我们又改换不同的吃法，用它来煮土豆。

神父性格内向从不外露。从我们相识以来，我叫他汉斯，他叫我阿道夫。我的愿望是能有个精神上的伙伴，但没有成功。我曾徒劳地试图以我们（与海曼）基督信徒的牺牲精神，面对一切信任和鼓励以赎我们的罪过，从而在几年中面对死神时，我仍能坚持信仰。但他对此却不以为然，他说我们可以用更好的方式，而不应做基督那样无谓的牺牲。看上去他失去了信心，或许因为忧伤的缘故吧。有时，神父抱着头一坐就是好几个小时，卫兵们也指出他不如我以前的伙伴海曼。有时，卫兵要求神父像海曼一样和我唱歌，但神父声明，凡是我会唱的歌他都不会。

再次出发，经过一片未开化的原野，周围的景色很可怕，我从来没有见过。有时爬半天山后，突然发现已到山顶，而山石像锯齿一样直耸天空。云南这里山路崎岖。贫瘠山地上的荒凉景象，让人难以描述。

神父的骡子被马鞍磨得起了个包，马夫担心骡背化脓，拒绝凯过多地骑用它。另外，李已病了好几天，红军让他与神父合用这匹骡子，神父大部分路只得步行。不久他就累坏了，他很不习惯这种“自由”的行军。

到了一个小村子后，我和其他犯人被分住一间很小的房子。凯和我被允许睡在床上，地上挤着大约十二个人，他们只好坐着睡。我被叫出去看医生时，在这群犯人中简直无法插脚，好不容易才挤了出来。卫兵和连队卫生员不知道医生住在哪里，我们在一英里多的路中问了几次，才知道还得走一英里。我累得不想去了，卫兵试图安慰我让我高兴，而我最大的愿望是回去睡觉。找到医生后，他又像先前那样给我检查治疗，但拿药却得到山的那边去。我真走不动了，卫生员只好自己去，后来我和他俩返回到自己的房子。

神父累得吃不下那些简陋的饭，我也有同感。我俩加上李、孔和一个孩子(那个俘虏的小传令兵)决定合买两只鸡吃，但做这一切很困难。为此我托卫兵转告乔舒亚帮忙。不久，他就把鸡买好并收拾干净。缺一个煮鸡的锅，卫兵连长看到后找来一个瓦罐，由乔带回自己房子煮，我们则等着乔送来，一直到上床睡觉，乔也没出现。我们那个小地方又挤进了李。

天没亮，一大罐鸡汤送来了。神父不愿吃肉，喝了两大碗有营养的鸡汤。在那些犯人饥馋的目光下，我慷慨地将鸡分给了几个过去曾在一起的犯人。其他人则乞求“尝尝”。当答应这个“尝”的请求后，马上证明这是一个灾难，他们叫喊着争抢盛汤的碗，后来我们俩只好退到门外。

这天早上，神父病得厉害，甚至都骑不上骡子了。卫兵扶着他再做尝试，结果没有卫兵抓着他就会栽下来。后来给他找了副担架，但困难的是没有苦力来抬。红军从犯人中选了六个强壮的犯人，每两个人一班负责轮换抬。路很难走，行进速度很快，他们常常落在队伍后边。抬了三天后，犯人们都累得不行了。如果能在此停留一下或走得慢一点儿，他们还是能跟上队伍的。一次，我超过他们时，看到前面抬的人滑倒了，神父头朝前摔了出去，虽没受伤，但他受到了惊吓。

第三天晚上，宿营地设在几乎与天相连的山顶。吴他们已到达宿营地，马夫也牵马走了，我只得步行上去。抬担架的犯人几乎无法抬着神父爬山，为节省时间，卫兵让神父自己走。但他虚弱得无法迈步，卫兵只得继续坚持让犯人抬着他走。当我们到达住处时，小小的房子里面已被犯人们住满，根本无法挤进去。卫兵坚持说："必须遵守命令，也不可能再找到其他地方了。"我只好坐在门外，连长经过这里时看到我很苦恼，他让卫兵把我们三个带到普通犯那里。普通犯住的是个厨房，除了一个大灶之外，空地很小，但比起前面的房子，已是谢天谢地了。

医生来给神父看病，他用中医手法检查了神父的身体，后来用消毒的器械给神父打了一针。医生还询问了我的病情，除为我们开了一些药外，还命令卫生员给我们增加稀粥。

这里没有蔬菜。红军曾试图向村里的一个挺友好的老婆婆购买。她带我们进到家里，红军提出买一些咸肉，她说她是穆斯林，红军对此不理解；红军又想从她那里买酒，她再次说她是穆斯林，后来士兵们才知道穆斯林是戒酒和不吃猪肉的。这之后，我提醒红军要注意她房中崇拜的宗教信物。

第二天，神父的病有了好转，能够骑骡子了。一个礼拜以来我们都是在这荒凉的山区行进，到处是冰雪。这个礼拜结束时，我们到达了一个镇子。我们住在一个庙里，同志们则又开始搜寻需要的东西。

我以前曾教给我的那些犯人伙伴唱《十诫》，并教过一首中文歌《天堂是我的家》。李经常唱，卫兵也很熟。这《十诫》和共产党的原则较近似，但实际上他们每个人都违背了上帝的旨意：他们不孝敬父老、嗜杀、抢、骗和贪婪，所以他们都需要这《十诫》皈依。当我在共产党人中间时，我的行为感召着他们的心灵，启迪他们对上帝的认识。

尽管我非常希望在这里休息几天，但第二天又得继续行军。进入云南西南部后，由于白天政府军飞机经常出现阻碍了行军速度，因此白天我们大都停止前进，宿营睡觉。

在这些天里，我们大都只吃一顿饭，主要食物是谷物。红军宣扬人人平等，但许多红军和军官都能购买一些好吃的东西。一天在接近宣威时，听到了紧密的枪声，后来报告说红军胜利攻克了那个城市。接着我们沿公路进入城里。

三月二十一日，春季的这一天天气很好，这天是我母亲的生日。这天到来之前，我们还在一片冬天景象的山里辗转。此地的主食是玉米，大米很少，但难以置信的是红军告诉我，七英里外的宿营村子里有大米。我们下山后发现前面是一个平原，田野里的油菜花盛开，地里还种着豆子和其他庄稼。我们经过的房子环绕着果树，那些桃树、梨树和李子树上开满了花，一片美丽的春天景色。这献给母亲生日的美丽景色令人心旷神怡，我不由放声欢唱：

蔚兰的天空，绿色的大地，
一派生命气息。
鸟儿飞翔，花儿怒放，
现在我才深感：
我属于上帝，
上帝就在我的心里。

还在山上时，已感到气候变暖，有时我们就宿营在长满了树的山上。云南每年这一季节，满山遍野都盛开着杜鹃花，血红色的花朵非常美丽。由于满山的杜鹃，这山显得非常华丽。行军中我曾对我那个伙伴——神父说“看这些花儿多美”，但他连眼皮也不抬地说：“你怎么还有这份闲情雅致！”

在这里好坏参半。夜幕降临前，我们宿营在一个塔里，里面一片黑暗。我要求睡在门口，以便在夕阳下找虱子。我开始计算那些吸血者的数字，粗算了一下竟有五百多个。

这一段的行军中，政府军在后面紧紧追赶我们，每天行程都很长。晚上沿着山路行进时，有两次经过了看上去像教会建筑的地方。第一次看到那个建筑在远处，为棕色，当我们走到山边时被山遮挡了。后来知道那天我们宿营在一个小河旁的镇子叫羊场。

当时，同样的现实摆在我们两个外国人面前：神父为仍没有收到有关他那方面的任何消息而感到忧虑，我也有同感。神父要求我联名给吴写信，以求红军的资助。我用英文写了一封短信交卫兵传达。结果第二天一大早，指导员在我们爬山时，每人发了一块银圆。

第二天，我们行军通过山里的村子，但没有看到那座建筑。我对那座建筑是基督教堂还是其他性质的教堂没有把握，因此也就没存有什么奢望。

第二次，我看到一座白色整洁的建筑，像是一所教会学校。这建筑距城市和村庄都很远，卫兵曾说要在此宿营。我考虑恐怕没有哪个基督教教会会花费如此代价建在这里，结果后来知道，这是方会的几个建在苗寨的教堂之一[①]。

后来我们停在一个村子里，那里的邮局证明，此地是方会的教区。我被红军叫去翻译一些英文的《方会时报》。报是最近的，很有趣。当我想要几张消遣时，被拒绝了。同时神父想要法文天主教印刷品也被拒绝了。

飞机越来越频繁地袭扰我们，以致我每天得上下马十几次。而每次上马时，马夫都显得不高兴。不过，我如果不骑马就得累死，从而会连累卫兵因失职而掉"脑壳"。在马夫和卫兵这种对立的局面下，我只得步行一段，让马夫高兴；然后再骑一段，让卫兵满意。有时他俩意见一致时，我就无法骑马了，一般我每次只能骑一个小时左右。

一次，我被带到卫生员那里，即前边提到的那个男孩，他给我一些

---

① 又称耶稣会，天主教教派之一。1534 年由西班牙贵族罗耀拉·依爵为抵制 16 世纪欧洲兴起的宗教改革而建立，曾一度因遭取缔而转入地下，并转入亚、非、美等洲活动。方会的会士在西方声名狼藉，是阴险、伪善者的同义词。

药。当时，他和几个人在一起，我几乎没认出他。他问：“还认识我吗？”他很高兴，与我聊了会儿家常话，提了些问题，诸如“为什么离家这么远来中国”“哪种宗教最好”“哪个国家有什么”等。

我告诉他：“我不远万里而来是受上帝指派，是为了使人们脱离罪过。我是为神圣的信仰到有罪过的地方去恢复人类的道德，我的希望和幸福就是：在地球上的任何地方，都免除人们的罪恶。”

他没有察觉自己是上帝的罪人，好像也没有感到心灵的压抑。他问：“对于传道，你的国家给你多少钱？”

我解释说：“教会传播福音，在我们那里已有几百年的历史了。我们的经费来自教会本身，主要用于施舍穷人和病人、教育大众、改善妇女地位，这就是我们的福音的巨大财富。”

军号响了，谈话就此结束。经过一天的艰险行军后，我们到了一个大村子。红军分给我们一所好房子，屋里正中的地上有个坑，里面生着火。房主很好，给我们拿来一些煤取暖的同时，还搬来一个小凳子。一个男孩在窗外端着盘子卖米粉饼，我们买了一些来吃。

这一天，轮到那个像外国人的卫兵看我们。出于他的照顾，我们得到了一些铺草。他拿铺草来时，听到李和孔为争床铺的位置而吵嘴。他没等我说什么，就划分了我们各自的位置。那两个犯人抗议划给我们的面积太大，要求平均，但卫兵没搭理他们。

后来李和孔被连长叫了出去，回来时他俩很激动，说他们被分到士兵们的房中。孔吃了卫兵的这记闷棍，住在卫兵那里，就别想在房中自由行动了。李则被“请”到吴那边的房中，以后行军要走在我们前边。这两个人变得如此不团结，动不动就争吵，因而红军的这种安排是令人欢迎的。那个政府军的传令兵，现在和普通犯关在一起。对他的安排令人遗憾，但这也有助于使他变得老练一些。

原指望这一天能好好歇歇，但实际上只休息了很短的时间。不久军号响了，我们急促地收拾东西，隐蔽到一片竹林里。一架飞机飞进山谷，它很难发现我们在这里。这时一个同志惊慌地跑着找隐蔽处，当他跑到一片开阔的田地里，被飞机发现，于是遭到飞机机枪的扫射。

再碰到李和孔时，他俩已被“教育”得很和气了。李的位置是跟在乔舒亚的后面，他对乔很服贴，试图得到乔对我的那种帮助。

四月十四日中午，我们经过一个村庄，那里有两三处房子卖热大米粥。我很饿，被粥所吸引，停下时，我买了一碗。这时突然命令前进，我没法喝下这滚烫的热粥便把它倒在自己的搪瓷碗里，打算带着走。这时我已掉队，马夫接过盛着热粥的碗让我上马，我上马后赶忙喝下热粥，结果烫得我几乎窒息。但刚出村，队伍又停了。后来我才知道，前方没有更适合住宿的村子。当我们返回原地休息时，飞机飞过上空。飞行员错误地认为我们已离开，就飞向别处寻找。我们继续向前找隐蔽处，后来看我的卫兵在路边找了相当安全的地方，但神父却被带到了更远一些的地方。

第十章　自由的允诺

春日融融，我又在阳光下脱下外衣“打猎”，在我高度注意寻找虱子的时候，没想到萧克将军和警卫员由村里向这边走过来。他看到了我，并来到我身边。我为自己因掐虱子而染满血的手感到惭愧。

“近来好吗？”萧克问我。

“咳嗽减轻了，但仍感到浑身没劲儿。”我回答说。

接着他告诉我：“我们决定对两个外国人做不同的处理，你是瑞士公民，瑞士不是帝国主义国家，没有不平等地对待中国，没有租界，我们决定明天给你自由。”将军转向神父坐的地方，神父正竖着耳朵听将军说。“在这里，我们不会释放神父。他是德国人，而德国法西斯与帝国主义没有区别，希特勒像德国帝国主义者一样，帮助我们的敌人蒋介石统治中国。”

萧克将军和随从离开了。这惊人的消息，令人思绪万千。我请求卫兵允许我到神父身旁坐下。

“听到将军所说的话了吗？”我问他。

“太好了。”他一边回答，一边握着我的手表示祝贺。

“你很幸运。”旁边的一些人围着我说。一切苦难似乎都难以置信地突然烟消云散，这好消息看上去是千真万确的，但先前的交涉过程充满了背叛和欺骗。我暗暗告诫自己不要得意以致再失望，但这次是将军亲口所说，并当着许多卫兵和犯人的面。

当继续行军时，我忐忑不安地问神父：“对此你怎么认为？”

“红军确实要释放你了，”神父说，“但你心中别幻想是明天，将军的意思是最近。”

记得几年前基督教会联盟的曹牧师来镇远看我们时，在交谈中他曾告诉我他在土匪手中几个月的经历。一开始时，他很乐观，相信上帝会拯救他。几天过去了，他想上帝用了六天创造了天地，并在第七天休息，因此第七天时，他将获得上帝的帮助，但后来并没有迹象。于是，他想到教堂，为了神圣的信仰，建立时曾用了十天，这使他又鼓起勇气，但第十天什么都没发生。几个礼拜过去后，他想到洪水中的方舟，曾经历了四十个日夜的风雨，但后来他还在土匪手中。这之后，在先贤精神的感召下，他能坦然面对上帝并感到自己的新生，基督无所不在的圣火拯救了他的灵魂。

这与我现在的经历近似。当上帝要完成对我的解放时，总会在惊人的时刻，如也许会在我来中国周年纪念日的十一月十三日实现，我对还要等待这么长时间，并不感到意外。那之后或是圣诞节，再以后就是三月二十一日和五月九日，是死神将要降临的日子①。

前一个日子是神圣礼拜中的一个中午，那天我成为了牧师；后面的日子，则是一个光荣的礼拜日，那是我基督教入教的日子。

这天我们很早就到达了一个大村子，走过大街时，看到一些同志正从井里打水。我感到口渴，过去想喝水。但他们马上阻止了我，告诉我水里有毒不能喝，红军认为是政府军撤退时为阻止红军追赶而干的。

回到房中，一夜过去了，没听说有人中毒。后来知道，那是红军多疑，他们曾向一个女房东要水，女房东为证实水中无毒，先喝了一大碗，才使红军确信。

分派的房子地势较高，当飞机来轰炸时，我们从梯子上爬上爬下两次。

先前得到的钱这时已快花完，这里兑换一块银圆很难。房子的男主人拿着我给的银圆到村里去，为我们购买一些吃的。我们想买饼干、包子、面条、土豆和鸡蛋，他回来告诉说，这些在这里都没有。看到我们的困境，他主动说可卖给我腊肉并负责做熟。天黑了，但这些东西还没有买来，为这些美味而耐心等待是值得的。后来被告知村里的人换不开这块银圆，那个男人建议我们最好到别处再买。他家的咸肉要二十文钱，神父脱下他那件值好几块银圆的黑衬衫，试图交换腊肉，可那个男人感到这东西

① 据后文贝克尔的记述，红军曾分别在1935年3月和5月限定过赎期。

无用而拒绝了。我们一再请求他帮忙。最后他开诚布公地告诉我们，他只喜欢以钱易货，我们只得任他凭自己的良心用银圆交换他家的腊肉和找回的铜圆，他至少诈骗了我们半个银圆。

在这里，我向连长提起萧克将军允诺的话，连长不置可否地说："我还没有接到命令，在这之前你仍是我的犯人。"

天还没亮，我们离开这里继续向高处进发。红军希望下一站到这个地区的首府——曲靖。我默默地祈祷。我的朋友柯里斯夫妇先前在此，但这个教区几年前已撤销了，我估计这里不会有外国人落入危险中。

进入云南后，山路很难走，我们经常遇到大风。当风从山谷里迎面扑来时，骑在马上很困难。为防止这扑面的黄风，一些士兵常用丝手帕蒙住脸。西南地区有名的气候特征，就像当地人所说的云南的风，贵州的雨，四川的阳光。

爬上一座山，远远看见曲靖座落在花瓶状的平原上，城边的景色我们从未见过。前面传，到山下还有七英里。我们开始下山，不久到达了平原。我的马跟着士兵们小跑，而我则担心当天可能进不了曲靖（1936 年 4 月 3 日，薄所在的红六军团进至云南曲靖县白石岩地区）。

我看到远方的城南部有一栋白色闪光的建筑，它前面有一个繁华的村子，一道墙将它们分开。快到城市了，我注意到右边的建筑是罗马式的天主教堂，神父们可能逃走了，但一大群显然是教徒的人站在门前。骑骡子走在前边的神父被认了出来，那些人向他点头。他们认为我也是神父的同行。一个小女孩边跑边叫我神父，她跑到我的马旁，看上去她很同情我们。

我们没有急速地通过大街，在那里看到街上有许多出售食品的小贩。后来神父告诉我，他看到那些东西时馋得流口水，我说我也一样。我们进了一个庙，住在厢房内，从那里可以看到院子。房子很小，里面有四张床，但没法用，没有床板。当我们要求时，红军告诉我床板已另作他用了。我们只好睡在土地上。

我们床脚方向，有一些先前留下的铺草和一个铜火盆；但无法烧草，我们宁愿在地上烧木柴。在这种建筑里，烧木柴是比较安全的。

院子里有木柴，得到允许后我们拿了一些。我们取出宝贵的腊肉，并借了一个瓦罐煮肉；吃一两片后，便留下其他的待早饭时再吃。这晚上，卫兵换过几次班，都很有兴致地留着火。早上神父用碗盛肉时，除了剩两块很肥的外，其他的都不见了。当然，我们不用想也知道是谁吃了。毫无疑问是卫兵中的一个，他偷吃时很有心计。我的意思是算了，但神父报告了连长。连长很平静地说："最大的可能是老鼠吃的。"我们知道老鼠是不能爬进盆子的，也从来没有听说过老鼠专偷瘦肉吃。这老鼠太不寻常了，除了有卫兵在场时是个例外。

士兵们利用这一天时间来洗澡和洗衣服。早饭后，他们问我是否也想洗衣服，并拿来一个大盆和一桶水。这太及时了，我好多天连脸都未洗过。

晚饭前，一个通讯员来对我说："萧克将军晚上请你们同他一起吃饭，我建议你稍微收拾一下。"

我告诉他："我没有可替换的衣服。"

"我们是共产党人，并不太拘礼节，到时间我来叫你。"通讯员说完后便走了。

黄昏时，我随他走到村中的街上，遇到了"吴法官"，他很友好地和我们走在一起。这时我发现了其他的红军领导。穿过几个院子后，我们到了目的地。

我们被引见给将军。他正和几个人坐在客厅里，他朝我们礼貌地点了点头，吩咐带我们到房里。当在一张矮方桌那里等着开饭时，我们坐在小凳上围着火盆烤火。几个客人又到了，他们之中有张将军。

气氛轻松愉快。陶盆和筷子很平常，并在桌子上分发给我们。八人一桌，我和神父坐在角上，座席不固定，自由选择。但在场的一些人谢绝坐到桌前，其中一个是周老先生。他坐在桌子外边，当一些人问他问题时，他只是简单地回答"是"或"不是"。

这里没有按我所知道的中国传统式宴会一道道上菜，他们仍采用普通的吃饭方法，等着全部菜都上桌。酒已摆上，但只给少数客人。

在这热烈的气氛中，萧克将军直率地问我和神父几个问题。他试图从神父那里了解一些诸如法国军队战术之类的情况。当神父说他没有受过军事训练时，将军有些不相信。他说至少神父曾在学校里受过训练，但神父仍坚持说没有。后来将军转向我说："瑞士是没有军队的，当然你不会接受军事训练。”这个解释对我则是误解了。谈话又转向天主教和基督教，但这个题目没怎么深入就又转了。

晚饭快结束时，萧克将军转过来对我说：“我们打算明天释放你。”另一个挨着我的姓王的红军领导①，在萧克将军引人注目地宣布这消息后，平静地对我解释：“并不是指明天就释放，我们的意思是最近几天方便的时候。”

吃饭过程中，一些同志出来进去地忙，一些同志则站在窗外看，当看到我们坐在里面时，他们为有外国人出席而惊讶。

当卫兵要带我们回住地时，我们向在座的人致意，感谢主人的款待并请求允许离开。我们慢慢地走回“监狱”。我们由于这次招待而出了名，卫兵们对我们很尊重。

第二天天还未亮，我们再次上路，天亮之前向西走出了很远。太阳在我们身后升起，背衬着朝霞，我们在阳光普照下行进。

红军侦察员在前边寻找着正确的路线，当有叉路时，他们就用石头压上纸条标明方向，有时则用粉笔在石头上画箭头，引导大部队前进。不知怎么这一天前边的红军领导辨认错了方向，走上了另一条路。走了几英里后才发现不对，后来又向前走了一段仍未发现路标，终于他们断定方向错了。我们突然停止前进，并惊讶地看到先头部队转了回来。开始，我认为前面遇到了危险，后来那个领导命令部队排成单行前进。部队像一个庞大的机器一样掉头回到原来走错了的地方。我们看着先头部队的返回。他们的背包都是一样的，但又有区别。我们像是在演哑剧，后面的山是布景。同志们急促地前进，并发出一些声音。他们走路时千姿百态，高的、矮的、胖的、瘦的，一一从我们面前走过。

晚上只休息了很短的时间，半夜起床号响了，等到月亮升起时，我们又继续出发。夜行军很可能是防备飞机袭扰，如果是这样的话，那也没有什么，飞机只是在白天才出现。后来我们过一个大镇子，在一个孤立的院落里宿营。

第二天，我们再次在月光下行军，天亮后在地主房中休息。神父和

---

① 为王震，时任红六军团政治委员。

我住的房子很好，我们很快就睡着了。早上，“吴法官”的通信员很没礼貌地把我们晃醒了，请求我们用中文和英文写他的名字。“你就要被释放了。”他泄露消息给我们。

这后来的几天，卫兵看我的眼神都变了。一次，一个同志和我一起解手时问：“那一个是不是因为鼻子太小，而不是帝国主义分子的？”这真是连长式见解的新发展。最有趣的是他们对于基督教的理解，这是一个经常涉及的话题。当我问到他们为什么参军时，他们统称是因为“恶霸的压迫”。恶霸是红军对一般贵族的称谓。这些人为富不仁，农民都曾受过这些人的盘剥。不过现在报应来了，我们先前停留的那家主人被抓起来，红军正拷问他把钱藏在什么地方。提问时军号响了，我们离开了此地，这太巧了。号响后，一些士兵的挎包还挂在墙上，我和神父也一样，在没有窗户的黑屋里忙成一团。

卫兵变得很急躁，让我们马上出来。他催我俩以最快的速度去那边找马骑。这时枪声传来，听起来很近。①

离开公路，我们转入一条狭窄的山道。指挥员命令部队交替行进。部队以疯狂的速度前进。路上长满了草，腿高的草很整齐。我们催马前进，并以最大能力向山上爬；然后又几乎收不住脚地飞跑下山，再冲上前面的山。

当我爬到山顶时，看到萧克将军正和一些战士在那里。他让卫兵将他们的机枪留下。他很专心地指挥防御，几乎没有看到我的经过。

路越走越陡。我们进入了山中，路开始升高。我们已无法吃饭了，因走的急，咸肉和大米无法带。地上丢了很多吃的东西，山路的草丛中丢了些米饭和肉。

此时，几架政府军的飞机飞来侦察投弹，我们冒着轰炸继续前进。政府军在后面追着我们，在这夹击之中，没有时间隐蔽。我们经过几个

---

① 1936年4月，蒋介石飞临昆明，亲自坐镇指挥围堵红二、红六军团。4月8日红军被敌阻于普渡河；9日红军在转移到普渡河上游时，又与敌在六甲遭遇，激战一日使其不敢紧逼；10日凌晨，红二、红六军团放弃原拟过河北上的计划，兵锋南指，直逼敌兵力空虚的老巢——昆明；当敌收缩兵力退保昆明时，红军又回师西进，顺利抢渡了普渡河。薄复礼所言即这段史实。

红军阵地，那里修有工事，后面不远的地方枪声阵阵。

后来我们到达一个很高的地方，然后下山，飞机仍追着扫射。我几乎全靠步行，因为在这种山路上骑马很难，当飞机第二次出现时，马夫把马牵到了树下，我则蹲在马的旁边，这是自我保护的一幕。

由于飞机轰炸，队形混乱了。我们这些人，从地上爬起来就随着混乱的队伍前进。一个衣着很好的犯人累得被拖着走，后来卫兵就在路边给了他一枪。我们在山脚穿过一片农田后转上一条较平坦的路。前进的速度仍很快，虽然一道山把我们和政府军分开。

天黑前，我们到了一个山村。休息时，我们看着炊事员缺这少那地准备早就该吃的晚饭。为准备夜间的不测行动，我明智地早早躺在床上睡了。

大约睡到半夜，我们被叫起来在院子里集合待命。正当默默呼吸着夜间新鲜的空气时，传令继续前进。天亮前我们又走了很远。神父和我一边打着瞌睡，一边骑着马行进。

礼拜六中午，四月十一日。我们受命赶到一个叫大湾（音译）的村子。村子远远在望，我们穿过一片种着豌豆和蚕豆的田野，迂回经过一片稻田。在狭窄的田埂上行军，很难保持平衡，那些牲口更是困难。行进中，我那匹"好马"突然滑到水田里，我被摔出好几英尺。事故发生后，我打算步行，但马夫怕我掉队，仍坚持让我骑马。

靠近那个村子时，村前的一群人中，有一个人突然对我说："我们是来接你的，"吴法官"已决定释放你。"向导领着我到了一个房子中，他那一伙人已准备休息。这时，天正中午，"吴法官"和他妻子几分钟前刚到这里。我累成那个样子，使他们没有心思再开我的玩笑。吴在离开时对向导说："你们最好带他先回房中休息，我们准备欢送他走。"于是，我们到房间里等待。

卫兵住在旁边的房子。后来我爬梯子到那里，神父正坐在床上。我告诉了他之后，便各自休息了。大约中午两点时，卫兵送来了午饭。过了一个小时，吴叫我们到他那里。我像预期的那样收拾自己的东西；这时，卫兵告诉我："现在不需要带任何东西。"

"吴法官"一边欢迎我，一边笑着说："我这盏灯出了点儿毛病，你帮我弄一下吧。”灯非常新，很漂亮，油盒上印有英、法、意三种文字的说明书，但没有中文。我一边译着说明，他一边装配，后来把灯调好了。毛病出在灯的燃料上，由于他们用酒而不是用规定的酒精，结果灯就不亮。我们简单地把它修好放置一边。

“吴法官”宣布释放我的命令之后，萧克将军又派人告诉了我。不久，有迹象表明红军正准备一顿饭，同时邀请神父、张将军、周老先生及两个中间人出席。

当一切准备就绪，好消息就在饭桌上和吃饭的同时宣布了。一切都准备得很完善，碗筷很好，还摆上了酒；但数量不会使在座的人超量。吴的妻子、萧克将军和我们坐在一起，但都没有喝酒。

宴席上始终都在交谈，但话题总围着宗教。萧克将军对我说：“我不理解你们外国的教育，为什么总让人相信上帝，实际上你也知道我们都是从猴子进化来的，我认为人的任何聪明才智都是靠实践而来。”

“关于这个题目的意义，科学家们没有疑问，”我回答，“并且这也是真理。对我自己来讲，则需要伟大的精神，因此我相信全能的造物主，超过相信低层次的实践进化。”张将军此时插话说：“他信奉上帝耶稣，相信被称为人类灵魂的再生；当灾难降临时，所有的好人将永生。共产主义和他们的设想差不多。”

姓王的红军领导仍坐在我旁边，和颜悦色地对我说：“当你向报纸介绍我们时，你应该记住我们是朋友，你曾幸运地看到我们的所作所为，其中最重要的是怎样帮助穷人，而不像一些人诽谤的那样是普通土匪。”

“吴法官”补充说：“如果你能来信，我们将很高兴，希望能得到你的消息。”

这之后，萧克将军说：“我们不反对你作为一个外国人留在中国，如果你能不再对大众传播信奉上帝的话，我们甚至允许你办学校，但我想你最现实的出路是回家。”

当漫谈时，一个侦察员走进来，向萧克将军敬礼后，交给他一张纸。将军阅后交给了“吴法官”。

“附近二十英里内没有什么地方比这里更合适吗？”将军问。侦察员答说：“五英里处还有一个地方对部队宿营合适。”

讨论了一会儿，将军做了结论："大家都累了，我们最好去这个距离近的地方。"

剩余的东西收拾起来，吴的妻子赶忙出去弄了一大罐很甜的咖啡拿到桌上。萧将军显得有点儿疲倦，他向"吴法官"的妻子点头说："我们最好出发。"屋里的人不拘礼节地离开了，这似乎是对其他人的一个信号。

"吴法官"叫来一个卫兵带神父回房，没管我和张将军及两个中间人。我乘机对吴说："我可以请求你的帮助吗？不是我，是对神父。如果你们打算留他到钱交来时，那就请照顾他，对他的标准能像你们对张将军那样吗？"我继续请求说："让人给他水喝和洗澡，让他烤火和给他铺草等。"

"这都不难做到，"吴点着头说，"但我们对间谍，将坚持原则。他会受到适当监视的。"

"另一件事是食物。"我继续说，"他在这种环境里，现有食物不可能维持他的体力。请给予少量的帮助，比如给他增加咖啡什么的，这将增进他的食欲。"

"我们有一些咖啡，"吴说，"可以给他一些，你认为他喜欢可可吗？"

"这太好了！"我回答。吴答应再给他一些。

吴下令也给张将军改善一下待遇。吴交给中间人一封信和一份声明，然后对我们三人宣布释放我。"今晚你们将住在一间平房内，但必须到天亮才可自由行动。我们在半夜后出发，你们一定不要在天亮前离开房子。"

他拿起一份文件说："我读给你们听，这是关于释放你的声明。"他读的那份声明的要点是：我因为传播宗教而有罪，红军释放的唯一原因是我已认罪，更进一步的理由是瑞士不是帝国主义国家，因此给我自由。我没有请求要他们拿出这些指控的证据，但也没有口头表示同意。

紧跟着来的是关于我的路费问题。"你认为到昆明或得到你朋友的帮助前，需要多少钱？""吴法官"问我。

"我不知现在是在哪里，也不清楚到省会多远。"我回答。

"吴法官"告诉我："此地距前面县城只有十五英里，而从县城到省会昆明最多走两三天[①]。"

---

① 今云南富民县城。

“我没有能力步行了。”我提醒吴说，“我需要的钱不多，我想两天的路，一天两块银圆的话，也得需要四块。”

“吴法官”叫来分管财务的同志，告诉他：“给这个外国人十块银圆。”我没说四块足够了，这只是最保守的计算，我还需要买东西吃。不过四和十的发音在“吴法官”的方言里很近似。

管钱的那个同志，为核实钱数，先伸出四个指头，然后握拳问：“是四还是十？”

张将军按他的理解说：“当然是十。”我并未想多要，但也不清楚这十块银圆是否超出需要。那个同志数出钱交给了我。

“吴法官”把那张释放证明交给我，另外给我几张宣传共产党人主张的传单，并说：“有空时你仔细看看。”我请求一张通行证，他回答说：“这没有必要了，一会儿我们就要离开了；当然，这里也就不再是红军的地区。当你到政府军那里时，它对你就没有用处了。”

这时天已很晚，大约晚上十点钟。吴让一个卫兵去检查我自己的东西，卫兵跟我回到住房中。从此，我可以自由选择地方睡觉了。我爬上梯子进入房子，神父已睡在大床上，睡得很熟。我弄醒了他，告诉他：“已换了地方。卫兵到这里检查，我必须把一切东西摆出来。他们给我的十块银圆，我先放在你床上。这钱可能超出我的需要，这两块银圆送给你用吧。”卫兵泛泛地看了我的东西。出乎我的意料，他没有搜我的身上。

我拿起了那八块银圆，对神父说了几句话，并答应为他祈祷。他没从床上起来，但他说：“你明天等我出发吗？”

“太遗憾了，”我解释说，“我要在房中等到天亮，我睡的地方在另一个村子中。”按西方的风俗，我们吻别，神父请求我原谅他的任性。我感到这次获释没有和他同时离开，是多么的不完美，我又是多么的软弱。我们共同答应忘记相互的缺点，我答应将在今后为他的释放贡献一切。我从自己床上拿起了《荒漠甘泉》和《新约》走到外边，我没有勇气对神父和卫兵们说再见，我想他们被打扰睡觉会不愉快的，于是我默默地离开了。

到了街上，我发现中间人和卫兵还等着和我一道去“吴法官”所指定的那个房间。“天亮前不要出来。”卫兵再次警告我们，“再见，你不久将再过上以前的富日子了。”卫兵这样和我告别了。

第十一章　自由

卫兵在房间里消失了，使人有一种空旷、新奇的感觉。前面的房子住着一批士兵，但他们对我没有责任。房中有张床，可惜没有铺草。乔和另一个姓王的中国人睡在地上，他们的铺盖让给我使用。睡了不长时间，营地里的声音把我们弄醒了。各部分的军号相互联络着，我们房外嘎吱嘎吱的脚步声和谈话声混在一起。一会儿，卫兵们带着犯人出去列队。渐渐屋外静了下来。一些声音我很熟悉。我确信自己躺在床上，并为自己从此不再随军行进而感到幸福。前面房中的红军捆好背包后也开拔了。后来我听到从街上传来像是我们那部分卫兵的脚步声，偶尔能听到个别卫兵放下背包喝水的声音。渐渐地，一切声音都消逝了，睡在阁楼上的房主人，蹑手蹑脚地爬上梯子打开门看外面。他告诉说，红军确实都已走了。

我仍躺在床上等着天亮，兴奋得简直无法入眠，心中在为上帝惊人的业绩而欢唱，释放看来是千真万确啦！

快天亮时，听到门被人推开了，两个人闪身溜了进来。他们关上门静静地听着门外的动静，不久我认出他俩是马夫。开始我以为红军还未全部离开，后来他俩承认是逃兵。他俩吓得哆哆嗦嗦地请求我能带他们去省会，他们怕红军发现后派人回来，恨不得马上就走，但我们已决定早饭后离开。在这里，寻找抬滑竿的苦力成了难题。

房主人说，现在找抬滑竿的人太困难了。与共产党人的意愿相反，这里的很多男人都在红军来时藏起来了，不到红军走远他们不会回来。房主建议我们向前走走看，或许别处会找到抬滑竿的人。

王先去了，我和乔在后面慢慢地走着。美丽的朝阳升起来，预兆这一天是好天气。路与河一个走向，右边的山郁郁葱葱。这也是复活节的早上，即我们的上帝在敌人的阴谋中，以他超凡的力量而使耶稣基督复活。

前段我和乔设法深谈一些事，现在不再有卫兵监视，可以畅所欲言了。他为我曾天天祈祷，祈祷我能像他来时一样平安地通过红军活动的区域；他曾被猜疑为“奸细”而身历险境。这些忠诚的朋友，为我冒着生命危险置身于艰苦之中。我对他表示了感谢，但他对这些困苦唯一的答话是“我做得很不够”。

继续向前走时，我感到很累，但前面仍未发现房子。乔提出到前边看看，可他走出几步又考虑我的安全转回来了。最后他还是走了，我一人留下，并在路边随便找个地方躺了下来。

对于红军来讲，这是再次抓获我的好时机。但不久乔一个人回来了，他告诉我，已经找到了答应抬滑竿的人，那人正在找其他伙伴。乔建议我和他先到前边一所农房中等候。

苦力们已吃过早饭。乔和我在他们找椅子绑滑竿的过程中等了很长时间。这些人边干边谈，其中一个人指出，要去的地方不安全；又有人告诉我，要去的那个富民城里住满了政府军士兵。当两个中间人让他们出发时，这些抬滑竿的人都有些害怕。

我们上路了。我感到坐在这种有地方特色的滑竿里很舒服，这才是我眼下行军的适合方式。我瘦得皮包骨，所以“苦力”抬滑竿走得很轻快，可以说一个人也能轻易地背着我走。他们不断地提醒走慢一点儿。

大家仍担心这地方或许还有红军。前一天，红军曾袭击过富民。在经过一所学校时，我们在路旁停下，向一个当地人询问前面是否安全。他很友好，也很同情我们，还带我们走了很长一段，告诉说我们要去的地方可能有麻烦，并提醒在路上要当心。

山谷里的路渐渐变宽伸向平原，房子渐渐增多，但紧靠路边的只有一间。我们在此休息了一会儿，在里面喝了点儿刚沏好的甜味的中国茶。

快中午时，看到了富民城。它座落在一个山脚。我们看到一队人在前面走，怀疑是红军，赶忙藏到一堵墙的后面。

几个苦力因害怕而拒绝进城。我没有强人所难，付给他们钱后，他们拆开滑竿马上返回了。

前边的那队人消失后，我走了一段路即进入了这座城的城门。在城外，我遇到了一群政府军士兵，他们正忙着在护城河里洗衣服。在靠近时，他们一涌而上围住我们。可能他们已听到了关于我的事，很友好地告诉我，必须先进城报告。他们安排一个兵送我到城中司令部去。那个兵边走边和我闲聊，他告诉我，不必担心，这仅是手续而已。

他领着我们走进司令部。门口的一个卫兵带我走进院子去见一个官员，那里有许多政府军官兵。那个官员像前面那些士兵一样，问了我一些问题。他看上去很认真，一个问题接一个问题。我很累，请求他允许我坐下。当我坐下时，一些人围在我身旁检查我的行李；除我之外，其他人还被搜查了身上。他们要求我把身上的钱统统交出来，我们照办了。检查中，官员开始对我的来历怀疑，当检查到我那本《荒漠甘泉》并从中发现红军的传单时，我的回答看上去已使他很不满意。他们同样怀疑张将军的中间人——那个王。但当他看到红军关于释放张将军条件的那封信时，他的举止表现出将军和他们的关系。检查几乎进行了一个小时，完毕后匆匆带我去见另一个官员。那个人的问题也很尖锐。

我们所有的东西再一次遭到搜查，再一次问及我的经历。这时的搜查扩大到我身上。他们没收了我们的一些行李，说是我们偷来的。那个官员很严厉地对待乔舒亚，当我说明乔舒亚是我的中间人时，他大声喝道：“他不是好人，说不定得毙了他。”乔请那个官员与贵阳方面的外国人查证，并解释说，他只是为了我的释放做中间人到达红军那里的。但这遭到另一种奇怪的指责，那个官员大声叫着：“为什么当外国人的走狗，就不能找个中国人家做事。”

后来我们在一旁等着那官员核查我们随身所带的共产党证明，以及给我们的钱和物品开列清单。他命令把外边的那两个红军马夫及我们这些人都带到政府军那里。

一个班的士兵押送着我，经过大街去见他们的将军。我们每个人周围有四个士兵，我无法走得很快，他们为我减慢了速度。这时，又招来街上一大批士兵和市民的围观和比画，并从那些人嘴中听到了关于我的“正确”结论：“看，这些兵抓住了个俄国共产党。”

我被带进一座雄伟的庙里，我们的到来打断了将军和属下们的晚餐。这时押送我们的士兵一边递上那些来自红军的文件，一边报告这是从我们身上搜出来的。将军一看到我，就一把推开士兵递来的传单，并打断了士兵的报告，说："谁让你们像对待俘虏一样，对待这位瑞典绅士的？"

"瑞士。"我纠正道。

"我已听说过你了，"他继续说，"我们明天将护送你到省会。现在必须给你找个地方休息。"

"到教堂里去吧，在那里他会过一个愉快的夜晚。"有人这样建议，将军马上同意了。

会见很快结束了，我们在护送下来到一个基督教教堂，街旁的房子前站着一大群人和士兵。令我失望的是，走进教堂后，发现里面挤满了人。教堂里那个管事的妇女心不在焉，过去我们曾相识。但她见面的第一句话就是："我们能接受你，但无法给你治疗。昨天红军进到这里，连姑娘们的鞋都拿走了，而现在所有的房间包括厨房都被政府军住满了。"

一会儿她平静下来给我讲述她近来遭到的不幸。此时，护送的士兵要她开一张已圆满完成任务的证明；但她不能写，因为连她也要到外边找房子住。

后来，护送的士兵只好违反命令，送我们到她提供的外边房子中去；同时给我们一些米粉（米线），这使我们非常感谢她。乔曾到街上试图买点儿什么，结果徒劳地回来了。一群士兵瞪着眼围着我们。一个人看到这米粉缺少调味品，便给了我们一瓶装有白粉的调味品。这对我是一种新吃法，食物变得好吃起来。

那个妇人找来一捆铺草，让我们到一间存放木柴的小楼梯间里睡觉。我们将床铺在地上；睡觉前，乔和我为了共同的信仰而祈祷。那个王则在吃饭前就走了。半夜时，我被叫醒，一个士兵递给我一封从王的内衣里搜出的钱和证明，并要求我们在天亮时出发，以保证安全地护送我到省城。钱，他们退还给我，但仅剩半个银圆。

天亮时，士兵送给我们一碗水洗脸，然后被领着去吃早饭。当到那里时，王来了，他正想去找苦力，刚要出去时，一个传令兵来说将军请王和我们一同吃早饭。离开时，那个女教徒帮王捆行李，我们让她去叫王一块吃饭，但王没去。

到将军那里时，那里的人正紧张地备马。他们让我吃了一顿很好的早饭，并和我商量是骑马还是坐滑竿，我告诉了他们我的愿望。早饭后，我们走到门外，那里准备好了几班苦力，我们渐渐向“家”进发。

上千的士兵一起返回省会，比较一下红军和“白军”，的确很有趣。行进的这一天，他们许多人凑过来和我边走边聊，没有人称我“鬼子”“狗”“帝国主义分子”，但红军却遭到他们的谩骂。中午吃饭时，我们已走了一半的路，午饭的质量仍很好。

距省会昆明五英里时，我们下山进入云南大平原。这时停下休息，成千的士兵排成方队，由一个尉官指挥他们。一个军官友好地告诉我，苦力的钱已给了，我不需要和他们一起走了。不过，他们仍给我派了几个士兵护送我到省会。他告诉我，进城后先向军队司令部报告。

我们已经接近我的“家庭病房”。我只认识省会里外国教士中的一个，其他人都不认识。当然，这里不会有人知道我已获释，这么突然到这里，的确没有什么办法通知他们。我计划从昆明政府军司令部出来后，先打听中华内地会的住址，虽说我连他们的大门在哪里都不知道，不过，我相信一定会有人在那里，并像彼得出现在玛丽房子时一样，伸出欢迎之手。

我们走了约四英里左右，突然看到三个外国人骑马奔来。这一天是复活节[①]的礼拜一，这三个骑马的外国人在城外并不奇怪，我估计他们可能是商人或者教士，谁想他们一直盯着我，并在靠近我时翻身下马，显然他们是为我而来。

苦力停下滑竿，我从上面走下来。这时，波特斯先生过来握住我的手并自我介绍，紧接着梅特卡夫和阿伯特·阿伦也过来自我介绍。短短几句话中，他们告诉我，其他人都在城外的路上等着我，并邀请我同他们一起骑马前往。他们扶我上马，边走边和我交谈。

“你们是怎样知道的？”我问。他们告诉我，省会的军队收到电报，说我今天随军队来省城。这时我看到前面一大群等候的朋友，但波特斯

---

① 据《圣经·新约》载：耶稣被钉死在十字架后，于第三天复活升天，此后这一天便成为西方仅次于圣诞节的重大节日，节期大致在每年3月22日至4月25日之间。

给我解释说，来的人并不多，按当局的要求，女士们留在城中，只有男人才允许出城。在这个国家，这种考虑是明智的。

虽然人不多，但靠近时，我已认出我那些来自贵州的老朋友——乔恩斯和格兰切斯。当我来到他们身边时，他们突然齐声唱起了宗教歌曲。他们要求我别下马，先拍一张照片。这之后，他们扶我下马，接着抢着同我握手表示祝贺，这些人中，除了外国人之外，还有一些中国教友，令我吃惊的是其中有自湖南就为我获释而奔波的中间人丁和杨。

“你们是怎样找到这里的？”我问来自贵州的伙伴。他们告诉我，红军一路留下的恐惧指引着他们发现我的踪迹。这使我联想起经历的种种往事，当然，我的俘虏生活使我无法得知所经地方红军撤离后的情况。

我开始重新体验先前红军卫兵告别时所说的“富日子”。首先是一个人送给了我一块手帕，并看着我使用。原先那块手帕已完成了使命，洗成一块烂布。这一天，我还激动地接受了一个人送来的柠檬和另一个人送来的一块巧克力。

我们在路边的石头上休息了一会儿，尽管我身上很脏，但朋友们毫不介意地围着我，在这意想不到的欢迎仪式后，我们一同进了城。

我感到了自己的渺小，朋友们和我边走边谈。中间人告诉我，就在这天早上，他们仍打算出城找我，在去政府军司令部办理通行证时才知道我已获释，于是马上返回教会报告。

此时，政府军卫兵提出一个新的要求，希望这么多的外国人不要在同一地点一起进城。于是大家散开，分头从各个城门进城。

卫兵不同意我先去教会的要求，因为他们接到的命令是先送我到省政府去。到省府后，卫兵吩咐我在门口等待，他先进去通报。不久，一大批中国人围过来看我这个衣着肮脏，胡须很长，像流浪汉似的“洋人”。后来，我为逃避这些目光，请求进入大门。那里面悬空的长楼梯看上去很可怕，但在朋友的帮助下，我慢慢地走了上去。房间里有许多人在等待接见。不一会儿，我们被省政府转到另一处“衙门”，一个士兵为我叫来一辆人力车。在外交署①，一位老绅士接见了我。当看到我因病很虚

① 应指国民党云南省政府外交署。

弱时，他没让我待很长时间，只让我写下自己的姓名，会见就结束了。

出来时，天已相当黑了。人力车在等着我，然后拉我去了哈里逊夫妇的家。我从街上等候着的朋友们面前经过，他们跟在我的车后。当来到哈的房子前时，朋友们再次围住了我。他们请我入客厅，我谢绝了，此时大家唱起了歌。这些人中有许多似乎来自贵州，有来自毕节的玛格丽特姐妹和多拉小姐。唱歌之后，我们又一起做了祈祷。完毕后，我走上楼梯，重新享受用澡盆和肥皂洗澡的“富日子”。

哈里逊先生为我修剪了胡子和头发，他将我那身脏衣服和破鞋拿出去烧了。穿上借来的睡衣后，我来到客厅，跟等在那里的朋友们见面。我心中默默地吟诵：“啊！仁慈的上帝，我们崇拜您。”

哈里逊先生祈祷后，带我到卧室，我像吃了甜豌豆一样高兴。我为能在象征着“富日子”生活的干净而温暖的床上睡觉而欢快。

这里有两个内地会的嬷嬷——凯帕小姐和芭芭瑞小姐。她们进屋为我治疗肿胀疼痛的脚，并为我修剪了脚趾甲。已在很长时间忍受惯了的伤痛，现在又重新获得这样的享受，我感到温暖。此后，我慢悠悠地品尝了他们为我准备的正餐。

哈里逊先生将他的《圣经》放在床边小桌上供我使用，我按心中的愿望读了第二十六篇的赞美诗：

如果上帝还未出现在我的身边，
那上帝的选民正在诉说，
如果上帝还未出现在我的身边，
人们深深地刺伤了我。
他们吞没了我们的生命，
地狱之火围绕着我。
虽然洪水淹没了我，
但这流水将传播着我们的灵魂。
这值得夸耀的水流淌着我们的灵魂，
上帝亦将赐福。
虽然他们将我们咬碎，

但我们的灵魂却像鸟一样逃出花的陷阱。
打破陷阱，我们飞腾，
帮助我的名字是上帝，
是他创造了天地。

这之后，我睡下了。第二天早上，我要求去见见那些要再次长途跋涉返回贵州和湖南的中间人，我写了一封信托他们中的一个转交给贝克尔先生。

这天早上，于医生给我检查了身体，建议我住院治疗。英国领事馆派来汽车送我到医院，朋友们扶我下了楼梯，汽车送我到了私立C·M·S医院。在那里我受到非常好的照顾，内地会的嬷嬷们继续为我做一些护理。

从第二天起，有许多人来看我，政府的一位官员也代表政府向我问候，英国领事和美国领事也来了。天主教云南大主教来时询问了斯凯勒神父的情况。当地基督教会的一个朋友也代表各方面来问候我。

一天，当我晚饭后躺在床上打瞌睡时，突然看到先前在红军中被关押的伙伴孔先生。他衣着整齐地站在我的床前，我怕是在做梦，不由得掐了自己一下。

“你不知道，”他告诉我，“我在你被释放几天后设法逃了出来。”

“我走时因为卫兵阻拦没能见到你。”我回答他，并问：“你是怎样逃出来的？”

“我假装生病，落在队伍的后边；后来找了个地方藏起来，一直到他们都走了，我才逃了出来。”

他打听到我的住处后便来看我。没过几天，孔返回他的山东老家。我由衷地希望，我当初的那些祈祷能使他皈依上帝。

我在昆明时，那个作为张将军中间人的王尉官曾再次找到红军；因看到谈判机会渺茫，不久便逃了出来。他是在神父的马夫“老陶”的帮助下逃出来的，逃出后曾来看我。他对上帝很感兴趣，并戒除了吸鸦片的嗜好。

一些教会的教友常邀请我去讲述在红军中的遭遇，另外希望了解是什么原因招致了此种惩罚。对这些有趣的请求我很惊奇，这些遭遇本来就是我们所代表的基督世界中常见的。上帝无所不在，他听到我的遭遇就给了我各种赐福。使我不快的是，我不希望从我的遭遇来赋予上帝以神圣。如果说遭遇的痛苦大于了我的罪过，那些诗文曾在我艰难的时刻给我以鼓舞。上帝对我们的罪不做交易，也不对我们的赎罪而赞扬。

在养病的一天天中，我或许是遵照上帝的旨意及时地重温了我的职责，那些教导很有见地，也是给那些祈祷者最好的答案，他——将在祈祷中真正坚定人的信仰。基督教徒来自很多民族，在基督面前我们是一个整体，相互帮助，紧随上帝。

在回顾这次获释的奇迹时，我看到只要坚持对上帝的信仰就能迸发奇迹。神是万能的，神的允诺将屡试不爽。自然，心灵中深感的“我和神永在”是文字无法形容的宝贵赐福。

在那些夜晚，我的枕头似乎曾发出“这里将使你安睡”的声音。果真，耶和华使我安然熟睡。上帝的神灵之手在危险的关头保护我，并驱走了我的恐惧。我坚信当自己听到上帝的启示时，马上就能坚韧地对待一切。想想使徒保罗[①]辨认出方向时说的话，“我知道无论什么地方，我都能容身其中”。

想着我所走过的那些地方，我感到需要扩充自己的知识。那里的大众听到的只是共产主义，看到的只是关于红军理想的标语，从农房到公路铺天盖地，人们为那些传单的宣传所蛊惑。我一个最迫切的愿望就是愿年轻的中国基督教徒能像红军那样遍布贵州的山山水水，遍及中国，并以红军那种简练而有效的方法，使人们丢弃幻想，皈依基督。

伊齐基尔说过，“他在那里，他们就到那里”。我们的经历使我感到，对那里贫穷大众的遭遇，没有引起我们足够的重视，我们必须去帮助他们。在我被扣留的这段日子里，上帝让我及时地走进了封闭的中国人之中，和他们同呼吸、共命运，认识到他们的贫穷和愚昧，以及他们面临的困苦。基督精神应是他们这些生活在黑暗和死亡阴影之下人们的唯一希望，而不是共产主义。

耶稣基督的昨天、今天，直到永远，都将永恒。昨天，旧约的时代，

---

① 《圣经》中的人物，耶稣十二门徒之一。

他被约瑟所囚禁，和三个孩子进入了熔炉[①]。丹尼尔为勇士闭上了嘴[②]。今天，在这福音的时代，他带来了殉道的美德，为彼得砸碎锁链，打开了牢笼[③]。保罗若在无穷无尽的监禁中，同样会对那些上帝的犯人传播福音，直到永远。耶稣将再次临世，一直赐福到我成为他的信徒，“我爱我主，我是他的奴仆”。

他的话就是我们的新年祝福：“他将使你心中的愿望成为现实，一直到人人满足。这是多么惊人的业绩，上帝将拯救一切。一心一意地祈祷吧，我不需要罚款而获释，这就是上帝的回答和明证。”

现在这份欢快的记录，证明了天父的爱和光荣。在我获释的那个礼拜里，我亲爱的妻子来到我床边。此后，每个月初，我们都去旅行。每个月中，则按现代方式清洗和更换衣服被褥，每天都有半天在室外呼吸新鲜空气。上帝的一切，我都崇拜。他的一切超出了我们的想象，我感到了无限的快乐。

我这杯水满了，请你同享，你也将同享快乐。

① 《圣经》中的人物，一指圣母玛丽亚之夫；一指犹太人十二列祖之一。

② 《圣经》中希伯来的预言家。

③ 《圣经》中的人物，耶酥十二门徒之一。

第十二章　海曼·贝克尔的记述[①]

几乎在薄和海曼事件之初，即他俩被红军扣押两个礼拜左右后，我就听说了。当初，贵州教会方面正焦急地试图与他们联系，然而，红军却很快进入了湘西，即我所在的教区。寻找一个能与红军谈判的中间人并非易事，除人品之外，更重要的是要不畏生死。由于政治局势动荡，这里的外国传教士都已离开，我在人力物力方面都非常困难。

两个中国教友自告奋勇，即杨先生和蔡先生。后者是当地一个农民的孤儿，由教会抚养长大，成为传教士。1934 年 11 月 27 日，他们出发找红军谈判，随身带着薄和海曼妻子及我的信，同时带了些准备给被俘牧师的食品和衣物。

当时，扣留薄和海曼的萧克将军已与湖南共产党领导人贺龙将军的部队会师。贺龙将军原是政府军军官，曾驻守过枝江，其间多次到我的书房畅谈，是一个杰出的人物。在黔阳驻防时，他在衡阳的侄子曾在我们教会艾特尔医生治疗下保住了生命，贺龙为此专门写信，诚挚的感谢艾特尔。这一带农民对贺很熟，并为之津津乐道。基于这些缘故，我向贺龙将军呼吁，请他运用影响促使萧克将军释放薄复礼和海曼。我坚信这是可能的，因为以德报德是中国人传统的美德。

1935 年 1 月 12 日，中间人杨、蔡令人沮丧地回来了。他们在距红军

---

① 本章主要是关于营救和谈判的经过，摘自海曼·贝克尔先生的笔记。贝克尔先生是英基督教会和中华内地会的牧师，他在营救过程中所做的忘我和不倦的努力，为人们所深深钦佩。——作者

驻地大庸只差两天路程的地方遇到了土匪，钱和物品被洗劫一空；最重要的是信和证明文件全被抢去烧毁，即使他们找到红军，没有证明文件，也无法使红军相信，说不定连生命都会成问题。他俩只好悻悻而归。

准备第二次再去时，又有一个人自愿前往。他姓贺，是一个虔诚的基督教友，人多势众，土匪自然不敢轻举妄动。为重新获得证明文件，耽搁了十几天。1935 年 1 月 25 日，中间人再次出发。他们在土匪出没的大山中行进了十五天。在路上，他们常看到无头的人体骨骸横在草中，不断的冷枪迫使他们经常沿着沟溪或在草丛中爬行前进，杨的腿为此患了严重的风湿病。但这一切未阻止他们前进。他们不停地祈祷，为援救薄和海曼而找到红军的意志愈坚，最后，终于到达了大庸。

他们受到红军很好的款待，休息几天后，被允许会见薄和海曼。会见时，一个红军官员的妻子甚至准备了放有红糖和茶水的桌子。与亲人隔断音讯达四个半月的薄和海曼，看到妻子的信时，激动万分，告诉中间人，这是他们最幸福的一天，并一再感谢中间人无私的帮助。

这些话现在已无须重复了。他们当时身着中式长袍，裤子破破烂烂，赤着脚。这也是对他们试图逃跑最恰当的遏制。在一个小时有监视的会见结束时，中间人脱下自己的鞋袜给他俩。这种在基督精神感召下无私的爱，深深感动着薄和海曼。1935 年 2 月 16 日，这一天对薄和海曼来说，送去的信及其他物品真是雪中送炭。我们的中间人还试图给他俩买些吃的东西，可是红军说，这里没有什么可买的，也无必要；因为红军会像待客人一样对待他们。

中间人安全返回了。红军允许他们带了几封信，分别给我及薄和海曼的妻子。 感谢上帝，我们终于得到了他们的消息。红军在给我的信中，甚至还简述了他们在中国建立新型政府的政治纲领。从信中看，红军对释放条件举棋不定，释放的第一项条件是要求提供高射机枪，时间限定在 3 月 15 日；第二项是要求支付十万元或同等价值的药品，时限为 4 月 14 日前。如果我们办不到，则处决薄与海曼。

1935 年 3 月 21 日，中间人杨、贺及桑三人再次找到红军。桑是基督教福音会新派来的，原来的蔡另有安排。他们随身带着信和证件以及衣物、食品等。出发后的前五天，他们曾两次遇到土匪，但未遭抢劫。然而，就在距红军驻扎区域仅差一天路程的地方，他们遭到一大批土匪的突袭，土匪捆起他们并以死来威胁，钱和东西都被抢去。后来贺、桑被放，但杨和另外一个遭抢劫的被俘者却被绑架到山上的匪窟，六天后，杨和那个难友趁土匪睡觉时，相互解开捆绑的绳子逃了出来。跑到沅州，杨不得不停下去治疗因捆绑而失去知觉的手腕。

关于这次行动的失败，我很快就听说了。接着，我又派了一个姓乔的再去。他找了套修鞋工具，穿得破破烂烂，装扮成走乡串户的修鞋匠，但两个礼拜后他也被迫返回，原因是尽管身上藏有证明文件，可这身打扮却引起政府军哨卡的怀疑而禁止通行。从第一次送信开始，每次派人前往，我的心中就要因他们不惧跋涉艰辛、土匪的威胁和冒险犯难而深深内疚。当杨等人都回来后，我感到内心的忍耐达到了极限。

1935 年 4 月 19 日，情况发生了转折。一个看上去奇怪的男子出乎意料地找到我。他一身农民打扮，头上戴了一块特大的如同阿拉伯人的头巾，谈吐举止仿佛来自另一个世界。与其说他像中间人还不如说更像土匪。他从随身背篓的缝隙中，拿出藏在里面的来自红军的几封信，以此证明了自己的身份。他姓丁[①]，受红军、薄和海曼的委托。这封信使我知道可

---

① 中间人丁的身份是贯穿薄复礼事件中最神秘的人物。薄与贝克尔都称丁是由红军那里派出的。但薄在获释到昆明时吃惊地看到先他而到的“自湖南就为我获释而奔波的中间人丁和杨”，而薄则曾在获释第二天称“中间人返回贵州、湖南”，但丁的下落从此再无下文。丁能在红军、国民党、土匪等三方交织危险的区域内反复往来，实在是令人惊奇。译者考虑，作为主管处理此事的“吴法官”——吴德峰，是我党早期情报专家，曾在周恩来领导下任位于上海的中共中央军委交通科科长，进入苏区后曾参加重建北方、南方和长江线等三条主要地下交通线。因此在薄复礼事件过程中，以吴的经历和卓越才干，加之贺龙的社会关系，可否能大胆地推论，尽管红二、红六军团孤悬在湘鄂川黔边远地区敌军围困中，但仍有秘密地下交通线与敌占区域保持着畅通的地下联系。薄复礼书中所谈到的中央红军长征后，红二、红六军团曾接待了“江西的刘主席”来去，到多次安全往返于红军、国民党、土匪等三角区域神秘的中间人“丁”等，特别是贝克尔在本章中专门强调“丁是红军派来送信的人，并非我们的人。……他和高结伴几次往返于红军和我们之间，而且每次都成功的带来红军的条件”。而薄在被释放回到政府军控制的昆明时在迎接他的人群中看到“自湖南就为我获释而奔波的中间人丁和杨”。这些似乎都能证明红二、红六军团在湘鄂川黔边转战时，对外交通联络并不因敌军围困和周边土匪出没而隔绝，在红军长征史研究中应加以注意。

怜的教友仍还活着，从而使得前段诸如“某某亲眼看到处决”“某某看到埋在某地”等的传闻烟消雾散。

丁送来的信，消息好坏参半。红军告知，赎金如不在5月9日前送达的话，上述的传闻将不难证实。信是由薄复礼和海曼书写并署名，不过遣词用句简直错误百出。我想，信可能是在口授的情况下写成的，糟糕的是某些句子的真正含意却无法弄清。我随即让丁带着我的信返回，告诉红军我不能满足其全部条件的原因。5月3日，丁回到红军营地，薄和海曼于5月6日奉命回信，告知时限可以延长到5月30日，并叮嘱这是“千真万确的最后期限”。

这时红军正向常德方向移动。常德基督教会的J. E·格雷厄姆博士及传教士联合会，也派出一位找红军的代表。他叫高彼德，主要任务是谈判释放事宜，并了解薄和海曼是否仍在人间。他们派高去时，的确曾担心他可能被扣留，但最终寄希望红军会人道地对待他。

湘黔两省有我们的领事巴迪特和韦特先生，也在省会中为薄和海曼获释一事多方磋商(如会见中国政府要员等)，做出了巨大努力。两省的基督教会，如新教会、各天主教会也都在活动，并令人感动地给我们以各方面支持。许多中国绅士，在一年半的谈判期间，为求得薄和海曼早脱樊笼，慷慨捐资，而使世界其他各地的教友相形见拙。还有人以沉默的工作来协助释放，如贝克尔夫人，在我长时间脱离教堂工作时承担了一切，并为此感到荣幸。

为保证中间人能得到红军善待，每次他们走时，我都竭力给他们筹带上二百元钱或同等价值的药品。因丁曾指出，不这样，就别指望进一步谈薄和海曼的事。高到沅州，与丁结伴同去。丁是红军派来送信的人，并非我们的人。在整个炎热的夏季，他和高结伴几次往返于红军和我们之间，而且每次都成功地带来红军的条件。丁对高坚持祈祷这一点，印象最为深刻。

薄和海曼在红军中没有可阅读的东西，宗教著作在红军那里被归为铲除之物。后来通过丁、高，我们送去了一本《荒漠甘泉》。第一次派中间人时，也曾带过，但遇土匪时书被烧毁了。这是第二本，这本书给他俩以极大的慰藉。

当时，湖南的地方政府官员要求我们停止采取这种非官方的行动，同时要求中华内地会和政府各部门不要付给红军一分钱，要求我们通过英领事协商(他们认为这种形式交易，将促使红军继续抓获外国人的行动，并加强他们的邪恶力量，使其立于不败之地)。这时，一位有名的中国绅士，一位非常有趣的人，给我以莫大的帮助。他从私人积蓄中捐了几千元钱。

关于赎金数目，红军告诉我的是每人各三千元，但筹到这一数目很不容易。1934 年 12 月，红军在薄和海曼逃跑被抓回时，曾定过一个价，数目虽不算少，但每人的标准是五百元[①]。

款筹足后，我决定携款离开沅州，到一个更接近红军的地点，出发的前一天，我突然感到右腹疼痛难忍。一位受过训练的中国医生检查后诊断为阑尾炎，必须手术。可这时中间人已带着我写的有关交接的信出发了。动手术，就必须到常德或长沙的西方医院去，这显然来不及了，我的行李都已搬上了船。本来我设想与四个中间人从陆路同去，这时只好暂留在船上静养。到交接点的路约走两天，当天晚上又是一阵剧烈的疼痛使我难以入眠，不得不再次找医生，不过这次诊断却认为不是阑尾炎。第二天早上疼痛消失了，我决定按计划赶到那里。但这时政府军情报人员告诉我，红军正埋伏在那条要去的路上，我于是停止了将钱款送往交接地的行动。几天后，我得知，当时确实有几百名红军埋伏着准备抓我，由于我身体不适，延迟了计划，使我未能陷入罗网。全能的上帝，赞美他吧。

红军未能抓住我，预谋的行动落空，他们迁怒是薄和海曼走漏了消息而使我延期。于是当着中间人的面，残酷地抽打薄和海曼。我开始隐约感到红军的真正目的恐怕远非六千元，于是我再次捎信给红军，要求就释放等细节给以明确的保证。此事使红军很恼火，因为他们真正的目地是扣押并阻止薄和海曼的最终获释，而又不想给予任何明确的答复。后来红军明确赎金定为两万元，我只得再次捎信说，这样巨大的数目只能迫使我拒绝谈判。从此，红军就以“敌人”来对待我了。

红军听到我将要离开沅州的消息后，同意再次谈判，告诉我赎金并非其目的，但支付一万元作为看押这两个间谍的费用是必须的，其中一

---

① 原文如此，与薄复礼的叙述有出入，见第二章有关内容。

部分要以药品的形式交付。红军说：他们完全信任我及我派的中间人。这简直像精明的商人谈生意，我只得再次筹款，这次那位热心的中国绅士又慷慨捐献了几千元。

1935年10月29日，我离开黔阳前往比沅州更接近红军的永顺。我们带着至少有十三个担着盛满银圆和药品的担子，在怪石嶙峋的山路上辗转；小路有时险峻万分，足不旋踵。由于红军驻扎的缘故，这一区域出现了饥荒，沿途搞点儿粮食非常困难，抬滑竿的人又累又饿；时而倾盆大雨更使我们难以行进。有两次，我们看到不是负伤致死就是被杀死的尸体横在路上，多得令人难以下足前进。这是我来中国二十五年来所目睹的最惨的一次。

到永顺后，我们住在被已毁坏的芬兰人教堂，我派丁和高去最后落实红军是否真的履行一万元赎金的条件。五天后，他俩回来了，除了说海曼大病缠身外，还告诉红军已保证交钱就交人，交接日期、地点也商定妥。不过，红军这一保证对释放一个或两个人说得很含糊，我担心有诈，但中间人说红军讲得很肯定，意思就是两人全部给予释放。此时此刻，我只能认可，而且还得赶快进行。

1935年11月3日，十三副担子及两乘带羊毛毡的滑竿，在中间人带领下前去交接。红军派了两千余人提前两天赶赴交接点，但未考虑不按期出现在交接点的后果，结果致使红军与政府军发生了一场战斗，红军死了四个人，负伤八人。

19日晚，中间人打电话告诉我，钱已顺利移交，一个牧师已获释，但另一个却被阻止。我感到非常非常失望，整个夜晚我辗转难眠。在这次谈判中，我殚精竭虑，可怎么也未想到红军会自食其言而骗我。20日，我早饭后骑上骡子出城，迎接回归的牧师，心中悲怆矛盾，不知看到的将是谁。走了五英里后，我看到了海曼，同时也看到了空着的早先预备好的另一架滑竿，一种难言的情绪使我呆立无言。海曼抑止不住自己的感情，潸然泪下，第一句话就是“薄复礼是圣徒”！

翌日，天未亮，我们就离开了永顺。我计划在两天中赶到沅州。海曼乘滑竿，我骑骡子，这一天我们走了32英里。为避免重踏来时那条可怕的路，第二天我们改乘小船驶向下游。

11月22日晚，我们到了沅州这个给人以保护的小城。海曼在这里得到了一年来第一个平静的夜。23日早八点，我、海曼和蔡乘事先租好的汽车赶往常德，中午两点我们抵达这个城市，几个教堂的教职人员闻讯赶来，用巧克力、三明治、馅饼、热汤等布置了一个接待会。艾特尔先生也带汽车赶来，并在同一天把我和海曼带到长沙哈德森·泰勒纪念医院，而蔡则被派回去找红军了解薄的情况。

后来听说，就在我们乘车离开沅州不久，红军突然渡河破坏了公路，奉命抓住我们。如果我们在沅州耽搁，或汽车在红军到达前未驶出沅州，那我们肯定落入红军手中。蔡返回途中碰上了这些红军。当他试图从那些人口中了解薄的情况时，士兵们看到蔡，误认是抓住了我们，于是高兴地喊“抓住了，抓住了”！

士兵们根本不相信这么短的时间内我们能由沅州跑到常德，这是上帝的伟大。在我们祈祷时，他暗暗想起使用汽车，从而在一念之间使我们幸免大难，那天也恰是我五十岁的生日。红军曾告诉中间人，如抓住就要我的命，那天真是恰逢其时。是上帝保护了我，使我们一路平安。

海曼由于得到食物、休息和精心治疗，身体明显得到康复，不过仍瘦骨嶙峋，一副饥饿受害者的惨样，体重也只有94磅。

薄复礼独自一人在红军之中度日如年。据来自黔阳的电报说，被围困在湘西的红军正试图突围，我感到应赶快再找红军谈薄的释放问题。直通黔阳的车一时没有，从长沙到黔阳，人们往往是走湘中的一条不受红军威胁的公路，然后转道黔阳。其他的路虽近，却受红军的威胁。我决定租一辆汽车，冒险走近路。

1935年11月28日，我和蔡乘租的一辆新雪铁龙汽车赴黔阳。这车在中国乡村大道上以每小时十五英里的速度行驶，这样的速度使我们不太担心红军已向这里移动的传言。乘车旅行是令人快乐的，但驶入中国乡间土路不到一英里时，汽车失控滑到路边，几乎翻下路坝。不久，第二次事故发生了，这次汽车撞到石桥的栏桩上，我们被摔出车外昏了过去。醒后发觉，蔡身上只受了些擦伤，我和驾驶员则满脸是血，我的眼镜不知摔到哪里，右臂疼痛万分不能动，我的头是被车前面的挡风玻璃撞伤的，头发、伤口上的血和碎玻璃凝固在一起。这真是突来的灾难，但我坚信上帝不会抛弃我。不久，一辆中国士绅乘坐的汽车从我们要去的方向开来，上面坐满了逃难的人。他们把我们抬了上去，经过十一个小时的颠簸后，我们在半夜三点到了长沙，我又被送进了泰勒医院。艾特尔医生早已得到电话，正在等待。他用X光机诊断时发现我的右肩骨折脱位，伤很重，告诉我至少要住院六礼拜。我请求最好能在圣诞节前让我回家，他对此只是笑。

应该说，在上次海曼获释时，我的精力与体力等各方面都已达到极限，这次又马上转入为薄去奔波，真是太不自量力了。这时我只好让高和丁先去找红军。二十天后，我胳膊上带着金属架就提前出院了。医生嘱咐金属托架还要继续带二十天。

1935年12月22日，我抵达黔阳家中，严格讲是没听到任何他们的消息而回到家。七天后，红军包围了这个城市，附近三个教堂的二十一名教友和两个儿童都集中到我那里。红军围城五天后撤走，在我们深陷危难时上帝又保护了我们。

在红军围黔阳前，即12月26日，我曾派出一名姓梁的教徒去找薄，后因打仗他回来了。在我们被围时，薄曾随红军渡河而来，并在附近一个教堂中待过一夜。后来一些农民告诉我，他当时身穿破衣服和草鞋，累得精疲力尽，不准与人交谈，早上和晚上人们都清楚地看到他在祈祷。

红军撤离后，我又派杨和吴找红军。吴也是我们孤儿院收养大的，大学毕业后在福音联合会工作。他俩带了二百元钱去找红军，但久无音讯。于是我又派梁和他兄弟去打探，他们很快回来了，未得到任何消息。

1936年1月，杨、吴回来了。他们告诉薄已被红军带到贵州，但具体地方不详。他俩走了一个多月，这段日子是最难熬的。吴离开的第二天，他的妻子，也是一个孤儿院长大的女子，生下了他们的第一个孩子；杨也同样，妻子和两个很小的孩子和我一样盼望着他们的消息。

红军逼近贵阳后，我写信请求J. H·鲁宾逊大主教设法安排谈判。他们派去一个代表，两礼拜后来电让我的中间人前去，并说最好我也能去。于是，我派了丁先生；几天后，我和杨也赶去了。在贵阳，我找到了当地政府军长官。后来我们赶往安顺，中间人提前带着一挑担药品找红军，后因中间人无军队护送通过一个由几千土匪控制的区域而在平彝（今富源）等了五天。

4月1日，中间人再次离开安顺，他们得到了一份很有效的证明文件。但前面的红军每晚都行军二三十英里，追上很困难。当中间人赶到云南昆明附近时，他们追上了红军，近两个月的追踪终于有了结果。挑夫先被派到红军营地。他们则到昆明一个湖南政府军的将军那里请求派兵护送。一两天后，将军告诉他们，薄已被红军释放。中间人不由对天祈祷，是上帝的慈悲使在追索千里之后克奏其功，当然也不排除是送去的那担药品起了作用。中间人跑出去告诉了教会。中午他们在城外迎回了落难的薄复礼。

薄的自由和海曼的一样，是我们祈祷上帝的结果。

红军为什么这么轻易地释放了薄复礼？很可能是想告诉人们：红军扣押外国人的目地并非绑票勒赎，钱对红军来说是次要的。重要的是，红军想以此警告外国人，红军不允许在中国传播基督教。因为它使中国人民遭受痛苦，是人民精神的鸦片，是与他们高级的共产主义理论相悖的反动宗教。红军是想告诉世界各国，他们不允许基督教这种“邪恶”的外国学说，阻碍他们正在自己土地上奋斗试验的那种外国学说。

在长达一年半为争取被俘牧师获释的这场正义与邪恶的斗争之中，我们深感自己的软弱，但这一事件的结局却显示了上帝伟大的力量，世间没有什么能超越上帝的意志。让我们牢记传播福音的重任，在基督精神感召下前进，让伟大基督的圣名传遍四面八方。

译后记

发现并译注薄复礼1936年英文版的长征亲历记，是译者在特定环境和时间的历史幸遇，从而为少年时就对红军伟大长征的崇敬，通过长征新史料的发现和整理，略尽绵薄之力。

红军两万五千里长征，是20世纪影响和改变中国历史命运的伟大事件之一。译注本书，成为我们学习和探讨红军伟大长征精神的历史机遇。

在蛮荒贫瘠的边远地区，在艰苦恶劣的自然条件下；在前有重重堵截、后有道道追兵的窘迫中，仅靠步行，既无后勤保障、又无前方接应；在夜以继日的战斗行军中，一边播撒着崇高的革命理想，一边以顽强的意志和革命的浪漫主义感召着沿途民众。在转战11个省的万里征途中，以平均每行进一里，就几乎有两三个战士牺牲的代价，最终赢得了长征的胜利，成为了近代史上空前绝后成功的一例。

红军长征的胜利，靠的是坚定的信念和中国共产党的正确领导。对此薄复礼在他的见闻中提到："……红军的领导人是坚信共产主义和马克思列宁主义的信徒，并在实践着其原理。""……红军只要在某个地方住得稍久一些，都要设置'列宁室'。宿营的地方没有合适房子时，他们就紧张地建造一个。在绿墙上装饰纸花和红旗，面对入口的墙上则一定要挂上马克思和列宁的画像。""……红军士兵是多么勤奋。在这里，他们除了忙着打草鞋缝衣服外，还抓紧时间武装思想，一边听关于共产主义原理的党课，一边努力学习文化知识……同志们的精神令人赞叹。在这里，他们的生活相当紧张忙碌，每天除了出操和练射击外，还坚持上课和读书识字。每个集体经常要召开互助会，会的主题大都与我们基督徒那种如何虔诚服务类似，而其他题目同志们则视需要随时而定……任何会议都要围绕会议内容和政治路线进行思考和发言，当然这都要从属于共产主义范畴。大家围绕着这些发言。其间，主持会的领导要随时引导大家，指出要点，并在最后作总结。”薄复礼 1936 年时所看到的，那种信仰的力量，正是今天已被历史所证明的红军长征胜利的最根本原因。

促成红军长征胜利的另一个原因，是中华民族吃苦耐劳、坚韧不拔的传统精神。革命理念加上优秀传统，成为了红军最终取得长征胜利的不竭源泉。长征所传递的伟大精神，译者深信将是人们续写中国历史时的永恒课题。

本书译注，得到原济南军区副政委、红六军团老红军、我军著名的独臂将军左齐老将军生前鼓励、支持和审阅；得到一些原红二方面军老领导、老红军的热情指导和帮助。已故中国基督教三自爱国运动委员会副主席、山东省基督教会主任王神荫大主教，当年曾协助调查薄复礼事件并翻译原著中的艰涩宗教术语。原贵州文史丛刊主编赵荣、贵州省博物馆研究馆员唐文元，以及国内众多文史和党史有关专家也给予了多方面的协助，他们围绕薄复礼事件发表的调查研究成果和论文，补充完善了薄复礼其人其事及长征见闻的真实性和遗漏。结合他们的这些研究成果，本次出版由山东省博物馆田洁对全书进行了再次校译和修订，在此一并表示深深的谢意。

译者

2016.3 于济南

附录 1

先遣西征[①]

萧克

1934 年，中央红军第五次反“围剿”屡战不利，被优势之敌压迫到闽赣边境。打破第五次“围剿”的希望不大了，湘赣苏区在六月以后，也没有这种希望了。在这种情况下，苏区如何坚持？红军如何行动？大家都在思索着。

1934 年 7 月 23 日，中央军委给湘赣省委来电指示：“中央书记处及军委决定六军团离开现在的湘赣苏区，转移到湖南中部去发展扩大游击战争及创立新的苏区。”电报还明确地讲了撤出湘赣的理由：在粉碎敌人五次“围剿”中，敌人正在加紧对湘赣苏区封锁与包围，特别是加强其西边的封锁，企图阻止我们的力量向西发展。“在这种情况下，六军团继续在现在地区，将有被敌人层层封锁和紧缩包围之危险，这就使保全红军有生力量及捍卫苏区基本任务都发生困难。”来电还阐述了军委这一决定的目的，指出：红六军团去湖南中部积极行动，将迫使湘敌不得不进行战场上和战略上的重新部署，破坏其逐渐紧缩中央苏区的计划，以辅助中央苏区之作战。这一行动，还能最大限度地保存红六军团有生力量，并在创建新的苏区的斗争中，“确立与二军团(注：1931 年 3 月，原红二军团已改为红三军。电报中的二军团是习惯称法)的可靠的联系，以造成江西、四川两苏区联结的前提”。电报并对红六军团向湖南发展的路线、地域和行动作了具体规定：“六军团由黄坳、上下七地域的敌

① 原载于《萧克回忆录》，1997 年解放军出版社出版。本篇为该书第十二章。

人工事守备的薄弱部或其以南，转移到桂东地域。在转移中第二步应转移到新田、祁阳、零陵地域去发展游击战争和创立苏区的根据地”，“以后则向新化、溆浦向北与红二军团取得联系”。电报还就这次行动的组织领导作了规定：“弼时同志及部分的党政干部应准备随军行动，弼时即为中央代表，并与萧克、王震3人组织六军团的军政委员会，弼时为主席。”

在这个长电中，中央军委对中央红军的意图没说明。一天，弼时同志对我说，中央红军可能要向西，到湖南方面去，这几句话，对我既有震动又有启示。我早就听说过弼时的一段经历，他在担任中国共产主义青年团中央书记期间，曾以团中央名义起草了《致党中央政治意见书》，并在一次中央紧急会议上批判右倾机会主义，以及他们隐瞒共产国际指示的错误。后来，他到中央苏区，我们就认识了，尤其是在1933年6月11日，我们接他到湘赣苏区工作后，对他的印象更加深了。我觉得他不仅对政治问题有深入的见解，而且善于观察战略大势。后来我们在行动中体会到，中央红军也很可能向西撤，中央电令我们起先遣队的作用。周恩来后来曾说过，当时组织红军第六第七军团分别西征和北上，“一路是探路，一路是调敌”。博古更直接说明，“当时军事计划是搬家，准备到湘鄂西去，六军团是先头部队”。当然这都是后来才知道的。

我们立即进行了转移的准备工作。任弼时主持召开了全军政工会议。他亲自作了“争取新的决战胜利，消灭湖南敌人，创造新的根据地”的报告，分析了目前形势，传达了任务，指出了有利条件和困难条件。六军团军政委员会对这次转移部署作了缜密的研究，认为如按军委规定的方向突围，沿途山大路险，不便运动，容易遭到驻宁冈的湘敌第15师堵截和驻永新的第16师、62师的追击，而且会过早地暴露行动意图。因此，确定主力先向南再向西南急进，冲破敌人的战役包围。我们觉得，南面是湘敌和粤敌的接合部，都是保安团队和地主武装，兵力较弱，间隙较大，便于行动，同时也不至于过早暴露战略意图。我们在决定了突围的方向后，积极打草鞋，做干粮，并实施了行军、侦察、警戒的教育。地方行政机关也进行精兵简政，充实部队。对留下的地方武装作了坚持根据地的安排。经过充分准备，8月7日下午3时，全军约9000人，在独立4团的引导下，由遂川的横石出发，踏上了西进的征途。经日夜兼程行军，通过藻林、左安、高坪等地。连续突破敌人四道防线，于11日中午到达了湖南桂东县的寨前圩。12日，在寨前圩召开了连以上干部的誓师大会，庆祝突围胜利。根据中央军委指示，由任弼时正式宣布成立红六军团领导机关，萧克为军团长兼17师师长，王震为军团政委兼17师政委，李达为军团参谋长，张子意为军团政治部主任，龙云为18师师长，甘泗淇为18师政委，谭家述为18师参谋长，方礼明为政治部主任。

这次向西行动，中央军委指示我们一切都要带走。由于我们主要领导人不大了解西征意图，也没有接受红17师北上的经验，就把省保卫局的犯人、医院、兵工厂、石印机，甚至连个老虎钳子都带上了。有个电台发动机很重，也带上走，你走10里路它就掉队一二里，后续部队也跟着掉队。这种搬家式的行动，使部队的机动能力大大削弱，行军不灵便，打仗顾虑多，客观上影响了指挥员寻找机会打仗的决心。特别是到了贵州，山高路窄，崎岖曲折。我们从湘桂黔边进入贵州，带的东西扔得差不多了。就把情况报告了中央军委，但那时是“左”倾教条主义统治时期，他们不仅不吸取教训，当中央红军从中央苏区向西转移时搬的比我们还厉害，打仗是被动掩护战，因而吃亏也就更大。这种搬家式的转移，是五次反“围剿”后军事保守主义的继续，完全违反了大踏步前进，大踏步后退的运动战原则。

我参加军队以来，有三次亲切的感受，一次是南昌起义后南下广东，开始带了被服、装备，一路走，一路丢，到东江后，留下不多了。第二次是朱毛红军下井冈山，也带了些辎重行李，虽然不多，但走到闽赣边，也丢得差不多了。第三次是红17师北上，北渡修水后，军委还特令我们焚毁行李，我们执行这个指示，行动更便利了。我认为军委的命令总的方面是正确的，但是，六军团西征，军委却叫我们搬很多东西，我认为是不行的。我最担心的是战斗部队受行李辎重所累而不利于灵活机动行动，打不好仗，不仅辎重行李会丢掉，连战斗部队也会损失。但又感到这是军委指示的，不执行也不好，我深深为此发愁，就同张子意个别谈，他虽然理解我的心情，但由于没有这方面的经验，认识不深，也就不了了之。

当时大家对中央军委的指令，十分尊重。本来就舍不得丢掉自己的家当，包括公家的、私人的，都想搬走，而军委又恰好指示要“搬家”(后来语)，大家就积极执行。我虽有自己的想法，但没有坚持的勇气，不敢提，听之任之。

六军团西征一个月，我们经常向上级报告地形、敌情及行李辎重损失的情况。可是，中央不接受我们的教训，“搬家”搬得更厉害，国民党报纸说我们是：前头的“乌龟”扒开路，后头的“乌龟”跟上来。此语虽近乎笑话，但对我们自己来说，如果前头的“乌龟”走错了路，后头的“乌龟”应就警惕了，即所谓“前车之覆，后车之鉴”。如果后头来的不知所“鉴”，就必然造成更大的损失。

红六军团突围的消息，震撼了湘桂两省军阀。湖南军阀何键一面急令刘建绪派两个师追击我们，一面令一个旅和4个保安团防堵拦截。广西军阀也令第7军两个师向北部边境调动。由于敌情变化，我们改变了在湘南地区停留的计划。8月12日晚，从寨前圩出发，越过了郴宜公路，绕过桂阳，于20日占领了新田县城，休息一天。继续前进，到达湘江右岸的蔡家埠一带，准备抢渡湘江，向新化、溆浦地区前进。敌刘建绪发现我军将抢渡湘江，急忙调重兵防堵湘江，严令尾追我军。与此同时，桂军第17军廖磊部分两路向道县、零陵运动，堵我西进。这时，湘江西岸有利地形已被敌人占领，严密布防，渡江已不可能。在这种情况下我们放弃由零陵地区强渡湘江的计划，东行到阳明山区，打算暂时立足，酌情建立和发展根据地，我们就进入白果市，从4倍于我的敌军包围中摆脱出来。绕过敌15师的侧翼部队，立即转而南下，日夜兼程，到达了嘉禾县城以西地区。敌军继续追来，我迅速进至江华、道县之间，渡过了湘江上游支流滞水，攻下湘桂交界之永安关，破坏了湘桂军3个师的截堵我军计划，进入了广西的全县、灌阳东北地区的文市。敌人又妄图阻止我军在此西渡湘江。我军一举击溃敌8个多团，于9月4日上午在全县以南的界首，渡过湘江，向越城岭前进，进占西延县城。

越城岭在五岭山脉西头，处于湘桂两省之间。西延是越城岭地区唯一的县城，山高路险，形势雄壮，是湘桂两省要冲。我们进至西延域，有居高临下之势。但广西敌人近来经常派飞机来侦察轰炸，影响我军行动，部队对敌机愤恨极了，虽然没有防空武器，有个连的干部士兵，同心一致，用步枪射击，打下一架飞机，落在行军道旁。飞机上的人员，全部被我俘虏，武器装具和用品全部被我缴获。从此敌飞机来少了，来也不敢低空扫射了。大家说："不要怕敌人的飞机，来了就打，看它再来不来！"

六军团从湘赣苏区出发以来，时而西，时而东，时而北，时而南，像神龙腾空，不可捉摸。9月8日，我们在西延车田接到中央军委的一个训令，要我们在城步、绥宁、武岗山地区打击敌人，最少保持到9月20日，然后沿桂边境行动，与红三军联系，在凤凰、乾城、永绥地域建立巩固的根据地。训令的主要意图是要红六军团牵制敌人，直接与即将长征的红一方面军配合行动。我们立即行动。这时，湘、桂、黔3省敌军也先后集结在靖县绥宁以北地区，防我北进。我们夺路南下，占领通道县城，渡渠水，西入贵州。我军这样迂回转移，忽东忽西，行动灵活，使敌人难于琢磨。何键曾无可奈何地说，红军"时而声东击西，行踪飘忽，作圈子策""我15、16师跟踪追逐数千里""军队疲于奔命"，他还破口大骂其部下无能。

进入贵州后，我们遇到一个很大的问题是地形不熟悉。贵州是个多山多雨的省份，常听人讲贵州是"天无三日晴，地无三尺平"，到这里一看，果然如此：山高、谷深，道路窄小。我们从江西、湖南带的马，不习惯那种道路，好多都掉到沟里了。老百姓也没有受过我党和大革命多少影响，对红军不大了解，而国民党反动派一再宣传什么"共匪、共匪"。还发生过这样的笑话：有些年轻人不知道"共"是什么，"匪"是什么，他们看我们纪律好，就不怕我们，但称呼照旧。我们问他们："我们怎么样？"他们盛情地说："你们好！你们共匪好！"尤其困难的是，没有军用地图，全靠找向导问路。对于一支独立行动的部队来说，在一个完全陌生的又没有群众基础，甚至连地图也没有的地区活动，困难是可想而知的。

这时，我们的辎重行李已丢得差不多了，敌人跟踪尾追。我们走到锦屏、黎平，进入了苗、侗两族聚居的清水江流域。西征以来，我们对宣传工作和群众工作十分重视，执行党的民族政策，我们在党内党外，军内军外，宣传两个口号：民族团结，民族平等。这两个口号使我们逐渐取得了群众的信任和支持。在准备渡清水江北进时，苗、侗两族人民，积极为我们寻找渡口，收集船只，绑结木筏，架设浮桥。在人民群众的协助下，顺利地渡过了清水河，又突破湘、桂、黔3省敌军共18个团的包围，强渡大沙河，攻入地主武装盘据的老黄平县城——旧州。旧州处于贵阳市东偏北约100公里处。虽已废除州治，而文化交通和人物等，较之新设县治，声名更大，也是我们更注意的地方。

在旧州地区，我们扣留了外国传教士薄复礼和海曼。当时，正处于紧张的战斗行军时期，对这些不明身份的外国人，自然不能放过。虽然我们很快查明了他们的身份，并释放了他们的家人，但还是留下薄复礼和海曼。坦率地讲，我们扣留他们两人的主要原因，是从军事角度来考虑的。西征以来，转战50多天，暑天行军，伤、病兵日益增多，苦于无药医治。我们知道几位传教士有条件弄到药品和经费，于是，提出释放他们的条件是给红军提供一定数量的药品或经费。在旧州教堂，还有一个意外的收获，就是找到一张晕滃式的贵州地图，有一平方米大，对于不熟悉贵州地形的我们，这张地图是非常珍贵的。我马上把它取下来，但上面所标的地名都是外国文字。稍懂外文的张子意和袁任远说不是英文，看不懂。我听说那个叫薄复礼的传教士会汉语，虽然讲得不太好，但能听得懂，就请他来。薄复礼看了地图，说是法文。我让他帮助把地图上的地名翻译成中文。于是，两人就在一张四方桌子，展开地图，用一盏煤油军用马灯照明，他讲我记，整整干了大半夜，把我想要知道的与二军团会合的那个方向的地名都注上中文。

在交谈中，我不仅知道了军事上有用的情况，还了解了他的身世。过去，我对传教士的印象是不好的，认为他们来中国是搞文化侵略的，把他们当帝国主义分子看待，财产要没收，拘留要赎金。这时，我们对统一战线的认识有提高，执行政策不像过去那样“左”了。传教士帮助我翻译的这张地图，对我们在贵州行军作战，决定部队的行动起了好作用。我总感到，他在困难的时候帮助了红军，尽管不是主动的，但总是做了对我们有益的事情，所以，我对他有些好感。

这位传教士一直随我们行动了18个月，这期间，我们一起谈过信仰问题，一起搞过娱乐活动，一起利用长征中难得的休息日子聚餐，相互有了进一步了解。在1936年4月12日，我军进至昆明附近把他释放了，临别时，我还特意请他吃了一顿饭，还给了他足够的路费。据说，他被释放后，不但没有诋毁我们，反而说了不少赞誉红军的话。就在扣留传教士的第二天，我们撤离老黄平，西进至松洞（梭洞）。这时，军委指示：

“桂敌现向南开动。据谍报称：二军团部队已占印江。六军团应照军委 1 日 13 时半电令，迅向江口前进。无论如何你们不得再向西移。”

我们根据军委电令，由松洞北进至瓮安县的猴场（现草塘），先头部队进抵乌江南岸，设法与红二军团联系。但军委于当日两电严令红六军团：“军委绝未令你们渡乌江向西行动……绝对不可再向西北转移。”我军立即进入石阡县境，经河坝场，直至走马坪、廖家腾地域。就在这时，敌军频繁调动，以近 24 个团的兵力对我军实施大包围。我军没有察觉湘、桂、黔敌的联合“围剿”部署，7 日拂晓，准备到石阡县的甘溪大休息，然后利用夜暗越过石阡、镇远大道，向江口地区开进。上午 10 时许，参谋长李达率 17 师 51 团和 49 团先后到达石阡西南 30 里之甘溪。前卫 51 团侦察队在甘溪街上俘敌侦察员两名，得知桂敌第 19 师一部正向甘溪开进。在这紧急关头，李达即率 49、51 两个团部和机枪连，共六七百人向石阡的大地方及江口方向转移，与主力失去了联络。我 51、49 团，在甘溪东西街与敌奋战 4 个小时，打退敌人多次冲击，顶住了正面进攻之敌，是日下午，王震亲率 53 团，在大土村以南一座上下 40 里的大山中，为全军开路，向东南面的大地方转移。我令 50 团接替红军学校，掩护 49、51 团和红校转移。甘溪战斗不利，我们被迫向西在石阡、镇远、余庆、施秉、黄平一带盘旋行动，地形、敌情、社会情况和供应等都处于不利的地位。在桂、黔敌 24 个团的重围之中，我军先后被截为四段，减员很严重，部队常在悬崖峭壁小路上攀行，有些部队一天一顿稀饭，赤脚行军。中央代表任弼时害疟疾，手拄木棍，领导着全军行动。52 团是湘鄂赣久经战斗的部队，在行军中为后卫，遭敌包围，全团苦战数日，惨遭损失，18 师师长龙云惨遭杀害。我当时已意识到战略形势很不利，如果不脱离这个地区及强敌的包围，就会陷入极为危险的地步。我除了与任弼时、王震等一起注意全军行动方向和行军组织及后勤外，更注意的是想法脱出危险的战略处境。弼时看出了我的紧张情绪，问我：“怎么样？”我说：“坚决向东去，脱离这个地区，争取主动。”一天下午，我们进至石阡至镇远敌之封锁线上，击溃了敌之巡逻警戒部队后，占领了东去江口的路口，并向南面之镇远及北面之石吁派出了强有力的警戒。我当时最大的顾虑是敌人控制这个路口，堵我东去之路，这样就得回到原来不利的战略地区。幸好，这个路口我们及时控制了。并在当地老猎户引导下，深夜进到一条人迹罕见的谷涧水沟(贵州称为夹沟)从沟底鱼贯而东。这时，南面的湖南补充第2纵队陈铁侠部，北面的桂系军队早已发现了我军主力。将近黄昏，敌人从南面进攻，黄昏后北面也打响了，这时，我军除警戒部队外，陆续东去下到夹沟。我亲自站在路口指挥部队行动，午夜，绝大部分过去了，我又令两侧掩护部队，撤到路口改为后卫，随大部队跟进。天亮，我与后卫一起出了夹沟，看到了正在东升的太阳，才松了一口气。这是一个极端紧张而又关系到全军团大局的军事行动。直到现在，一经忆起，心胆为之震惊。我曾写了一首《红日东升》的诗，记录当时的心情：

封锁重重往复返，满腔热血九回旋。
通宵苦战见红日，百战老兵为一叹。

从此，六军团脱离了贵州和广西、湖南军队的围追堵截，同贺龙、关向应、夏曦同志领导的红三军相距日近了。

这次行动历时80多天，跨越敌境5000多里，历尽千辛万苦，冲破了绝对优势敌人的围追堵截，实施了大规模的战略转移，我们探明了沿途敌人兵力的虚实，查明了道路、民情，沿途播下了革命火种，实际上起到了为中央红军长征进行侦察、探路的先遣队的作用。

这时期，我体会最深的是红军战略方向要对头，战术上也要搞好。作为一个独立的军事指挥员，在考虑与决定战略方针时，就得考虑为完成战略目的的战术问题，如行军、作战、宿营、警戒等。中国古代兵书多讲过此类问题，历史上的淝水之战，东晋之谢安如果没有刘牢之部渡淝水后的奋勇攻击，打开突破口，晋军就不可能全面展开，也就无法击溃苻坚的大军。大革命时期，广东革命军北伐采取长驱深入的方针是正确的战略，如没有前线大大小小的战役、战斗胜利，就不可能进至武汉。我们在西征的整个过程中，始终处于四面受敌的境况，不仅没有战略优势，战术上也很少优势，要取得主动，关键在于寻找优势，化劣势为优势。敌人在分进合击，分路围攻，我们就可以找到局部的优势，以自己的猛勇果敢的动作，战胜敌人。进攻中是这样，退却打败仗时也要这样，这就要求指挥员必须善于审势与审机。如在贵州东部，敌人是大优势，但当时在石阡至镇远大道60余公里的地段，并非优势，何况我们又是突然来到的呢！我们总是希望打胜仗，大胜最好，小胜也是好的。我们没有兵工厂，缴一支枪，一袋子弹，就能激励士气。我总是提倡这样一种精神“勇敢冲锋”。这句口号是第一次反“围剿”早晚点名的第一句口号，很能振奋军心。我对部队的要求是，只能赢不能输。有个不成文的规定：前卫与敌遭遇，立即冲锋。打死打伤几个敌人，就可以弄清敌情。即便战略不利，战术上只要不输，就可以鼓舞和保持士气。永安关之战，击溃敌两个团，歼其半个团，对制止湘敌的战略追击有很大作用。甘溪之败，被敌压到西面，使我在贵阳以东，乌江以南，清水江之北地区，陷于严重的危机，经过十余天的回旋作战，既会打，又会走，达到战略目的。

回忆西征以来的战斗，心情很不平静，那时我年壮气盛，耳聪目明，手脚敏捷，图囊、望远镜，从不离身，工作起来得心应手，打仗无论胜败，都有直接责任。

1934年10月24日，红六军团抵达贵州印江县木黄，与红二军团胜利会师。在此之前，军团参谋长李达率领甘溪之战被截的17师49、51团之一部，在黔东根据地之沿河地区，与红二军团的一部先会合了。

在木黄，我和任弼时、王震等与二军团首长贺龙、关向应、夏曦等同志欢聚一堂，并立即对当时整个形势和自己的任务，以及行动方针，进行了审慎的研究，认为：刚刚退出江西根据地的中央红军，正与优势敌军在湘粤佳边苦战，夺路向西转移，二、六军团就应积极行动，密切配合。我们两个军团会合的时候，二军团有4000多人，六军团有3000多人。当时人家说我们有万把人，其实只有8000子弟，但士气旺盛，武器齐全。

这里还要提到的是，红二军团在与六军团会师之前，在贺龙、周逸群、邓中夏、段德昌、夏曦的领导下，在湘鄂西苏区建立工农兵政权和游击队、赤卫队，由于强大敌人的残酷而长期地进攻，加上党内“左”倾路线的干扰和肃反扩大化，革命力量受到严重削弱，不得不退出根据地。后来，在湘鄂西分局的领导下，在湘、鄂、川、黔边主要在黔东等地，进行了艰苦卓绝的游击战争，创建了黔东革命根据地。根据地内建立了苏维埃政权和各种群众组织；没收和分配了土地，同时在黔东各县建立了地方武装。二军团有了这块不大的根据地，战略上、精神上有了依托，利于争取某种程度的主动。同时，由于红军工作的恢复和加强，就保存了有生力量，在四川、湖南、贵州广大地区保持了红军的强大政治影响。

尽管是这样，但黔东根据地纵横才 200 里，人口只 10 万以上，人少粮缺，从两军团会师后的发展前程来说，是不理想的。很需要找到更好的发展方向，我们把四周的地形、民情、经济条件及敌情统一研究一下，认为湘西澧水流域上游，最适宜于开辟新的革命根据地。于是，我们决定向湘西进军。

湘西经济虽然落后，但我党的影响比较大，那里有些县在大革命时期就有党的基础，土地革命时期是二军团活动的地区，有比较好的群众关系。贺龙在这些地区政治影响很大，人熟地熟，有利于我们发展。湘西的敌人只有陈渠珍部 3 个保安团和民警团防约万余人，加上杂牌军杨其昌、车鸣骥、雷明九、廖怀中等部约 4000 人，总兵力不过两万，战斗力也不强，有利于我们向这个地区开展战略攻势。只有向湘西进军，才能达到牵制、调动湘鄂两省敌人，策应中央红军的转移；才能在游击战、运动战中建立根据地，发展、壮大，扩大部队。10 月 25 日，任弼时、贺龙等向中央军委提出了两点建议：第一，“以目前敌情及二、六军团力量，两个军团应集中行动”，并具体说明“两军团的行动由二军团统一”指挥；第二，在加强黔东根据地的党和地方武装的领导，开展游击战争，巩固和发展原有根据地的同时，“主力由松桃、秀山间伸出乾、松、凤地区活动，建立新的根据地”。但是，中央军委没有采纳这一建议。在 26 日的复电中指出“二、六军团会成一个单位及一起行动是绝对错误的。二、六军团应单独依中央及军委指示的活动地域发展，各直属中央及军委直接指挥”，“六军团应速以军委累次电令向规定地域行动，勿在（再）延误”等。

对于中央复电，两军团领导人经过反复研究，认为军委对我们的实际情况不够了解。为此，10 月 28 日，我们又以夏、贺、关、任、萧、王的名义再次电告军委，“建议二、六军团暂集中行动，以便消灭敌一二个支队，开展新的更有利于两军团将来分开行动的局面。目前分开，利于敌之各个击破。以一个军团的力量对敌一个支队无必胜把握，集中是可打敌任何一个支队的。且两军在军事政治上十分迫切要求互相帮助”。我们的建议还没有得到批复，但当时的军事形势逼着我们还是集中行动了。因此，当时既没有统一的番号，各自称原番号，也没有统一领导机构，只是在行动中形成了以贺、任、关为核心的统一领导。组织机构和人员做了一些调整，红三军番号改为二军团，贺龙为军团长。任弼时为军团政委，关向应为副政委，李达为参谋长，甘泗淇为政治部主任。六军团仍由我和王震任军团长和军团政委，另决定谭家述任参谋长，张子意任政治部主任。为进一步加强二军团的政治机关，将原六军团政治部、保卫部改为二军团政治部、保卫部，六军团新成立政治部，还先后从六军团抽调100多名政工干部到二军团任师和团的政委及其他工作。两军团会师，指战员欢欣鼓舞。在任弼时、贺龙、关向应的领导下，“八千健儿，挥戈东向”，发动了创建湘鄂川黔革命根据地的湘西攻势。然而，军委29日复电夏、贺、关、任、萧、王，重申既定方针：二、六军团绝对不应合并，仍保持两个军团组织，两军团均接受军委指挥；六军团可暂住苏区休息，改编后向松桃、凤凰、乾城地区发展，创立新根据地；二军团则应背靠乌江，箝制印、秀之敌，向敌积极行动。要两军团利用湘敌大部阻击中央红军之机，向湖南大发展。直到11月13日，军委指示二、六军团应乘机深入湖南西北去扩大行动地域，两军团在同一地区行动。16日，中央书记处给二、六军团来电，对建立根据地、肃反工作，特别是党政军统一领导问题作了指示。决定成立以任弼时同志为书记，夏、贺、关、萧、王为委员的湘川黔边省委(即湘鄂川黔省委)。军事上，两军团均改为现行编制的一个师，仍保留二、六军团名义，贺、任、萧、王分别为二、六军团的军团长和政委。“两军团直受军委领导，但在两军团共同行动时由贺任统一指挥”，贺龙、任粥时分别兼湘川黔军区司令员和政委。11月下旬，军委电报：“我西方军已过潇水正向全州上游急进中。你们应深入到湖南的中部及西部行动，并积极协助我西方军。首先你们应前出到湘敌交通经济命脉之沅水流域，主力应求占领沅陵，向常德、桃源方向派出得力的游击队活动……两军团为取得协同动作，暂归贺、任统一指挥。”军委同意我们的战略发展方向。

为什么会出现这种情况呢？主要有以下几种原因。从军委决策人(主要是博古、李德)主观方面讲，中央红军离开中央苏区，转移的基本方针是进入湘西，会合先遣队红六军团和在湘鄂边活动的红三军(即二军团)建立根据地。博古说：“当时军事计划是搬家，准备到湘鄂西去，六军团是先头部队。”李德后来回忆说，他们听说二军团巩固了湘鄂川交界处的根据地，觉得这块三角地区位于长江附近，是中国内地几个最发达省份交界点，战略位置重要，可以为广泛的政治和军事活动提供很好的立足点。李德坚持与红二、六军团会合，博古也认为只有到湘西和红二、六军团会合，放下行李才能打仗。正是出于这个战略意图，他们要求红六军团尽快进入湘西，为中央红军的到达和创建新根据地做好准备。但是，红六军团深入敌后，引起敌人警觉，湘江战役后，敌人判明中央红军将转移到湘西的战略意图，便调兵遣将，部署了5倍于红军的强大兵力，张网以待。这时，军委对于第六军团的实力又估计过高，过多的给予红六军团钳制敌军、策应主力红军的战略任务。也有不少不适合于游击战，运动战的硬性指令与批评，如要求红六军团这支转战千里的3000疲惫之师，继续去完成打击强大的湘敌和深入没有群众基础地区的先遣任务，显然是不适宜的。军委对红二军团的情况也不甚了了。当时红二军团已停止肃反，但已受到严重的伤害，元气大伤，正处于逐渐恢复党团组织和创建新苏区中，军委却要他们以黔东为依托，钳击黔敌，也是不切实际的。军委对湘西地区及敌方情况掌握很少，而又作过多的具体指导，很不利于下级的灵活机动。两军会师后，任弼时、贺龙领导下的两军团首长对军委不切实际的指示提出了建议，并在向军委申述意见的同时，从实际出发，见机而动。不久，取得了十万坪的胜利，攻占大庸。之后，继续执行军委南下的指示，逼近沅陵，从而调动正在追击中央红军的敌人，同时也为建立湘鄂川黔根据地创造有利条件。下级党组织有理有据地向上级提出意见，这是共产党人实事求是的原则和灵活性的统一。我们的建议与行动，实际上是对“左”的领导一次有力抵制。其更为重要的意义在于：有力地策应了中央红军的战略转移，巩固和发展了两个军团的有生力量，为建立湘鄂川黔革命根据地奠定了良好基础，也使这两支部队发展成为中国工农红军的三大主力之一。也就是在这时，我对于“左”倾领导的中央产生了怀疑。

附录 2

长征途中一个外国人的故事[①]

张国琦

勃沙特（薄复礼）找到了！

这个故事是由《长征——前所未闻的故事》一书的作者哈里森·索尔兹伯里先生引出的，说来话长。

1984 年，年届 76 岁高龄的这位著名美国记者来中国采访有关长征的故事。他不顾年老体弱，重踏当年红军长征之路，遍访走过二万五千里的老红军，精心收集与长征有关的各种资料。他在采访萧克同志之后，写了一封信，询问一个曾在长征中与红六军团生活了 18 个月的外国牧师的情况。

萧克同志当年是红六军团长，往事一经提及，历历在目。他欣然命笔，将他与那位外国牧师初次见面的情况告诉了索尔兹伯里。

那是 1934 年 10 月 1 日，作为红军长征先遣部队的红六军团，越五岭、跨湘江进入贵州，在贵州的施秉与黄平之间，突破了黔军阵地，并袭占了黄平老城旧州。在城内的一所教堂里发现了一张一平方米大的法文贵州省地图。刚好这时一位懂法文的牧师同红军不期而遇，于是就请这位牧师当翻译，把地图译成了中文。

萧克同志在信中谈到："对我来说，这是一件不能遗忘的军事活动。

① 原载《瞭望》，1987 年第 8 期。

我们从湖南进入贵州，用的是旧中国中学生课本上的地图，图中只有省会、县城、大市镇和大河流，大山脉，只有二十平方厘米大。得到这样一张一平方米大的贵州地图，我们多么高兴啊！虽然在这以前，我们对于传教士的印象不佳，但这位传教士帮我们译出了这张地图，而且在口译时，边译边谈，提供了不少情况，使我在思考部队行动方向时，有了一定依据。在合作之后，固有的隔膜无形中消除了不少。尤其令人难忘的是，我们后来转战贵州东部直到进入湘西，其间全是靠这张地图。”

正因为这位牧师为中国红军做过这件有益的事情，在 50 年后的今天，萧克同志便高兴地向索尔兹伯里先生详细介绍了当时的情况，并拜托索尔兹旧里先生，“如能见到这位友人(假如他还活着)或其家属，请代致问候！”

不久，从长征路上考察归来的索尔兹旧里先生复信，表示一定尽力去寻找这位牧师，转达萧克将军的问候，即使找不到本人，也将尽力找到这位牧师所写的关于他在红军中生活了 18 个月的那本书，并把它寄给萧克同志。

1984 年 10 月间，《人民日报》报道了这则故事，随后，一些国家的报纸竞相转载；一些热心人士四处奔走，寻找线索；许多当事人尽力回忆，提供资料，有的图书档案部门、宗教机构细心查阅档案和资料；人们为寻找这位牧师，确切地说，为寻找友谊而不辞辛劳。萧克同志本人也在打听这位牧师，还曾利用出国途中作短暂停留的机会嘱托有关方面寻找牧师的下落，以期重逢。

功夫不负有心人。经过近两年来各方面的努力，这位牧师找到了，他叫鲁道夫·阿尔弗雷德·勃沙特·比亚吉特(Rudolf Aifred Bosshardt Piaget)，瑞士人，侨居英国的曼彻斯特郊区的卓尔敦，现年(1987 年)90 岁。

当年，他与红军不期而遇

勃沙特(薄复礼)出生于 1897 年。当时，他的父母已从瑞士德语区移居英国。20 年代初，当他还是一个年轻人时，就被教会派往中国，在贵州境内镇远、黄平、遵义一带传教，并起了一个中文名字叫薄复礼。1934 年 10 月是他来中国的第 12 个年头。

说来也巧，就在他来中国12周年的纪念日10月1日这天，与红六军团的部队不期而遇。这天，勃沙特（薄复礼）与妻子及随行人员离开旧州回镇远。当时，他们已经知道红军就在附近，勃沙特（薄复礼）害怕红军，所以路上格外小心。

走了好一阵，一路无事。投宿的村庄遥遥在望了，勃沙特（薄复礼）一行的紧张情绪稍稍放松了一点儿。正当他们暗自庆幸之时，突然，从山坡背后的林子中，走出了一群持枪者，喝令他们站住。勃沙特（薄复礼）一行人怔住了，看着这群穿着五颜六色衣服，戴着长舌帽的持枪者，心想：这就是红军么？

是的，这就是任弼时、萧克、王震率领的红六军团的战士们。他们自从1934年8月7日从江西遂川出发，转战数千里，历时50余天，经过无数次生死血战，终于突破了湘、桂、黔三省敌军的包围，按照中央的意图，正向黔东与贺龙率领的红军会合。红六军团以自己的血战，拉开了中央红军长征的序幕。

这时期，红军对于传教的外国人的印象不佳，以为他们都是帝国主义的侦探，于是就把他们抓起来，带到六军团保卫部。勃沙特（薄复礼）不知红军底细，心里忐忑不安。

红六军团的保卫部长吴德峰找他谈话。出于红军行动需要保密以及缺少经费、药品等原因，吴德峰告诉他们暂时不能离开红军，要他们为红军筹措一定经费或医药用品之后才能获得自由。

他们被带进一间房子休息。红军送还了他们所有的东西，就连银圆也如数奉还。当晚，勃沙特（薄复礼）睡在南方式的躺椅中，他的妻子睡在木板拼起来的窄床上，而同他们在一起的士兵们则睡在地上。勃沙特（薄复礼）心想，看来待遇还算公正。

艰苦的行军生活开始了。每天，天还没亮，队伍就开始行军，一走就是一整天，有时晚上也不休息。贵州地区，天无三日晴，路无三尺平。勃沙特（薄复礼）随红军队伍走在山道上，大雨滂沱，黑夜茫茫，崎岖的山道似无尽头。这对第一次过行军生活的勃沙特（薄复礼）的确苦不堪言。当时，红军曾尽量予以照顾：他的鞋子破了，有的战士从脚上脱下鞋来给他穿；总是让他们睡在室内用稻草铺就的床上或者寺庙的地板上。用勃沙特（薄复礼）的话说，这在当时是最好的待遇了。但他还是忍受不了。他甚至担心红军会在某个地方突然把他杀掉，或者在一场战斗中被打死。他真想趁早一死了之。

勃沙特（薄复礼）所经历的这段紧张的行军生活正是红六军团不断打破敌人围剿，努力向黔东进发，与二军团贺龙所部红军会师的前夜，其紧张程度可想而知。

对贺龙与萧克的印象

在与红军长征的日子里，勃沙特（薄复礼）先接触到红六军团军团长萧克。他后来说，那是一次难忘的会见。

那一天，勃沙特（薄复礼）经过一天的行军，浑身乏极了，躺在床上正想睡觉。忽然有人来叫他，说是萧克军团长有请。他连忙坐起来，穿好衣服，随后赶到一座民房前，同已经等在那里的萧克将军见了面。然后一同来到小方桌边，萧克将军指着方桌上一张一平方米大的法文贵州省地图的一个个法文地名，要勃沙特（薄复礼）读出中文。勃沙特（薄复礼）按照他的指点，把一个个山川、河流、村镇的中文名字说出来并一一标在图上，蜡烛光随风闪烁，若明若暗，他们俩谈笑风生，兴意甚浓。当他们把地图上许多重要的地名译完，已近三更。

初次相见，勃沙特（薄复礼）对这位年轻的军官留下了很深的印象。他后来回忆说，年仅25岁的萧克将军热情洋溢、生气勃勃，是一个充满渴望与追求精神的红军将领。他对贵州东部地区的情况了解得十分仔细，而勃沙特（薄复礼）则尽其所知，全部提供。萧克同志对此次合作很满意，勃沙待的帮助为他决定今后的行动方向提供了依据，他对传教士的看法逐渐改变了。

第一次见贺龙是勃沙特（薄复礼）在红军中生活了一个月以后，那一天，红旗飘扬，乐声阵阵，会师后的二、六军团行军队伍，在贵州东部的山道上蜿蜒前行。勃沙特（薄复礼）也走在队伍中。这时，一个骑马的人从队伍旁边走过。勃沙特（薄复礼）抬眼望去，见那人壮实、威武，举止不俗，尤其是鼻子下面的那撮黑胡子格外引人注目。“他是谁？”勃沙特（薄复礼）小声发问。“他就是贺龙。”有人答道。啊，他就是贺龙。勃沙特（薄复礼）猛然想起他的一个朋友曾与贺龙有过交往。那是贺龙在芷江一带的部队中任职的时候，勃沙特（薄复礼）的朋友贝克尔在那里办了一家医院。贺龙到该医院参观时，对贝克尔的事业很是赞扬。后来，贺龙的一位侄子有病，就是贝克尔医院的医生给治好的。对此，贺龙将军还写过一封热情洋溢的感谢信。勃沙特（薄复礼）想到，如果让他的朋友贝克尔来说服贺龙将军，也许有可能释放他们。于是，他给他的朋友贝克尔写了一封信。

后来，贝克尔真的这样去做了。贝克尔几次派人带着信件前往联系。在贺龙的司令部里，代表们虽然被款待，但贝克尔的要求却未能如愿。贺龙笑着对贝克尔的代表讲："你们不要寄希望于我同贝克尔先生往日的友情。在新的政权里，一切友情甚至家庭联系，都要服从共产主义原则。"

这件事使勃沙特（薄复礼）感到，贺龙已经不是传说中的贺龙，而是一个有共产主义理想与原则的红军将领。

勃沙特（薄复礼）眼中的红军

白天，勃沙特（薄复礼）随着红军长途跋涉；晚上，同红军一起宿营。日子长了，他对红军的观察逐渐深刻起来。

他觉得这支队伍很注意学习。每到一地，不管停留多久，差不多每个单位都要选择一间较大的房子作"列宁室"，作为学习场所。即便找不到合适的房子，他们也会自己动手因地制宜建造一间。当然，其结构较简单，仅用八根竹杆支撑一个当天花板用的草垫，用常青树枝挂在竹杆上作墙，绿的墙上布满红花和红旗，面向入口处的墙上悬挂着马克思和列宁的画像。红军官兵就在这里学习或进行其他活动。

红军的政治教育经常不断。部队宿营后，常召开一些会议，讨论问题。围绕为什么要反对国民党，为什么要打倒日本帝国主义等议题，大家各抒己见。最后，由干部进行总结。部队在行军中，首长们先要讲话，领呼口号；途中，随处可见个别谈话情景。对新入伍的战士，下的功夫还要多。

他对红军的娱乐活动也特别留意。尽管生活艰苦，战斗频繁，但部队的情绪很高，常有歌声。歌词的种类很多，有反日本侵略中国的，有国际歌，甚至还有提倡讲卫生的歌，曲调大同小异。这支队伍的游戏常使他情不自禁地笑起来，什么“丢手绢”“猪和口哨”等，虽不是什么很高的艺术，但很能活跃部队的气氛。红军也偶尔化装演戏，有的水平还相当高。有一次因为演得太成功了，以至于一个新兵差一点儿对那位蒋介石的扮演者动武。

勃沙特（薄复礼）对于红军部队中不赌博、不抽鸦片大为惊讶。他觉得，在中国，能看到这么一大群人不抽鸦片、不赌博，的确是不容易的。当他了解到，有的新战士入伍前抽鸦片，入伍后就戒掉了，更加感到这支队伍非同一般。

红军严明的纪律更是勃沙特（薄复礼）亲眼所见。有一次，为防空袭，他们跑进了果园。金秋时节，柑子树上果实累累，对于饥肠辘辘的红军战士，这些东西实在馋人。但勃沙特（薄复礼）发现，战士们除了多看几眼外，没有一个人伸手去摘。

随着时间推移，勃沙特（薄复礼）还发现，部队的官兵对他的称呼也渐渐地变了，一开始叫他“大鼻子”“洋鬼子”，后来叫他“勃牧师”，最后，有人叫他“老勃”了。他也经常被叫去翻译外国报纸，有时，还被请去为红军演唱，不过唱的是谁也听不懂的所谓“圣歌”而已。

在此之前，勃沙特（薄复礼）对于红军的印象是不好的。在此之后，他通过自己的观察，得出了这样一个看法：这些被国民党当局和西方报纸称为“匪徒”或“强盗”的人，实际上是坚信马克思主义并实践着其原理的人，是以俄罗斯为范本的另一种形式的苏维埃。

临别之际，红军为他饯行

勃沙特（薄复礼）在红军中生活了560天,1936年4月12日，他被释放了。当时，国际反法西斯统一战线已经建立，中国共产党也发表了著名的《八一宣言》，勃沙特（薄复礼）是在这种背景下离开红军的。

在离昆明不太远的一个地方，红军稍事停留。这里是一小片平原，田野盛开着艳丽小巧的豌豆花，在一派葱绿中格外惹眼。大病初愈的勃沙特（薄复礼）在温暖和煦的春光里，颇感舒适。这时，从不远处走来了萧克将军和他的警卫员。他给勃沙特（薄复礼）带来了渴望已久的好消息。

“我们已决定今后对不同的外国人要区别对待。”萧克将军在询问了薄的健康状况之后对他说，“你是一个瑞士公民，我们知道，瑞士不是帝国主义国家，没有同中国签订不平等条约，也没有在中国设租界地，所以，我们决定放你走。”

对这一突如其来的消息，勃沙特（薄复礼）又惊又喜，简直不敢相信自己的耳朵。但眼前萧克将军的目光告诉他，这一切不容置疑。勃沙特（薄复礼）高兴极了。他满怀激情地期待着这一天的到来。

此后，好消息接踵而至。一天下午，一个信使跑来告诉勃沙特（薄复礼），萧克将军邀请他去吃晚饭。勃沙特（薄复礼）很激动，起身便去。但一转念，萧将军的宴请，他应该换换衣服才好，可是他已找不出一件像样的衣服了。他无可奈何地说：“我可是没有新衣服换。”来人说：“我们共产党人不在乎形式，不换也罢。”于是，他随来人一同前往萧克将军的住处。

被请的人除勃沙特（薄复礼）外，还有从贵州毕节参加红军的地方名流周素园老先生，在忠堡战斗中被俘的国民党中将纵队司令（此时已成为红军学校教员）张振汉将军以及其他人。他们不分等级就座，厨师们也不按程序上菜，气氛轻松，无拘无束，谈笑声一直不断。就在这个家常便宴的席间，萧克将军又一次郑重宣布释放勃沙特（薄复礼）。对这一切，勃沙特（薄复礼）感激不尽。萧克将军对这次宴请也一直记忆犹新，因为其间有一道菜粉蒸肉是他亲手做的，至今谈起来仍觉余香绕口。

几天后，保卫部长吴德峰又设午宴为他饯行。吴德峰的午宴更丰盛，大家从中午差不多吃到黄昏。席间，大家对勃沙特（薄复礼）今后何去何从发表了不同意见。萧克将军说，他不反对勃沙特（薄复礼）在离开红军以后仍留在中国，甚至还可以办一所学校，只不过不要强迫他的学生和听众信仰上帝就可以了。

宴会结束以后，其他人一一与勃沙特（薄复礼）握手道别。吴德峰把他又单独留下，问他需要多少路费。勃沙特（薄复礼）根据当时的具体情况，提出至少需要 4 元钱，吴德峰告诉管钱的人，给勃沙特（薄复礼）10 元路费，并且还关照他如何离开此地前往昆明。

当晚，勃沙特（薄复礼）就离了开红军。当他从住处拿出简单的行李时，很想同那些相处甚久的士兵告别。然而，面对那些呼呼入睡的士兵，他只好悄然离去。

这一天是 1936 年 4 月 12 日，星期日，传统的复活节。对于这位信仰上帝的牧师来说，这的确是一个好日子。

关于勃沙特（薄复礼）的书及近况

勃沙特（薄复礼）离开红军之后，不久就到了昆明。春城的春天，风景秀丽，气候宜人。勃沙特（薄复礼）没有把精力放在游山玩水上，而是立即着手整理他在红军中的这段经历。在他人的协助下，一部十多万字的回忆录仅用了 3 个月的时间就整理出来了。1936 年 8 月，当中国工农红军二、六军团还在长征途中，这部书就以《抑制的手》（*The Restraining Hand*) 为书名，在英国伦敦出版了。

这本书当时颇受欢迎，很快就再版了。第二年又译成法文在瑞士一家出版社 (Editios Emmaus) 出版了。不久，由于战乱，该书的英文打字稿被毁，书也未再出。直到 1978 年，他又应出版商之约，重写了这段经历，并定名为《指导的手》(*The Guiding Hand*)。英文本出来以后，不久就译成法文，书名为《导手》(*Gonduitparsamain*), 由瑞士教会出版社出版。

对于这几种不同版本的书，人们先后从不同的地方，通过不同的途径找到了。索尔兹伯里先生没有忘记自己的诺言，寄给萧克一本。有趣的是，在中国山东博物馆的一个角落里也找到了这本书。据说在“文化大革命”中，造反派焚书时，这本外文书本来在劫难逃，但它因掉在地板下的一个洞里而保存下来了。

自从离开红军，勃沙待的大部分时间仍在中国，据说在中华人民共和国成立以后，他还到过台湾，继续从事他的传教活动。1966 年他从教会退休后，就闲居在英国的曼彻斯特郊外。回忆往事，追述人生，日子倒也清闲自在。但在索尔兹伯里的新著《长征——前所未闻的故事》问世以后，以各种方式登门采访的人就多起来了。

最先找到他的是索尔兹伯里。索尔兹伯里通过一位记者找到了他的住处。1985 年 11 月，索尔兹伯里先生携夫人前往英国的曼彻斯特，专程到勃沙特（薄复礼）住所拜访。

从另一个途径拜访勃沙特（薄复礼）的是我国的外交人员。他们给勃沙特（薄复礼）在瑞士的内弟媳比亚吉特夫人写了一封信，打听勃沙恃的近况。比亚吉特夫人把这封信转到勃沙特（薄复礼）手中。勃沙特（薄复礼）非常高兴，当即提笔回信，介绍自己的一些情况，并嘱咐说："你若与萧克将军通信，请转达热忱的问候。"

一直挂念着勃沙特（薄复礼）的萧克将军也通过有关部门向这位分别 50 多年的老朋友致以问候，并祝他健康长寿。

附录 3

因缘际会话当年[①]

李云飞

访勃沙特（薄复礼）先生

在曼彻斯特市国王路 234 号住着一位虔诚的英国传教士。50 多年前，由于因缘际会，他参加了中国工农红军的一段长征并帮了红军的忙，从而成了中国人民的朋支。他就是艾尔弗雷德·博斯哈德先生，中文名字叫勃沙特（薄复礼）。

我们按响门铃后，迎面出来的是一位满头银发、精神健旺的老人。他把我们引进了客厅。客厅不大，触目之处有许多来自中国的东西，如台布、宫灯、挂历、画片等，一看便可以知道，主人与中国有着不解之缘。勃沙特（薄复礼）先生今年 92 岁了，记忆依然清晰。我们问他："都几十年前的事了，你还记得吗？"他安然地笑道："记得的，那是我一生中的一次重大经历。"接着，他便向我们讲述了那段传奇式的经历。

他从 1922 年就在我国的贵州省传教，直到 1951 年才离开。1934 年 10 月初的一天，他与另外 2 名传教士及 3 名妇女在去贵阳的途中，在一个村子里遇上了正在长征途中的中国工农红军六军团。他们 3 人被当作"间谍"抓了起来。那 2 人后来被赎走，只有他一人留了下来。据勃沙特（薄复礼）先生自己估计，在将近 8 个月的时间里，他与六军团的人一起在

① 原载《人民日报》，1988 年 1 月 29 日第六版。作者时任新华社驻伦敦记者。

贵州、云南境内走了大约6000英里。当时六军团行军，打仗只能依靠一般教科书上的地图，遇到了很大困难。而勃沙特（薄复礼）先生却有一张1平方米大小的贵州省详细地图。红军如获至宝。那张地图上的地名是用法文拼写的，正好勃沙特（薄复礼）先生原籍瑞士，懂得法文。于是，六军团的萧克司令与他一起一连好几个晚上在小油灯下把这些地名一个一个地译成中文。勃沙特（薄复礼）先生自己知道的，就直接译成中文；不知道的，就把音读给萧克听，由萧克来揣测到底是什么地方。后来红军缴获的一些英文报纸也由勃沙特（薄复礼）先生翻译成中文。当我们问他红军怎样对待他时，他连声说："很好，很好"，因为他大部分时间都能骑马，而且还给他配备了一名马夫。

第二年，有一次他又遇见了萧克同志。萧克同志关切地问他："你觉得怎么样？"他说："感冒了，挺重的。"萧克同志当即表示，他可以回去。让他回去的那天正好是复活节的星期日，地点是在云南的昆明附近。他在谈话中几次提到，据说他是唯一还健在的参加过长征的外国人。在索尔兹伯里先生的《长征——前所未闻的故事》中，对此也有叙述。

在六军团长征的艰难岁月里，那张地图无疑起了不小的作用。因此，萧克同志也一直记挂着勃沙特（薄复礼）先生。1984年，萧克同志出访途中路过巴黎，还向我驻法使馆的同志打听勃沙特（薄复礼）先生的下落。可能是因为勃沙待先生当年帮助翻译的是法文地图，因此以为他是法国人吧。去年，当萧克同志得知他是英国人、住在曼彻斯特后，便于5月27日致信问候。这封信并不长，但却十分真挚感人。全文是这样的："久违了！从索尔兹伯里先生处知道了你的近况。虽然我们已分别半个世纪，但50年前你帮助我翻译地图之事久难忘怀。所以，当索尔兹伯里先生问及此情时，我欣然命笔告之。1984年我在出国访问途中，打听你的下落，以期相晤。如今我们都早过古稀，彼此恐难再见，谨祝健康长寿。"1987年年底，我国驻英国大使冀朝铸同志到任不久去曼彻斯特时，也特意前往拜访、问候勃沙特（薄复礼）。每当提及这些时，勃沙特（薄复礼）先生的脸上总会浮现出由衷的笑容。

附录 4

一位先于斯诺著文介绍中共和红军长征的外国人[①]

李林

1934 年 10 月初，作为贵州镇远基督教堂的主持者 (即牧师)，当时只有三十七八岁的阿尔弗雷德 · 勃沙特（薄复礼）(Alfred Bossharat)(旧政府外事档案及上海《申报》均译作波夏德，中国名字叫薄复礼) 在贵州黄平的旧州，被我红军长征先遣队红六军团误认为“帝国主义间谍”而扣留。此后，他一直随红六军团西征到达湘鄂川黔革命根据地，而后于 1935 年 11 月 19 日又随二方面军 (当时尚称红二、六军团) 长征，直至 1936 年 4 月 11 日到达云南富民，红二、六军团将北上长江之际离队为止，他在红军队伍中生活超过了 18 个月。接着他前往云南昆明，并在此利用 4 个月的时间，于病床上口授由他人执笔完成了一本详细叙述他 1934 年 10 月至 1936 年 4 月 12 日在中国工农红军队伍中的亲身经历的书。全书共 12 章，约 10 万余字，原译名为《神灵之手——一个为基督事业在中国被俘者的自述》(以下简称《神灵之手》)，1936 年 12 月该书在英国伦敦哈德尔和斯托顿公司出版发行。而至今人们普遍认可的美国记者埃德加 · 斯诺的优秀作品《红星照耀中国》(即《西行漫记》) 却是 1937 年 10 月由英国伦敦戈兰茨公司第一次出版，显然比勃沙特（薄复礼）的《神灵之手》一书的出版发行将近晚一年。1984 年 6 月 17 日，刚从长征路上考察归来

① 原载《党史资料通讯》，1988 年第 4 期。

的哈里森·索尔兹伯里先生给萧克同志的一封回信中，曾提到了有关《神灵之手》这本书的情况。他说："这位法国人我大体上可以肯定他已去世了。虽不一定能见到此人，但我愿意尽力找到他写的关于他的经历的那本书，并把它寄给你。"

《神灵之手》这本书虽早已出版，但为什么在出版发行以后却鲜为人知，影响甚微呢？原因是此书 1936 年 12 月出版不久，"七七事变"与第二次世界大战相继爆发，人们随着战争的发生而转移了视线。由于《神灵之手》一书名称上带着宗教色彩，因此，在很长一段时间里，一直被误认为是宗教书籍。今天笔者有幸看到由严强、席伟两位同志译为中文的这本书，看后对该书作者，一位曾经在 50 年前帮助过中国工农红军的外国友人升起一种敬仰之情。本文拟就勃沙特（薄复礼）对中国共产党及红军的认识和评价，对中国工农红军的坦诚相助谈一些情况，供史学界参考。

勃沙特（薄复礼）对中国共产党和红军的认识有一个转变的过程。在勃沙特（薄复礼）接触中国共产党和红军以前，曾经收到一位朋友从德国寄来的一本书，名为《在中国的绑票》，其中讲到瑞士巴塞尔的两个教士，在广东境内遭共产党的逮捕监禁，还受到共产党的非人待遇，这给他留下很深的印象。他对其妻感慨地说"这真不可思议"，并同情这两个传教士，说："他们被绑架的十八月中，单就中国的食物而言，对西方人可是到了忍受的极限。"再加上贵州山川阻隔，交通闭塞，以及国民党反动派的反共宣传，使当时的他对中国的共产党和党领导下的红军的认识是很片面、被动的，所以当他被我红军战士逮捕时，就认为抓他们的是强盗，他们是被"绑票"了。当时由于外国传教士是帝国主义侵略中国的过程中被派往中国边疆和内地的，因此，红六军团是在误认他为"帝国主义间谍"的情况下，采用"绑票"的方式扣留他的。可想而知，当时他对中国共产党和红军的第一印象就不会很佳了。但以后在与红六军团随行的 18 个月中，客观上给他亲自接触、了解共产党和红军提供了机会，使他逐步了解到我党有关的方针政策，耳闻目睹了红军的真实情况。他渐渐消除了对中国共产党和红军的误解，对共产党及其领导下的红军队伍有了一个较为全面、正确的认识和评价。这在当时年轻的中国工农红军尚未被人们所认识，特别是由于帝国主义和国民党反动派的造谣污蔑，世人对红军存有误解和疑惑的20世纪30年代，以一个偶然与红军相识的西方人的身份，站在中立者（宗教牧师）的立场上，指出：对于“红军”，许多西方报纸把他们称为“匪徒”或“强盗”，实际上这些人坚信共产主义和马克思列宁主义，并在实践着其原理，是另一种频率和形式的“苏维埃”。归根结底，俄罗斯是其范本。这对于扩大中国共产党和红军的影响，无疑是起到了积极的作用。

在《神灵之手》一书中，他介绍了红军不但是一支能够非常熟练、有条理地召集穷人将地主土豪粮财分光的队伍，而且还有按自食其力划分地主界限的政治主张。他曾问红军：“按什么划分农民和地主呢？”回答是：“按自食其力，如果他雇佣别人为自己种地，那他就是压迫者”。同时，书中记述了在湘黔边与敌周旋时红六军团“一天只能吃一顿饭，天天不分昼夜地行走”。许多人是“边走边睡”，以及没有地图，缺乏向导，军团领导仅靠一张约一平方米大小的法文贵州省地图指挥作战的艰苦斗争史实。此外，书中还客观地记录了红军在无粮、无衣、无弹、无药的艰苦环境中，无论是萧克、王震等军团领导，还是那些剪着短发的女红军战士，仍然对革命充满了坚定的信念。如他在记述他首次见到萧克同志时的印象说：“他相当热情、开朗，是一个年仅25岁的充满追求精神的共产党领袖，正希望在贵州东部建立一个共产主义的政权。”他还指出，红军的官兵“是一群勤奋的人”，在物质条件极端艰苦的行军流动作战中，仍“利用休息时间，上党课及学习文化知识，武装思想”，并利用一切条件向当地群众不厌其烦地进行宣传活动，讲共产党的政策，红军的任务、性质和目的，还张贴各种革命标语。使其惊异的是，“这些身着破衣、草鞋的年轻士兵常常围绕着人的精神等哲学命题讨论，在那些油印的出版物中，不乏对事物认识的真知灼见”。

由于勃沙特（薄复礼）在红军队伍里以其友好的态度和有益贡献，不仅与红六军团萧克等领导建立了个人友谊，也赢得了广大红军指战员的尊重和爱护。

在《神灵之手》一书中，勃沙特（薄复礼）还承认尽管当时被红军误认为是“帝国主义间谍”，但红军还是把他们被捕时没收的物品全部发还，其中银角子一文不少，并经常受到比红军更优越的照顾。一次“因为气候潮湿，为防雨我们提出要块油布，结果费了半天才给了一件床单，我们后来才知道，这在红军中已是非常奢侈的供给了。”“而且一觉醒来，就能马上吃上早饭，我常为那些做饭人是如何睡觉而感叹。”“有一次天突然变黑，暴雨骤下，我们和红军一样没有伞，浑身淋得湿湿的。休息时，他们（指红军）点着一大堆枯木，邀请我们一道脱下湿衣服烘烤。”一次，勃沙特（薄复礼）的鞋坏了，要求红军给一双鞋。不但未被拒绝，而且红军领导还让大家找找，“后来，他们给我找来一双非常合脚的橡胶雨鞋，它是刚从一位正嘟囔着的同志的脚上‘没收’的。”许多红军战士还亲热地称呼他为“成先生”“鲍先生”，当有人用“大鼻子”“帝国主义分子”等称呼他们时，红军就立即加以制止。

勃沙特（薄复礼）对红军的坦诚相助是值得一提的。1981 年 2 月 11 日，著名美国记者哈里森·索尔兹伯里先生给萧克同志的一封信中谈到：“我还有一个问题，一个与法国传教士及一张法文分省地图有关的问题。我读了有关这件事的一本书，书中谈到一位名叫阿尔弗雷特·勃沙特（薄复礼）的法国传教士说，他曾经帮助你认识这张地图，他曾在你的部队里待了十八个月……”在《神灵之手》一书中作者也谈到了这件事。

事情原来是这样的。1934 年 10 月 1 日，红六军团在施秉与黄平之间抢渡大沙河，突破了防堵力量薄弱的黔军阵地，乘机袭占了黄平老城。他们在一教堂内发现一张约 1 平方米大小的法文贵州省地图。这张图对于刚进入贵州开展武装斗争的红六军团，无异于无价之宝，因而就作为“战利品”取走了。因为是法文，萧克就请勃沙特（薄复礼）这位既懂法文，又知中文的外国人到六军团司令部来帮助译成中文。这也就是勃沙特（薄复礼）第一次见到萧克将军的那次，萧克同志对此事曾说道：“对我来说，这是一件不能遗忘的军事活动。我们从湖南进入贵州，用的是旧中国中学生用的地图，图上只有省会、县城、大市镇和大河流、大山脉，只有约二十平方厘米大。得到这样一张 1 平方米大的贵州地图，我们是多么高兴啊！虽然在那以前，我们对于传教士印象不佳，但这位传教士帮我们译出了这张地图，而且在口译时，边译边谈，提供了不少情况，使我在思考部队行动方向时，有了一定的依据。在合作之后，固有的隔膜无形地消除了不少，尤其令人难忘的是，我们后来转战贵州东部直至进入湘西，其间几乎全是靠这张地图。”（见《人民日报》，1981年10月21日）后来，勃沙特（薄复礼）还答应红军，写信到上海、南京等地为红军采购药品，筹集经费。

1936年1月，红二、六军团逼近昆明，红军首长考虑到军情紧急，战事多端，于是让他离开红军队伍，前往昆明，不仅不需要什么“赎金”，而且临行时红军还送了旅费。

勃沙特（薄复礼）离开红军到云南昆明住了4个月后，回到贵州贵阳对宁文生［当年和勃沙特（薄复礼）同事的一个基督教徒，在勃的教堂内担任执事，现在贵州遵义市基督教协会，79岁］描述了他在红军队伍中的生活感受：“红军对穷人很好，在艰苦的长征途中，时时忘不了帮助那些贫穷的人们，红军打仗勇敢、顽强，指挥官都很年轻，萧克将军只有二十多岁。红军士兵对我很好，行军时，萧克将军还特别为我准备了一头骡子。”

此后不久，他回到了欧洲。两年后又来到贵州省盘县传教，直到1952年他成为最后一个离开贵州回国的外国传教士。当他到遵义向宁文生辞行时，一再对宁说：“我是最后一个离开贵州回国的外国人，别的外国传教士都害怕共产党，我不怕，因为我了解他们，只要共产党是我所见到的红军，就用不着害怕。他们是讲友谊的，是信得过的朋友。我之所以要回国主要是中国没有加入联合国，国际教会组织没有把这里作为传教的国家，并且几次通知我回国，这就是我要回国的原因，绝不是害怕共产党才回国的……”（见《贵州省博物馆馆刊》，1986年第2期）

50多年过去了，我们的红军老战士和与他曾同事过的人们并未忘记他，萧克同志于1981年曾在给哈里森·索尔兹伯里先生的一封信中拜托他说：“如能见到这位友人（假如他还活着）或其家属，请代致问候！”

今天，如从勃沙特（薄复礼）进入红军的年龄（三十七八岁）来推算，已是八十八九岁高龄的老人了。我们希望这位友人能被中国人民重新认识。

附录 5

勃沙特（薄复礼）离开红军后在盘县的一些情况[①]

李林

根据萧克同志的指示，1988年我在盘县党史办工作期间，对勃沙特（薄复礼）牧师在盘县的情况做过一些调查。1936年4月，勃沙特（薄复礼）被我红二、六军团释放，回到欧洲两年后，仍作为国际教会组织派往中国的传教士，于1939年再次来到贵州省盘县传教，直到1951年离开贵州回国。

据解放前盘县县政府社会科民国三十六年(1937年)档案第三十四卷记载，勃沙特（薄复礼）到盘县传教时，年龄为48岁，居住在盘县凤鸣镇大同路162号，瑞士人。其妻薄茨万美(至今盘县当地群众仍尊称她为薄师母)，在盘县内地会医疗室行医。

勃沙特（薄复礼）来盘县之前，盘县的基督教务是由1934年首先来到盘县的美籍传教士贾习真负责领办的。抗日战争时期贾习真应征作为一名盟军成员在我国参加抗日战争，并任美军翻译官及随军牧师。此后，勃沙特（薄复礼）就成为了盘县基督教务的主要负责人。

据盘县教友唐荣涛介绍，勃沙特（薄复礼）珍视中国传统文化，他的中文名字为“薄复礼”就是以孔子“克己复礼”的格言来取的。他有时与教友谈到在红军中的那段生活经历时，态度是极为友好的。勃沙特（薄

---

① 原载《贵州文史丛刊》，1990年第3期。

复礼）除了传教外，还在当地为群众看病和办学。

勃沙特（薄复礼）使用的药品，由贵阳内地会为其购置，有时，也使用草药。他有一本英文版的草药书，常爱不释手地学习。1945 年夏天，盘县美军兵站送过他许多药品、物资。盘县解放初，他曾帮助救治过许多解放军的伤病员。有时，他一天要诊治二三十人之多。他的妻子薄羡万美在当地推广新法接生，常常一天要帮接生孩子三四个，同时还耐心地向信徒张福光、方桂仙等人传授新法接生技术。张福光因此而成为盘县颇有名气的助产士，后来担任了接生站站长。

1948—1949 年勃沙特（薄复礼）还在盘县创办了一所“明恩小学”，学制为 1~4 年，招收了五十余名学生，以信徒子女为主，但也有不少贫穷人家的孩子在该校就读。

勃沙特（薄复礼）夫妇没有孩子，但双方感情甚笃，中华人民共和国成立后，一起应召回国了。

附录 6

从《神灵之手》看红军长征[1]

李林

一

中国工农红军两万五千里长征的壮举，不仅为我国学者所关注，也引起国外关心中国问题方面专家的兴趣，但对于红军长征过程实际情况，目前除了中华人民共和国成立后对部分老红军征集到的回忆资料和国民党政府保存的部分档案资料外，作为从外国人那里，即直接的见证人那里来的资料，截至目前为止不过《神灵之手》一书而已。

这本书之所以宝贵，在于它是作者作为红军的俘虏，跟随红军辗转长征达一年零八个月后及时回忆其重要见闻的实录，就其史料价值而言，它超过埃德加·斯诺的《西行漫记》和哈里森·索尔兹伯里的《长征——前所未闻的故事》。它是我们进行党史研究，尤其是红军史研究的独一无二的原始资料。同时，在当时国内外反动派将中国工农红军宣传为恶魔、吃人生番的情况下，起到了宣传红军以正视听的积极作用。

当然，早于《西行漫记》和《长征——前所未闻的故事》在西方社会三次出版发行的《神灵之手》一书，其写作动机与斯诺等不尽相同，正如“作者自序”中所说的：“我写作的目的是感谢上帝，在不幸的时刻，是上帝赋予我力量。我能战胜一次次的审讯和我祈祷中许多请求的实现，

[1] 原载《贵州文史丛刊》，1990 年第 3 期。

也许正是上帝显示他的存在，并以他的威严，作为对他各种请求的答复。联系勃沙特（薄复礼）被红军释放回国休息几年，尔后又重返贵州盘县传教情况，可以看出勃沙特（薄复礼）对政治漠不关心，只是一个虔诚布道的宗教职业人士而已。所以哈里森·索尔兹伯里称其为“长征队伍里的局外人”。勃沙特（薄复礼）站在中立者的立场上，在书中客观地描述了置身长征队伍中这一时期的所见所闻，虽然其中某些内容因受主客观条件的限制，难免有不足之处，但其价值彰之世界，传之后世都堪称为信史。

《神灵之手》一书的史料价值，首先表现在其准确地对 1934 年 10 月到 1936 年 4 月间红六军团和红二方面军 (当时尚称红二、六军团) 某些重大活动情况及具体时间做了佐证。

目前，研究红军长征的党史书籍和征集到的回忆资料不少，但在红六军团进入贵州旧州的具体时间上，由于年代久远，所记均为大略时间，即“清晨”“上午”等，而《神灵之手》一书的作者是在离开红军队伍后不久即写成的，因此对一些事件，发生时间和情况就较为准确和生动具体。对于红六军团进入旧州的时间，该书第一章写道：“第二天 (指勃沙特（薄复礼）被俘的第二天，即十月二日)，天蒙蒙亮，队伍出发了……不久，我们到达这座小城 (旧州) 的边缘，并停在城外的地方待命。这时可以清楚的听到前方的枪声，上午九时，我们进入这座小城，被带到一所房中休息。”可见，红六军团到达旧州时，是上午九时，比常说的“清晨”“早晨”更具体准确，为人们确认红六军团到达该地的具体时间提供了一个依据。

红六军团与红三军的会师，在我军历史上有重大的意义，它为策应中央红军突围长征，创建新根据地打下了基础。对于两军会师的情况，《神灵之手》一书第一章作了具体而生动的描写：“这一天是红军会师的伟大日子，会场上万人攒动，红旗招展，我们与先到这里不久的贺龙红二军团合并。贺龙军队衣着更破烂，但军帽和红色标志却十分明显。他们的目的是合并起来组成一支更强大的力量。”从这里分析可知，“这一天”是指 1934 年 10 月 26 日两军举行会师庆祝大会的那天，也即是说红军是在四川酉阳县召开的会师庆祝大会。但是“会师”与“庆祝会师”是两个不同的概念。从大量的文章来看，红二、六军团的会师是在贵州的木黄，当时“因木黄易攻难守，不宜久留，……两军首长在会师后协商队伍要马上开走。当天下午就开走了”（引自《红军在贵州资料汇辑》第二辑，第127页）。所以在木黄不可能有勃沙特（薄复礼）说的“会场上万人攒动，红旗招展”的场面。同时，两军团会师前，红二军团一直称为红三军，只是在两军会师庆祝大会上，才宣布红三军恢复红二军团的番号，所以勃沙特（薄复礼）称为红三军为红二军团，是在红军会师庆祝大会之后。因此，从薄氏的描述看到，两军团会师是在贵州的木黄，而庆祝会师大会是在四川的酉阳。这样，该书对于史学界争论颇多的一个问题无疑提出了有力证据。

二

《神灵之手》一书的史料价值还表现在其真切地记录了红军的战斗生活历程，以及开展政治思想工作的实况。

该书让我们看到红军长征的道路不是在山间小道，密林深处，就是在陡峭的高山和流急的河流之旁；天上有敌人的飞机轰炸，地下有敌军的围追堵截。每天的休息和吃饭很难保障。作者写道：“大部分日子，一天到晚只吃一顿饭，没一天有休息和星期日的行军。”“我们开始连夜的夜行军。前方有亮光或声响时，就绕道迂回，天黑看不见时，则随地在山凹内过夜。在那没有一点平地的崎岖山道上行走，真使人困苦不堪，不过我们学会了边走边睡，而有时，天刚亮，我们又得出发。”作为局外人的客观描述，对我们进行艰苦奋斗，顽强不息，英勇献身的革命思想传统教育，无疑更具有说服力。

在《神灵之手》一书中，作者还描述了红军尽管是在紧张、繁忙、艰苦的行军作战中，仍然利用一切机会以多种形式如开会、上课、演戏、唱歌、贴标语等广泛宣传共产主义思想，宣传共产党的主张、政策，加强无产阶级思想教育，反对各种不良倾向，并发动群众打土豪，分田地等政治工作的场景。如“我们再次看到红军士兵是多么勤奋，在这里，他们除了忙着打草鞋，缝衣服外，还抓紧时间武装思想，一边听关于共产主义原理的党课，一边努力学习文化知识。”“同志们的精神是令人赞叹的，在这里他们的生活相当紧张，每天除了出操和练射击外，同时还坚持上课和读书识字。”“这些身着破衣草鞋的年轻士兵常常围绕着人的精神等哲学命题讨论，在那些油印的出版物中，不乏对事物认识的真知灼见。”作者还让我们看到红军亲切地帮助自己的阶级兄弟戒掉从旧社会沾染来的不良嗜好的动人场面。书中写道，“红军对那些刚入伍的新兵进行了戒除由鸦片恶习的伟大实验，免除操练和勤务，给吃最好的伙食，同时卫生员发一种药品来减轻他们戒烟的痛苦”。从这里，人们看到，红军的确是一支有理想、有追求，与旧式军队截然不同的人民队伍。

作者还介绍了红军正确划分阶级界线，依靠贫下中农，打土豪分浮财的情况。他写道：“我们来到一个地主(土豪)家宿营，这里的一切，马上成了红军的财富，他们拿走了一切用得着的东西，然后熟练而有条理地召集穷人将谷仓的粮食分光。那么按什么区分农民和地主呢？他们回答我说‘按自食其力，如果他雇佣别人为自己种地，那他就是压迫者’。”作者以其亲眼所见对国民党反动派污蔑红军“杀人放火”“共产共妻”等进行了有力的批驳。

三

同时，《神灵之手》还以独特的方式向人们揭示了红军灵活多变的战略战术和行之有效的统战工作艺术。

作者虽然因其在红军队伍中的身份所限，他对于在行军和作战中的军事意图不很清楚，也不可能在字面上给予适当的描述，但这并不妨碍我们从他对红军行军路线的变化无常和饮食、休息没有保证的直接描述中看出红二、六军在战斗中，一改过去“左”倾路线统治时期的被动挨打的局面，实行了大规模的游击战、运动战的战略战术。如“我们离开一个小村，连续一星期的夜行军后，结果又返回了那里，并适当接近‘政府军’。”“天刚亮时继续行军，这一天，第一顿饭是天还没亮时吃的，第二顿饭则在天黑后，而且只是米饭和卷心菜”等。

同时，我们从书中看出红军长征途中，是怎样成功地开展党的统一战线工作的。勃沙特（薄复礼）是这样记叙经过毕节时，争取到贵州知名人士周素园先生参加长征的情景的："队伍中有一个穿得很得体，胡子老长的中国绅士……红军抬着他前进，简直像是出游，红军带他走，但他的确不像是一个犯人，红军对他很尊重，称他周先生。"此外，书中还多次写了红军优待被俘的国民党将领，以及对他们进行思想教育的情节："指战员曾以完全自信的口吻，宣传共产主义理论的伟大，描绘未来国家的美好前景，开导这些属于上流社会的敌人，艰苦的生活，反使你们相互友爱，而这正是与未来共产主义社会人与人之间友爱关系相似。"通过长期耐心的工作，终于使他们心悦诚服地加入了红军队伍。作者还说明了红军对出身贫苦的俘虏采取的具体政策，指出"像他们这样阶层的俘虏，如果不愿参加红军，即能有机会遣返回家，而且离开时还会有发三块钱路费的好事，选择完全在自己"。

对于对勃沙特（薄复礼）这样的外国传教士，红军在扣留他们的期间，对他们在生活上作了一切力所能及的关心照顾。作者写道："我们受到了公正的对待，他们给我们松了绑，……他们还发还了我们所有的物品，一丝不苟，甚至连我们的银角子都一文不少。""因为气候潮湿，多雨，我们提出要块油布。"结果"给了一件床单。我们后来才知道，这在红军中已是非常奢侈的供给了。"一次，勃沙特（薄复礼）的鞋坏了，要求红军给一双。终于"找了一双非常合脚的橡胶雨鞋，它是刚从一位嘟哝着的同志的脚上'没收'的。"书中还多次写了作者患病时，红军对他无微不至的关怀，一次胃很疼时，"红军为我单独熬了米粥，加了些白糖，让我慢慢地喝着。""令人宽慰的是后来再次行军时红军给了一匹马。""'法官'很可能注意到我们衰弱的情况，晚上，他命令卫兵给我们买只鸡补养一下。""我患了重病，天天高烧不退，危在旦夕。""卫兵们显得非常关心，问我想吃什么，先前我曾在桑植街上看到卖柑桔的，但没有钱买，我说想吃点儿那个，于是他们很快为我买了些大柑桔，当时这东西价格十分昂贵，后来又拿来一大碗苹果布丁之类的东西，在这里这些都是相当罕见的"等。

以后勃沙特（薄复礼）获准释放，表明红军对薄氏也有新的认识。在《神灵之手》一书中作者写道萧克所以释放他的理由，"我们决定对两个外国人做不同的处理，你是瑞士公民，瑞士不是帝国主义国家，没有不公平对待中国，没有租界，我们决定给你自由。”从而为他摘掉了“帝国主义间谍”的帽子，并两次设宴为他送行。席间，王震同志“和颜悦色地对我说：‘我们是朋友，你幸运地看到了我们的所作所为。’”萧克同志也表示说：“我们不反对你作为一个外国人留在中国”，甚至“允许你办学校”。

勃沙待离开红军后，除了发表《神灵之手》一书，客观地向国际舆论界介绍其亲身经历，对他周围的人们宣传我党我军的政策外，他在我省盘县继续传教的十多年中，还热心地为当地群众治病、办学，做了不少好事。事实证明，他没有辜负一年零八个月中红军对他的照顾，没有辜负临别时王震、萧克等同志对他的期望。这一切表明，我党的政治思想工作有其巨大威力，以及党的统一战线工作的确是一个革命的重要法宝。

附录 7

瑞士牧师与中国红军[①]

董玉

读了 1984 年 10 月 21 日《人民日报》张国琦同志写的《长征路上的另一位外国人》一文后，我对这样一位曾经在 50 年前帮助过中国工农红军的外国友人产生了一种崇敬之情，对他在我省的行踪很感兴趣，作了一些调查了解。现将凋查的有关情况，提供史学界参考。

1958 年 10 月份我在黄平访到一位 1934 年曾在该县旧州基督教堂从事宗教职业的潘文光老人，他摆谈时说："1934 年秋的一天傍晚，有一个外国牧师，来到旧州教堂。经澳大利亚籍的陈国荣牧师介绍，才知道他姓薄，是镇远教堂的牧师，回镇远路过旧州，说是大路上有战事(指红六军团入黔)已经走不通。他在教堂内住了一夜，第二天早上就和陈牧师一起离开了教堂。估计走出十里远，就和红军相遇，又回到旧州。但不知住在什么地方。和他们一起进旧州的还有另外四个外国传教士，其中我只认得长得很胖的，姓林的女传教士。红军在旧州住了一晚，离开的时候把陈牧师和薄牧师带走了。"

根据潘文光老人提供的线索，我专程来到遵义市基督教协会找了一位当年和薄牧师同事的名叫宁文生的基督教牧师作调查，他说："勃沙特（薄复礼）确实是镇远教堂的主持者，他的中国名字叫薄复礼。为人谦和有礼，博学多才，不苟言笑，急人之难。他有很高明的医道，每天早上都有二三十人来找他求医看病。勃沙特（薄复礼）被红军带走那年，

① 原载于《贵州文史丛刊》，1990 年第 3 期。

约有三十七八岁。”

勃沙特（薄复礼）从昆明回到贵阳后曾对宁文生描述红军给他的印象说：“红军对穷人很好，在艰苦的长征途中，时时忘不了帮助那些贫穷的人们。红军打仗勇敢、顽强，指挥官都很年轻，萧克将军只有二十来岁。红军士兵对我很好，行军时，萧克将军还特别为我准备了一匹马。”宁文生老人还说：“就在薄牧师被红军带走之后，他和潘文光受贵州省基督教协会的委托，曾前往石阡、印江等县去找过薄牧师，结果没有找到，而其他那几个牧师都先后在路途中被释放了。如那个姓林的女传教士就因为太胖，在红军队伍里还没待上一个星期就放了回来。宁文生老人还谈到勃沙特（薄复礼）在红军中跟他通信的情况说：“薄牧师被带走几个月后的一天，我收到了他的来信。我们几个教徒看完信后都放心地笑了。信中说：“原来是一场虚惊，红军对人很好，对我给予了优待；他们对人很和气，只是生活太苦，时常吃薤头（音叫，一种野葱的根）。”宁文生还回忆说：“薄牧师离开红军到昆明，住了几个月就回贵州。后回国休养了两年多又来我省盘县传教，直到 1951 年回国时，他还特地来到遵义给我辞行。因为我是薄牧师亲自洗礼的教徒，并和他一起传教多年，在他的教堂内担任过执事。”“我怀着依依不舍的心情把薄牧师送上车。途中他一再对我说：‘我是最后一个离开贵州回国的外国人。别的外国传教士都害怕共产党，我不怕，因为我了解他们。只要共产党是我所见到的红军，就用不着害怕。他们是讲友谊的，是信得过的朋友。我之所以要回国，主要是中国还没有加入联合国，国际教会组织没有把这里作为传教的国家，所以几次通知我回国。这就是我要回国的原因，绝不是害怕共产党才回的……’”

不久我又到贵阳走访了贵阳市基督教堂牧师巫国骥，他老人家告诉我，“勃沙特（薄复礼）曾经和我谈起这样一件使人难忘的事情，说他跟了红军队伍后不久，就到了圣诞节。‘这下可难坏我了，《圣经》虽未被没收，但要做礼拜是有困难的，想了很久，只好在地上用草梗摆了一个字母图案（耶稣的英语名字）来寄托我的信仰，不想被红军发现了，然而没有受到阻止和训斥，这说明对外国人还是很宽容的”等。

附录 8

瑞士旅华牧师波夏德及其介绍红军长征的回忆录《束缚之手》[①]

沱源、贵武

一、关于波夏德（薄复礼）的汉语译名

1984 年以来，中国工农红军长征五十周年之际，随着国内外对中国工农红军长征史及中共党史研究的兴起，一位亲历中国工农红军六军团军营十八个月并率先著书向世界介绍红军长征的旅华瑞士牧师波夏德引起了国内外各界的关注。

这位波夏德，全名鲁道夫·阿尔弗雷德·波夏德·皮亚吉特 (Rudolf Alfred Bosshardt Piaget，1897 年)。此人自幼随父母从瑞士德语区移居英国，1922 年 25 岁时被基督教会派往中国驻历史文化名城镇远福音堂传教，且活动于黄平、贵阳、安顺一带。旅华时，他根据 Bosshardt Alfred 译音取了汉名薄复礼 (源自 Bo—fred)，据民国政府外事档案及上海申报又译作波夏德，汉名为薄复礼。

1984 年 10 月 21 日《人民日报》第五版发表张国琦撰文《长征途中的另一个外国人》，将 Bosshardt 译作“勃沙特（薄复礼）”。

同年，贵州《黔东南社会科学》杂志 1984 年第 4 期刊登贵州镇远县委党史办邱宗功文《贺龙、萧克、斯诺与传教士勃沙特（薄复礼）》，

① 原载《黔东南社会科学》，1989 年第 3 期。

译名与张国琦文相同。

1987年8月17日，新华社《瞭望》杂志总33期发表张国琦文《长征途中一个外国人的故事》，沿用“勃沙特（薄复礼）”译名。

1988年4月，中共中央党史资料征集委员会《党史资料通讯》总44期发表贵州省委党史办李林撰文《一位先于斯诺著文介绍中共和红军长征的外国人——勃莎特》，也沿用“勃沙特（薄复礼）”译名。

1938年2月，北京燕京大学讲师、美国记者埃德加·斯诺名著《西行漫记》(英文名《红星照耀中国》，1937年10月由英国伦敦戈兰茨公司首版)第二篇《去红都的道路·贺龙二三事》中，作者用第三者语气较为客观地简要记述了波夏德牧师在中国工农红军二、六军团的经历，译名“波斯哈德”。

1986年4月，新华社《参考消息》编辑部译编美国记者哈里森·索尔兹伯里新著《长征秘闻》(英文版原名《长征——没有说过的故事》，1985年美国哈泼罗出版公司出版)，将Bosshardt译作“博斯哈德”。

同书同期另一中译本《长征——前所未闻的故事》，将Bosshardt译作“博萨哈特”。

基于上述，Bosshardt已有六七个甚至七八个汉语译名了。究竟以哪一个译名为宜呢？我以为应以Bosshardt自己向中国外交部填报的“波夏德”(或薄复礼)为宜。正如英国驻香港总督游德爵士20世纪40年代来华时向中国政府填报汉名游德，沿用到在北京病故。也如1925年援华俄国顾问团成员瓦西里耶夫(V·A·Vasiliev)汉名王希礼沿用终身一样(见陕西人民出版社1983年版《曹靖华散文选》第87~88页)。

二、波夏德（薄复礼）其人其事

波夏德是瑞士人，1897年生，从小随父母从瑞士德语区移居英国，在那里受到了良好的教育，很有写作才能。据我判断，他熟悉德语、英语、法语和汉语。德语是他的母语，因为他的父母原住瑞士德语区。他移居英国，并在英国读书，必然精通英语。他长期在贵州传教，并能与中国红军官兵对话，还帮助萧克将军翻译法文版贵州地图，他显然熟悉法语和汉语。

1922年，波夏德25岁时，被英国基督教会派来贵州传教，任镇远基督教堂牧师。镇远基督教堂坐落在镇远府城对门河周大街，依山临水。西邻甘公祠，即清康熙云贵总督甘文焜为维护祖国统一抵制吴三桂叛乱而自刎殉节处，因康熙帝赐甘文焜谥号“忠果公”，故该祠又名忠果祠，门前石牌坊雕工精美，两旁古柏参天，景名古柏精忠。镇远基督教堂对面有两个寺庙，东边一个名白衣庵。从镇远基督教堂步行三四丈，便是沅阳河渡口，明代修建的两座石级大码头南北对峙，一叶木舟浮于河面，缓渡来往过客。晚间，有渔夫点亮灯火驾舟捕鱼，在碧波中即兴而歌，呈现着名城镇远一幅胜景——“燕矶渔唱”。可算是一个景观迷人的好地方。

镇远基督教堂是一个砖墙平房大院，院墙临街，东侧设大门，门内有方形院坝，内有一个宽敞高大的平房建筑物，即是教徒们做礼拜的圣堂。西侧开旁门，有甬道直通一所砖木结构的坚固平房，其平台地基高高隆起，前面有混凝土前廊，房屋共五个开间，是外国传教士生活起居之所，住起来舒适方便。

这里就是波夏德牧师携夫人居住的地方，他们雇有一个中国女仆为他们煮饭料理家务。

1934 年 8 月，贵州安顺教区阿尔伯特夫妇在安顺创办了一所教会学校竣工开学，邀请镇远教区波夏德夫妇及旅黔外籍教会人员去那里共度宗教节日，并参加开学典礼。

波夏德夫妇携女仆按期赴安顺聚会。10 月 29 日，波夏德夫妇及女仆从安顺返镇远途经黄平县旧州镇。旧州基督教堂传教士阿诺利斯·海曼夫妇接待他们主仆三人在旧州城东的天主堂住下。

旧州镇，古名乐源，蜀汉丞相诸葛亮派部将南征孟获，在㵲阳河上打通了施秉县到这里的水路后，从这里可扬帆直下江南，这个地方便成了沅江上游著名的水陆要津，经济文化日趋繁盛。元至元二十八年 (公元 1291 年) 置黄平军民总管府，明万历二十九年 (公元 1601 年) 置黄平州，为州治。清康熙二十六年 (公元 1687 年) 黄平州治移兴隆卫，称此地为旧州迄今。

旧州城是贵州著名古镇之一。中国现代文豪郭沫若的母亲杜邀贞就出生在这里。清咸丰八年 (公元 1858 年) 冬十一月初一，张秀眉苗族起义军攻陷旧州，郭沫若的外祖父、黄平代理知州杜琢章手刃了二女儿，自刎身亡。郭泳若的外祖母杜谢氏带着六岁的三女儿跳水自尽，刚满周岁的四女儿杜邀贞由刘奶妈背着从云南逃回了四川乐山，长大后嫁给郭家，生养了郭沫若。

旧州天主教堂位于旧州城东，建筑由三部分组成。礼拜堂是一座高大的德国式平房建筑物，内设圣坛及教徒席。与礼拜堂平行的建筑物是一栋中国式普通平房，乃是教会学校的校舍，后面一栋二层楼房，便是传教士的宿舍，楼上四周有走廊和木栏杆。海曼夫妇及波夏德夫妇当年就住在这栋楼房里。这个天主教堂1988年已按中国的宗教政策，恢复了中国宪法和法律允许范围内的基督教活动，由一位77岁的苗族农民教徒龙正邦常驻教堂，有教徒多人。

9月30日，波夏德夫妇与海曼夫妇在旧州城外沅阳河边度过了一个礼拜日，并在那里举行了一次洗礼。

10月1日，也就是波夏德离开英格兰到中国传教十二周年纪念日，波夏德主仆三人离开旧州，海曼夫妇送他们到沅阳河边分手。波夏德主仆三人沿着河畔山间小路步行回镇远。

不久，路遇正在进攻旧州的中国工农红军六军团官兵。这时一些红军指战员以为到中国传教的外国人都是帝国主义侦探，便把他们主仆三人抓起来带往旧州，旧州天主教堂传教士海曼夫妇也一样被俘。

这天，红六军团在旧州天主教堂获得一张较为翔实的法文版贵州地图。波夏德通晓法语和汉语，帮助六军团萧克军团长熬夜翻译地图，并给萧克将军介绍了一些他所了解的贵州地方情况。

此后，波夏德牧师作为红军俘虏在红六军团军营里经历了长征先遣队西征，红二、六军团会师，建立湘鄂川黔革命根据地，红二、六军团再次西征等重要历史阶段。迄至1936年4月12日(星期日、复活节)，红六军团长征到昆明附近富民县境释放他为止，波夏德在红军长征途中生活了18个月，计560天。

他在《束缚之手》一书“作者自序”中写道：“读者将看到，按保守的估计，我们曾惊人地在贵州、四川、湖北、湖南、云南范围内行走了长达六千英里(主要是步行)，并在外宿营达三百多处。”以1英里等于3.2187市里计，波夏德随红六军团在长征途中辗转行走了一万八千三百一十二里。

红六军团释放波夏德（薄复礼）的经过是这样的

1935 年 8 月 1 日，中共中央根据共产国际七大关于建立反法西斯统一战线的新方针，以“中国苏维埃政府、中国共产党中央委员会”名义发表了《为抗日救国告全体同胞书》，即《八一宣言》，呼吁“无论各党各派间在过去和现在有任何政见和利害的不同，无论各界同胞间有任何意见或利益上的差异，无论各军队间过去和现在有任何敌对行动，都应当真诚觉悟，团结起来，停止内战，一致抗日”。同年 12 月 27 日，中共中央毛泽东主席发表了《论反对日本帝国主义的策略》一文，指出：“我们的抗日战争需要国际人民的援助，……这是中国抗日战争和中国革命取得胜利的一个必要的条件。”

在这个历史背景下，长征中的红六军团决定在昆明附近征途中释放波夏德。

一天，红六军团军团长萧克将军询问了波夏德的健康之后，对他说：“我们已决定今后对不同的外国人区别对待。你是一个瑞士公民，我们知道，瑞士不是帝国主义国家，没有同中国签订不平等条约，也没有在中国设租界地，所以，我们决定放你走。”

此后，有一天，萧克将军派部下请波夏德去吃饭。波夏德喜出望外，不好意思地抱歉说：“可是我没有新衣服换。”来人说：“我们共产党人不在乎形式，不换也罢。”

应邀同席的有红六军团政治委员王震将军，参加长征的贵州地方名士周素园先生，原国民党军中将纵队司令张振汉将军。应邀赴宴的还有石阡教堂德国传教士海因里希·克尔纳（他当时 28 岁，两年前来贵州传教。十来天后病死在途中，红军战士将他装棺安葬）。为表盛情，萧克将军亲自下厨，做了一道粉蒸肉款待客人。

王震将军席间对波夏德说：“你向报界谈话时必须记住，我们是朋友。你已看到，我们对穷人是如何好，我们在工作中是如何讲原则，某些恶意报道说我们是普通的土匪，我们绝对不是那样的人。”

萧克将军说，他不反对波夏德作为客人重返中国，“甚至允许你办学，只要你不用这种对上帝的信仰来毒害学生和老百姓”。

临别前一天，红六军团保卫部长吴德蜂（即波夏德回忆录中惯称的“吴法官”）设宴为波夏德饯行，饭后，大家与波夏德一一握手道别。吴德峰又同他个别交谈，关照他如何离开此地去昆明，问他需要多少路费，波夏德提出至少要4元钱。吴德峰吩咐六军团管钱的人给了波夏德10元路费。

次日清晨，红六军团继续艰苦的长征。波夏德当天顺利到达富民县城。这天，即1936年4月12日，中国的清明节，正值西方的复活节。

波夏德接着抵达昆明。趁着在昆明住医院养病的机会，由他口述，在G·利德尔、M·肯特小姐和G·L·莫尔先生的帮助下，趁热打铁记录整理他在中国红六军团一年半的非凡经历。三个月后，1936年8月，一本十多万字的自传体回忆录《束缚之手》便在伦敦出版了。

后来，波夏德仍在中国继续传教活动，先后到过贵阳、盘县、遵义等地，1952年从贵州盘县回英国。当时他到遵义向中国基督教徒宁文生辞行说：“我是最后一个离开贵州回国的外国人，别的外国传教士都害怕共产党，我不怕，因为我了解他们，只要共产党是我所见到的红军，就用不着害怕。他们是讲友谊的，是信得过的朋友。我之所以要回国，主要是中国没有加入联合国，国际教会组织没有把这里作为传教的国家，并且几次通知我回国，这就是我要回国的原因。绝不是害怕共产党才回国的。”（见《贵州省博物馆馆刊》，1986年第2期）

1985年11月，采访中国长征路的美国记者哈里森·索尔兹伯里受萧克将军的委托，在英国曼彻斯特郊区的卓尔敦波夏德住所拜访了九旬老人波夏德，转达了萧克将军对他的问候。我国外交人员也给波夏德先生写了信，波夏德老人给我国外交人员及时回信介绍自己的情况，并嘱咐道：“你若与萧克将军通信，请转达热忱的问候！”

1986年，我国中央电视台播放长征专题电视系列片时，某中一集着重介绍了萧克将军与波夏德先生的这段经历，播放了萧克将军以及波夏德先生的近影，还播放了波夏德回忆录《束缚之手》的英文本图像。

三、波夏德（薄复礼）回忆录《束缚之手》

波夏德是一位热爱生活、善于观察思考、擅长写作的瑞士人。他

1934年10月1日在贵州黄平县旧州镇被红六军团俘虏后的前三个月，就开始记录江军行军途中的事件和地点，准备以后写书。他在《束缚之手·作者自序》中写道："(本书)部分事件的内容和地点，是我被捕后前三个月记录的。"

1936年4月中旬以后的三个月中，波夏德趁记忆犹新之时，在昆明的病床上抓紧完成了一部记述他在红六军团生活一年半感受实录的自传体作品《束缚之手》，当年8月由伦敦哈德尔－斯托顿公司出版，英文版计288页，译成中文合二十多万字。

《束缚之手》(*The Restraining Hand*) 第一版印行后很受欢迎，很快就又再版了。第二年(1937年)被译成法文，由瑞士艾莫斯出版社(Editions Emmaus)出版。以后由于战乱，原书英文打字稿被毁，未再出版。

1978年，波夏德应出版商之约，重新修订出版了这部书，书名改定为《指路之手》(*The Guiding Hand*)。此书英文版印行不久，又被译成法文由瑞士教会出版社出版，书名仍为《指路之手》(*Conduit par samain*)。法文 main 即英文 hand，意为手；法文 conduit 与英文 conduct 同源，英文 conduct 与 guide 系同意词，意为"引导""指导""领导"。

我国山东省博物馆保存着一本《束缚之手》的1936年8月英文初版珍本。该版本已由山东省严强、席伟二位同志译成中文。

《束缚之手》英文本初版含"出版前言""作者自序"及正文12章，章目如下：（一）被捕；（二）逃跑及后果；（三）朋友们的消息；（四）行行复行行；（五）"打"；（六）我一个人并不孤独；（七）饥渴交困；（八）强迫和痛苦；（九）"狱中"；（十）释放的允诺；（十一）自由；（十二）海曼·贝克尔的记述。

"出版前言"概括了全书记述的事实主线："一九三四年十月一日、二日两天，驻中国内地的五名外国教士及两个孩子在贵州突遭红军扣留。他们是R. A·波夏德夫妇、A·海曼夫妇和两个孩子以及格蕾丝·恩布伦·布芬思小姐，虽然每人被要求支付十万元赎金，但已婚妇女和孩子几乎当场释放。一九三五年十一月，海曼在关押的四百一十三天后获释，五个月后，在东方的春季，濒临死亡的波夏德也在关押的五百六十天后，最终获得了自由。本书由波夏德撰写，同时增补了海曼·贝克尔先生关于营救他们获释经过的简述。

波夏德这本回忆录有一种英文版书名“The Restraining Hand”，新华通讯社《参考消息》编辑部 1986 年 4 月译编出版的《长征秘闻》第二十八章注释中将该书译名为《遏制人的手：为基督教在华被监记》。

张国琦同志在《长征途中一个外国人的故事》(《瞭望》，1987 年 8 月 17 日第 23 期) 一文中将该书译名为《抑制的手》。

鉴于英语词“restrain”有“抑制、约束、阻止、监禁”等意，考虑到波夏德随红军行军中有时是“绑着手”行走的，加之联想汉语有“束手无策”“束手就擒”“束手待毙”等成语，我姑且将书名“The Restraining Hand”译作《束缚之手》，蒙正于方家。

四、《束缚之手》的历史价值与美学价值

波夏德回忆录《束缚之手》比美国作家埃德加·斯诺的《红星照耀中国》(中译本名《西行漫记》，1937 年 10 月由英国伦敦戈兰茨公司首次出版) 早一年在英国及瑞士出版，是欧洲出版的第一本记述中国工农红军长征的自传体长篇回忆录。加之是作者离开红六军团后三个月内赶写成的，其真实性和新鲜感是不言而喻的。

红军长征是人类历史上的伟大史诗，这部报道红军长征的首创之作必然具有一定的历史价值，是研究中国工农红军六军团、二方面军长征史的旁证实录，内容相当丰富。

《束缚之手》这部书记述了新西兰、加拿大、瑞士、德国在贵州的传教士被红军俘获到释放这一“优待俘虏”过程中的友好关系，细节翔实，是研究中国人民对外关系史的一本独具参考价值的参考书。

这部书出了英文版、法文版，初版 40 多年后又修订重印了英文版、法文版，其经久不衰的成因，除了它内容上紧扣长征这部伟大的史诗之外，还在于它文笔生动，是一部别具散文韵味的纪实体传记文学作品，有一定的美学价值。

请看作者对红六军团 1934 年 10 月 1 日攻克黄平旧州城的描写：

“这一天，我们只走了十五英里，红军对这次攻克旧州的胜利，十分

得意。小城很富裕，从海带到鸡蛋，什么都不缺。有了吃的，每人都得到了鲜猪肉之类的补充。一些人戴上了毛织的女帽。一些人换上了新鞋，另一些人有了新雨伞。……新衣服和旧衣服，各色服装和床单，以及沿途丢弃的那些带不走的东西，在这里形成了一幅杂乱而又奇特的行军场面。……

“他们正在一切可写的地方，用红、蓝、白涂料书写标语，内容是打土豪分田地！”“苏维埃是中国的希望！”“不交租不还债！”有的标语摘自马克思著作“宗教是麻醉人民的鸦片！”“许多标语是反蒋的，如打倒蒋介石！还有部分标语内容是抗日的。他们到处散发传单，反复宣传他们是红军。这之后，他们给我送来了很稠的热奶和米饭，还加了白糖。”

这一段精彩的描写，洋溢着朴实的散文美，像一曲凯歌，似一首赞美诗，犹如一幅意景深邃的战争油画，使读者从字里行间体味到革命的艰辛，战斗的欢乐，胜利的喜悦，红军优待俘虏政策的英明也露于言表。

《束缚之手》对红军的同情甚至赞美，使笔者想起了苏联作家绥拉菲摩维支二十年成名小说《铁流》对红军的描写，两者在描写上有近似之处，但两书作者的立场、观点却是截然不同的。

正如《铁流》中译者曹靖华教授所说：“《铁流》本身，也就是苏联内战时期布尔什维克党所领导的那一支达曼军，那一支包括了妇孺老弱，叫花子似的，几乎手无寸铁的人民队伍，消灭了强大的劲敌，终于得到了自由和幸福。”

“一位参加长征的同志说：当年爬雪山、过草地的英雄们，把自己的英雄行为，当作中国的《铁流》。”(《曹靖华散文选·不尽铁浪滚滚来》，第208、207页，陕西人民出版社，1983年版)

五、《束缚之手》的思想倾向

波夏德1936年4月中旬至8月在昆明写作这本回忆录时，作者的世界观和心理状态是复杂而充满矛盾的。正如俄国大作家列夫·托尔斯泰是以矛盾复杂的世界观和心态完成了他的《复活》《安娜·卡列尼娜》、《战争与和平》一样，既饱含资产阶级民主主义思想，又渗透着浓厚的基督教宗教意识。

波夏德写回忆录时复杂矛盾的心态，充分表露于“作者自序”的如下十二行诗里：

面对“先贤”，
我把炽热的祈祷倾吐。
恐惧、希望、追求，
我得到宽慰和鼓舞。

感谢“被捕”，
我的心得到了基督徒的爱。
友谊和血的联结，
超过世间的一切。

我们患难与共，
我们同勉负重。
为那珍贵的互助，
我洒下深情的泪珠。

一方面，中国红六军团指战员同作者那“患难与共”“珍贵的互助”与“友谊”，“超过世间的一切”。另一方面，作者的心“得到了基督徒的爱”，从“炽热的祈祷倾吐”中“得到宽慰和鼓舞”。红军指战员给予他友善互助的精神力量同他的上帝崇拜意识交织在一起。

《束缚之手》的主要思想倾向是人道主义，也即资产阶级所谓“自由”“平等”“博爱”观。

作者的人道主义思想主要体现在他对红军指战员那坚定的共产主义信念、那艰苦奋斗精神、那严守纪律风范、那自我牺牲品质、那优待俘虏事迹的敬佩，甚至赞美。

作者笔下的红军将领贺龙、萧克、红军战士以及女红军形象逼真，个性鲜明，亲切感人。

波夏德在回忆录的第一章里，是这样描写贺龙及他领导的红二、六军团的：

“记得在一次行军途中，一个满脸黑胡子、年纪约四十五岁的骑马人从我们面前经过，这位骑士颇有风度。他对廖胖子(笔者注：红军俘虏的一个土豪劣绅)说：‘廖胖子，最好快点儿交钱(注：罚金)，否则我们就砍你的脑壳了。’他就是贺龙将军。”……

“这一天，是红军会师的伟大日子，驻地上万人欢跃，红旗招展，我们与先到这里不久的贺龙所率红二军团会合。我们看到贺龙领导的军队衣着更破烂，但军帽和红标志却十分明显。他们的目的是会合起来组成一支强大的军队。”

波夏德在该书第一章简笔勾画了红军青年军团长萧克将军热情、开朗、坚定乐观、豪情满怀的英姿：

“第二天(1934年10月2日，笔者注)，我们向前方一个集镇进发。经过考虑后，他们将格蕾丝·恩布伦(笔者注，格蕾丝·恩布伦·布芬思小姐，被俘的外国传教士)留在后面走。这样行军时人们看不见。当晚，我们宿营在一个破庙中。我们睡在后大殿的地上。房子里生起一堆火。年仅二十五岁的萧克将军把我叫去，请我为他翻译一张法文的贵州地图。我的印象是：他相当热情，性格开朗，是一个充满追求精神的共产主义将军，他正希望在贵州东部建立一个共产主义的政权。”

波夏德是这样描写红六军团女战士的：

“在会见‘法官’(笔者注：即红六军团保卫部长吴德峰)时，他妻子始终坐在床上，注视着我们。最初，我认为那个女人可能很冷酷，但事实证明她很和善，并好像受过很好的教育。当我告诉他们，我妻子不可能会坚持跟他们走这么多路时，“法官”的妻子宽慰我说：‘我也是一个女人，她会像我一样慢慢适应的。’当我对‘法官’阐述基督教义时，他总迷惑不解。因而，往往由他妻子再进一步解释我这些‘鬼话’。”

“在这支队伍中，我们也首次领教了那些有趣的女共产党人的锋芒。当我们经过街上时，常听她们说：‘看，这些帝国主义派来的外国奸细。”很明显，人们如此偏激。

“我们经常被绑起赶着走。他们中最讲人道的是那些妇女。……”

“我失望之极的原因是，这段行军太累了。‘法官’的妻子发现后，她答应将为海曼和我找匹马。三天后，给了我们一头骡子，我们每人骑它走三分之一的路，但这又引起了主人的指责。”

《束缚之手》一书，及时再现了当年红二、六军团艰苦长征的英雄群像

长征战士学习俄国十月革命的成功经验，在极端艰辛困难的征途间隙中顽强刻苦地学习马克思列宁主义，牢固树立共产主义伟大理想，坚信中国无产阶级革命必然胜利：

“(到了永顺城)一个同志发现我脚上打起了泡，他非常善良，帮我把脚上的泡治好。在永顺的这几天中，士兵们非常勤奋。他们除了忙着打草鞋外，同时抓紧时间武装思想，一边听关于共产主义原理的党课，一边努力学习文化知识。我们希望长期留在这里，不过由于白军一再逼迫，我们不得不再次转移。”

“当那些能阅读流利的士兵，带着人性、品质等哲学问题求教我们时，我常感慨不已。”

“许多报道把抓我们的红军，称为‘匪徒’或‘强盗’。实际上，这些领导人是坚信共产主义和马克思列宁主义的信徒，并在实践着其原理，是要建立另一种频率和形式的‘苏维埃’，归根结底是以俄罗斯为范本。”

波夏德笔下的红军指战员执行政策，纪律严明：

“有一次，我们来到一个地主(即土豪)家宿营，他们拿走了一切用得着的东西，然后非常热闹而又有条理地召集起穷人将谷仓的粮食分光。‘那么按什么区分农民和地主呢？’他们回答我说：‘按自食其力，如果雇用别人为自己种地，那么他就是压迫者。’这之后，我们开始安心地饱餐这个‘压迫者’的鸡、鸭、猪。”

作者对红军长征夜行军人人遵守革命纪律的描写，富于诗意，近乎赞美：

“此间天气潮湿，我们提出要块油布避雨，结果给了一条床单。我们后来才知道，这在红军中已是非常奢侈的供给了。

“一次夜行军中，突然命令不准发光，不准出声。军团在漆黑的夜里无声无息地前进，每走一步都十分艰难，走得很慢。为了摸黑前进，

后者只好抓住前者的肩在小路上行走。此刻，我们正通过一个危险的山口，而旁边就有白军把守。走出危险区时，灯笼、火把允许点了，但谁敢冒冒失失地先点亮，人们将说他混蛋。遇到这种情况，惯例是一个手持火种的人，在路旁逐一点亮经过者的灯笼和火把。寂寞黑夜中出现长长的火龙，往往给人以无限的遐思。”

作者描写红军指战员坚持“优待俘虏”政策的若干细节也写得生动逼真。有如：

“快到下一站宿营时，突然天昏地暗，暴雨倾盆，我们没有伞，浑身淋得像落汤鸡，士兵们也淋得身无干处。休息时，他们点着一大堆枯枝，邀请我们一道脱下湿衣服烘烤。

“当晚，他们宰了头牛，早上出发时，一个卫兵盛给我们满满一大碗牛肉片，我们高兴地把它收藏起来。晚上我们走到一所房子外待命，卫兵也像昨天那样生起火御寒。这时传来命令，黎明前要继续前进，当晚没有晚饭。大家都饿坏了，我自然想起了收藏起的那碗牛肉片。我把它穿起来放在火上烤，牛肉发出诱人的香味，一些士兵也凑过来同我们共享美味。第二天，那个给我牛肉的士兵来了，询问牛肉加工方法，显然，他想让我为他再烤一次，令人失望的是牛肉吃光了，不过他并没有为此生气。

“牛肉盛餐后，我的鞋走到了头，凭一只鞋走了近五英里。我告诉士兵再走就必须找双鞋，结果他给忘了。第二天行军时，我只好用布缠着右脚走，‘法官’告诉我没有鞋，但他已要求大家去找找。的确，对同样缺鞋的同志们来说，这是个难题，几个星期来日夜行军作战，根本没有时间打草鞋。有些人哭的原因就是没有鞋穿脚磨烂了。后来，他们给我找来一双非常合脚的橡胶雨鞋，那是刚从一位正嘟哝着的同志脚上‘没收’的。”

红军指战员和共产党员为革命的献身精神、艰苦奋斗作风使波夏德深受感动，波夏德将红军指战员视为“璞玉”：

“行军中，我们被一个俘虏一个士兵夹成单行，紧跟在旗手的后面，队伍的中部。军旗，为红布铺底，中间镶有一颗星和劳动阶层标志的镰刀、锤头。军旗只在特殊场合使用，平常放置在一个用油画面改制的布罩中。……

“路，中国与英国不同。这里只是指勉强能走的崎岖泥路和山石小道而已。雨天，更是一片泥泞。行军中，上山容易下山难。山高路滑，危险万分。阴雨天，小路经前面几千人和马走后，路烂得使人寸步难行。他们很体贴人。凡遇到危险路段，总有人走出队列帮我们一把。我们没少摔筋斗。常常是泥浆满身。

“这种艰苦的生活，真令人感慨万千。……从这些人顽强的斗志看，不能不使人为之动容。我像看到泥潭中的璞玉一般，常为他们得非其所而深深感叹。

“我们被迫一点一滴地去认识那么多共产主义内幕，这种印象随着事件的发展而逐步加深。正如在路旁看到一块璞玉混珠，我们只能用中国话发出‘嗳’的感叹，可又无法改造他。”

波夏德在《束缚之手》中也记述了个别红军战士在生活细节上的一些弱点，这不足为怪。因为我们的红军战士都是人，不是神，“人非圣贤，焉能无过”。这在中国共产党和中国工农红军历史上的幼年时期的确是在所难免。

同时，读者也会看到，波夏德在《束缚之手》一书中体现出的人道主义思想倾向，毕竟是资产阶级人道主义，以马克思主义观点看来，波夏德回忆录中流露的人道主义并非革命人道主义，也不是社会主义人道主义。

波夏德在他的书中多处宣扬了资产阶级博爱观。

该书的思想缺陷之一是作者宣扬了“上帝至上”的基督精神，认为上帝的爱将使他们战胜一切，自称“我写作的目的是感谢上帝，在不幸的时刻是上帝赋予我力量”。

该书另一个思想缺陷是在一些细节描写中自然主义地描写红军指战员处决、惩治土豪劣绅、处治阶级敌人的情况，字里行间流露出对土豪劣绅、阶级敌人的同情，渲染红军惩治阶级敌人的所谓“残酷性”。作者不明确红军在长征这个特定的历史关头，那样镇压处决土豪劣绅，实在是无产阶级革命战争那个你死我活的阶级大搏斗中必须采取的正义行动，须知“对敌人的仁慈便是对人民的残忍”。这是争取长征胜利的必要专政措施。

书中还有一些错误观点，也是我们不能接受的。

诚然，虽有如上思想倾向上的缺陷，《束缚之手》一书仍不失为具有一定社会价值、史学价值、美学价值和学术研究价值的介绍红军长征史诗的首创之书。

附录 9

与勃沙特（薄复礼）同在红军中生活过的神父汉斯·凯勒[①]

陈集思

《神灵之手》中提到红军长征经过石阡县城时俘获的天主教神父汉斯·凯勒，随军到了云南，勃沙特（薄复礼）获释于富民县而与之分手后，他下落如何呢？他究竟是个什么身份的人呢？

据国民党政府档案记载，汉斯·凯勒亦译作克尔纳，中国名字叫耿友华，身份是贵州东路救区石阡天主教堂司铎。此人 1933 年 8 月到中国传教，当红二、六军团于 1936 年元月长征到石阡时，以犯“帝国主义间谍罪”被俘获。“中华苏维埃人民共和国川滇黔省肃反委员会判决书”第 43 号曾对其作过如下判决：

公元一九三六年四月十日，特别刑事法庭主审吴德峰，陪审梁英才、刘生标，书记陈宜盛，参加审判之国家原告人杨风生，公开审判德国帝国主义派来中国之反革命侦探耿友华一案。

被告人耿友华，男性，二十八岁，德国人

根据国家原告人材料及该犯当众供认事实如下：

该犯在德意志大利罗马圣经大学毕业，于一九三三年假借传教名义，由德帝国主义派来中国作暗探。该犯经过上海、汉口到贵州石阡。该犯到石阡后，与石阡之贼保安团长有特殊关系，并帮助该贼保安团训练及

① 原载《贵州文史丛刊》，1990 第 3 期。

迷惑士兵，驱使无知士兵反抗革命与压迫群众。去年（古历）我红二、六军团在石阡县经过时，该犯身带望远镜，积极指挥该县保安团坚决抵抗红军，当时在火线上被俘获；在天主堂中搜出自装之秘本贵州地图及其他侦探材料。

该犯自认系法西斯蒂的德帝国主义派遣来中国侵略，与帮助卖国贼蒋介石进攻红军、屠杀中国无产阶级的赛克特（蒋介石的德国军事顾问）等贼是有关系的；同时，德帝国主义的反动首领希特勒之屠杀德国无产阶级，皆利用彼辈作伥。

宣判当日，耿友华写信给他的主教，交由即将获释的勃沙特（薄复礼）带转。信中呼吁："首要者须先派代表一人与红军接洽妥当"，并"迅速付给国币五万元。"

勃沙特（薄复礼）离队后，耿友华继续随红军长征，不久，病死于云南姚安县。当时虽然军情紧急，红军还是发扬了革命的人道主义精神，用红漆漆板棺材装殓后，把这位德国传教士埋葬在该县城郊。

附录 10

外国人记述长征——解读勃沙特（薄复礼）《神灵之手》[1]

陈宇

1934 年 10 月初，勃沙特（薄复礼）等外国传教士在贵州黄平县旧州被转战中的红军第六军团当作“间谍”扣留。另外的人后来被释放，只有他一人留了下来。据勃沙特（薄复礼）估计，他与红六军团部队一起在湖南、贵州、云南等省境内走了大约 9600 公里，在外宿营达 300 多处。在随军生活 1 年多后，1936 年 4 月他被释放，几个月后撰写了有关这段经历的回忆录《神灵之手》，于同年 12 月在英国出版。该书比美国记者埃德加·斯诺的《西行漫记》早一年在伦敦出版发行，是第一部向西方世界介绍中国工农红军长征的著作。本文依据有关研究成果，对其作一力所能及的解读，提供一些背景资料，并在附注中有所选择地段摘了勃沙特（薄复礼）的这部作品，以供多角度、全方位地深入研究红军长征史作参考，希冀对长征史料的完整性有所裨益。

勃沙特（薄复礼）的长征岁月

英国籍传教士勃沙特（薄复礼），全名鲁道夫·艾尔弗雷德·博斯哈德·比亚吉特 (Rudolf Alfred Bosshardt Piaget)，中文译名为勃沙特（薄复礼），1897 年出生于瑞士。在他出生后不久，其父母从瑞士德语区移

① 摘自《谁最早口述长征》（解放军出版社，2006 年）。

居英国，因此，在他的国籍记叙上，有文写为英国，也有文记为瑞士，在当年他被扣留时，红军即认定他的国籍是瑞士。

据新中国成立前贵州省盘县县政府社会科民国三十六年(1947年)档案第34卷记载：1923年秋，勃沙特（薄复礼）被教会派到中国，在贵州境内镇远、黄平、遵义一带传教，并起了一个中文名字薄复礼。勃沙特（薄复礼）到盘县传教时，居住在凤鸣镇大同路162号，其妻薄羡万美(盘县当地群众尊称为薄师母)在盘县内地会医疗室行医。勃沙特（薄复礼）来盘县之前，盘县的基督教务是由先期到盘县的美籍传教士贾习真负责领办的。抗日战争时期，贾习真应征作为一名盟军成员在我国参加抗日战争，并任美军翻译官及随军牧师。此后，勃沙特（薄复礼）成为盘县基督教务的主要负责人和镇远教堂的主持者。勃沙特（薄复礼）重视中国传统文化，他的中文名字"薄复礼"，就是以孔子"克己复礼"的格言来取的。他不苟言笑，为人谦和有礼，博学多才，急人之难，并有高明的医术。

1934年秋，中国工农红军开始长征。9月底，作为中央红军长征先遣部队的红六军团，越五岭，跨湘江，进入贵州，在贵州的施秉与黄平之间，突破了黔军阵地。说来也巧，就在勃沙特（薄复礼）来中国第12年的纪念日10月1日，他与妻子及随行人员在由贵州镇远去黔西县城途中的一个村子里，与转战途中的红六军团部队不期而遇。望着突然从山坡背后树林中走出的一群持枪者，勃沙特（薄复礼）怔住了。

勃沙特（薄复礼）一行所遇到的穿着五颜六色衣服、戴着长舌帽的持枪者，正是任弼时、萧克、王震所率领的红六军团部队。红六军团在这一时期正以自己的血战，拉开中央红军长征的序幕。该部担任中央红军长征先遣部队，自1934年8月7日从江西遂川出发，转战数千里，历时50余天，经过无数次生死血战，终于突破了湘、桂、黔3省敌军的包围，按照中央的战略意图，正转战向黔东，与贺龙所率领的红二军团会合。

这时，红军对于传教的外国人印象不佳，以为他们都是帝国主义的侦探，于是就把大鼻子、黄头发和灰眼珠的勃沙特（薄复礼）一行抓了起来，带到红六军团保卫部审问。勃沙特（薄复礼）不知红军底细，心里忐忑不安。红六军团保卫部长吴德峰找他谈话。出于红军行动需要保密以及缺少经费、药品等原因，吴德峰告诉勃沙特（薄复礼）一行，他们暂时不能离开红军，要他们在为红军筹措一些经费或医药用品之后才能获得自由。

勃沙特（薄复礼）等被带进一间房子里休息。红军送还了他们原所携带的东西，就连银圆也如数奉还。当晚，勃沙特（薄复礼）睡在南方式的躺椅中，他的妻子睡在木板拼起来的窄床上，而同他们在一起的士兵们则睡在地上。勃沙特（薄复礼）心想，看来这"俘虏"的待遇还算不错。

艰苦的行军生活开始了。每天，天还没亮，队伍就开始行军，一走就是一整天，有时晚上也不休息。贵州地区，"天无三日晴，地无三尺平"。勃沙特（薄复礼）随红军队伍走在山道上，大雨滂沱，黑夜茫茫，崎岖的山道似无尽头。这对第一次过行军生活的勃沙特（薄复礼），的确苦不堪言。当时，红军曾尽量予以照顾，他的鞋子破了，有的战士从脚上脱下鞋来给他穿，总是让他们睡在室内用稻草铺就的床上或者寺庙的地板上。用勃沙特（薄复礼）的话说，在当时，这是最好的待遇了。但他还是忍受不了，他甚至担心红军会在某个地方突然把他杀掉，或者在一场战斗中被打死。他逃跑过但没有成功，他真想趁早一死了之。

勃沙特（薄复礼）所经历的这段紧张的行军生活，正是红六军团不断打破敌人的"围剿"，努力向黔东进发，与红二军团贺龙所部红军会师的前奏，其紧张程度可想而知。

当时，红六军团行军打仗只能依靠一般教科书上的地图，遇到了很大困难。在袭占黄平老城旧州城内的一所教堂里，红军发现了一张一平方米面积的法文贵州省地图，如获至宝。那一天，勃沙特（薄复礼）经过一天的行军，浑身疲倦极了，躺在床上正想睡觉。忽然有人来叫他，说是萧克军团长有请。他连忙坐起来，穿好衣服，随后赶到一座民房前，同早已等在那里的萧克将军见了面。然后一同来到小方桌边，萧克将军指着方桌上的那张法文贵州省地图，要勃沙特（薄复礼）读出中文地名。勃沙特（薄复礼）懂得法文，他按照萧克的指点，把一个个山脉、河流、村镇的中文名字说出来，萧克一一标在地图上。油灯的光线若明若暗，他们俩谈笑风生，兴致甚浓。萧克与勃沙特（薄复礼）一起，一连几个晚上在油灯下把这些地名一个个地译成中文。勃沙特（薄复礼）自己知道的，就直接译成中文；不知道的，就把音读给萧克听，由萧克来揣测到底是什么地方。在红六军团转战贵州的艰难岁月里，这张地图无疑起了很大作用。萧克对贵州东部地区的情况需要了解得十分仔细，而勃沙特（薄复礼）则尽其所知，全部提供。萧克对这次合作很满意，勃沙特（薄复礼）的帮助为他决定今后的行动方向提供了依据，他对传教士的看法也逐渐改变了。后来红军缴获的一些英文报纸也由勃沙特（薄复礼）翻译成中文。

萧克在 1984 年给美国著名记者、作家哈里森·索尔兹伯里的信中也提到了这件事，写道："对我来说，这是一件不能遗忘的军事活动。我们从湖南进入贵州，用的是旧中国中学生课本上的地图，图中只有省会、县城、大市镇和大河流、大山脉，只有 20 平方厘米大。得到这样一张一平方米大的贵州地图，我们多么高兴啊！虽然在这以前，我们对于传教士的印象不佳，但这位传教士帮我们译出了这张地图，而且在口译时，边译边谈，提供了不少情况，使我在思考部队行动方向时，有了一定依据。在合作之后，固有的隔膜无形中消除了不少。尤其令人难忘的是，我们后来转战贵州东部直到进入湘西，其间全是靠这张地图。"

红六军团军团长萧克，是勃沙特（薄复礼）在红军中最早接触的红军最高领导人。勃沙特（薄复礼）后来追述说，初次相见，这位年轻的军官给他留下了很深的印象。那是一次难忘的会见，年仅25岁的萧克将军，热情洋溢，生气勃勃，是一个充满渴望与追求精神的红军将领。

勃沙特（薄复礼）第一次面见红二军团军团长贺龙，是他在红军中生活了一个月之后。那一天，红旗飘扬，口号声阵阵，会师后的红二、红六军团行军队伍，在山道上蜿蜒前行，勃沙特（薄复礼）也在队伍中。这时，一个骑马人从队伍旁边走来。勃沙特（薄复礼）抬眼望去，只见那人壮实威武，举止不俗，尤其是鼻子下面的那撮黑胡子，格外引人注目。有人告诉勃沙特（薄复礼），此人就是贺龙。勃沙特（薄复礼）猛然想起他的一个朋友曾与贺龙有过交往。那是贺龙在湖南芷江一带部队中任职时，勃沙特（薄复礼）的朋友贝克尔在那里办了一家医院。贺龙到该医院参观时，对贝克尔的事业很是赞扬。后来，贺龙的一位侄子有病，就是贝克尔医院的医生给治好的。对此，贺龙将军还写过一封热情洋溢的感谢信。勃沙特（薄复礼）想到，如果让他的朋友贝克尔来说服贺龙将军，也许有可能释放他们。于是，他给他的朋友贝克尔写了一封信。后来，贝克尔真的这样去做了。贝克尔几次派人带着信件前往联系。在贺龙的司令部里，代表们虽然被款待，但贝克尔的要求却未能如愿。贺龙笑着对贝克尔的代表讲："你们不要寄希望于我同贝克尔先生往日的友情。在新的政权里，一切友情甚至家庭联系，都要服从共产主义原则。"这件事使勃沙特（薄复礼）感到，贺龙已经不是传说中的贺龙，而是一个有着共产主义理想与原则的红军高级将领。

勃沙特（薄复礼）在红军长征中经受了各种艰难困苦。白天他随着红军长途跋涉，晚上他同红军一起宿营。日子长了，他对红军的观察逐渐深刻起来。他看到这支队伍很注意学习，每到一地，不管停留多久，差不多每个单位都要选择一间较大的房子为"列宁室"，当作学习的场所。即便找不到合适的房子，红军官兵也会自己动手，因地制宜地建造一个学习的场所。当然，其结构非常简单，仅用8根柱子支撑一个当天花板用的草垫，用常青树枝挂在竹竿上作墙，绿树叶的墙上布满红花和红旗，面向人口处的墙上悬挂着马克思和列宁的画像。红军官兵就在这里学习或进行其他集体活动。

红军的政治教育经常不断。部队宿营后，常召开一些会议，讨论问题。围绕为什么要反对国民党，为什么要打倒日本帝国主义等议题，大家各抒己见。最后，由连、排长进行总结。部队在行军中，首长们先要讲话，呼口号。行军途中，也随处可见个别谈话情景。对新入伍的战士，下的工夫还要多。

勃沙特（薄复礼）对红军的娱乐活动特别留意。尽管生活艰苦，战斗频繁，红军官兵的情绪很高，常有歌声。歌词的种类很多，有《国际歌》，有反对日本侵略中国的，有提倡讲卫生的，曲调大同小异。这支队伍的游戏常使他情不自禁地笑起来，什么"丢手帕"或"赶猪"之类的简单游戏等，虽不是什么高雅的艺术，但很能活跃部队的气氛。红军也偶尔化装演戏，有的水平还相当高。有一次因为演得太成功了，以至于一个新战士差一点儿对那位扮演蒋介石的演员动武。

勃沙特（薄复礼）对于红军部队中不赌博、不抽鸦片烟大为惊讶。他觉得，在当时的中国能有这么一大群人不抽鸦片烟、不赌博，的确不容易见到。当他了解到，有的新战士入伍前抽鸦片，入伍后就戒掉了，更加感到这支队伍非同一般。

红军严明的纪律，更使勃沙特（薄复礼）在亲眼所见后感动。有一次，为防空袭，他们跑进了果园。金秋时节，桔子树上果实累累，对于饥肠辘辘的红军战士，这些东西实在馋人。但勃沙特（薄复礼）发现，战士们除了多看几眼外，却没有一个人伸手去摘。

随着时间推移，勃沙特（薄复礼）还发现，部队官兵对他的称呼也渐渐地变了，一开始叫他“大鼻子”“洋鬼子”，后来叫他“薄牧师”，最后，有人叫他“老薄”了。他经常被叫去翻译外国报纸，有时还被请去为红军演唱，不过唱的是谁也听不懂的所谓“圣歌”而已。

在此之前，勃沙特（薄复礼）对于红军的印象是不好的。在此之后，他通过自己的观察，得出了这样一个看法，这些被国民党当局和西方报纸称为“匪徒”或“强盗”的人，实际上是坚信马克思主义并实践着其原理的人，是以苏联为范本的另一种形式的苏维埃。

1936年春天，红军在滇东北曲靖附近稍事停留。这里是一片小平原，田野里盛开着小巧而艳丽的豌豆花，春光明媚。大病初愈的勃沙特（薄复礼）站立在温暖和煦的春风中，颇感舒适。这时，从不远处走来了萧克将军和他的警卫员。萧克给勃沙特（薄复礼）带来了渴望已久的好消息，关切地问：“近来好吗？”勃沙特（薄复礼）说：“咳嗽有点儿减轻，但仍感到浑身没劲儿。”萧克当即表示，他可以准备回去，并说：“我们已决定今后对不同的外国人要区别对待。”在询问了勃沙特（薄复礼）的健康状况之后，萧克说：“你是一个瑞士公民，我们知道，瑞士不是帝国主义国家，没有同中国签订不平等条约，也没有在中国设租界地，所以，我们决定放你走。”当时，国际反法西斯统一战线已经建立，中国共产党也发表了著名的《八一宣言》，红军即是在这种背景下决定释放勃沙特（薄复礼）的。

对这一突如其来的消息，勃沙特（薄复礼）又惊又喜，简直不敢相信自己的耳朵。但眼前萧克将军的目光告诉他，这一切不容置疑。勃沙特（薄复礼）高兴极了。他满怀激情地期待着这一天的到来。

此后，好消息接踵而至。1936 年 4 月的一天下午，一个通讯员跑来告诉勃沙特（薄复礼），萧克将军邀请他去吃晚饭。勃沙特（薄复礼）很激动，他想，萧克将军宴请应该换换衣服才好，可是，他已找不出一件像样的衣服，无可奈何地说："我没有可更换的衣服。"通讯员说："我们是共产党人，并不太拘礼节。"他随通讯员一同前往萧克将军的住处。

被请的人除勃沙特（薄复礼）外，还有从贵州毕节参加红军的地方名流周素园老先生，在忠堡战斗中被俘的国民党中将纵队司令(此时已成为红军学校教员)张振汉将军以及其他人。勃沙特（薄复礼）回忆说："一切都准备得很完善，碗筷很好，还摆上了酒。"大家不分等级就座，厨师们也不按程序上菜，气氛轻松，无拘无束，谈笑声一直不断。就在这个家常便宴的席间，萧克将军又一次郑重宣布释放勃沙特（薄复礼）。对这一切，勃沙特（薄复礼）感激不尽。多年后，萧克将军对这次宴请勃沙特（薄复礼）也一直记忆犹新，因为其间有一道粉蒸肉菜是他亲手做的。

在萧克宴请勃沙特（薄复礼）几天后，保卫部长吴德峰又设宴正式为勃沙特（薄复礼）饯行，地点在昆明附近的富民县大湾村，时间是1936年4月11日，星期六。萧克、王震也出席了这个宴会，周素园、张振汉等作陪。吴德峰的宴请很丰盛，大家从下午3时吃到晚上。宴席上始终都在交谈，但话题总围绕着宗教。萧克对勃沙特（薄复礼）说："我不理解你们外国的教育，为什么总让人相信上帝，实际上你也知道我们都是从猴子进化来的，我认为人的任何聪明才智都是靠实践而来。"王震和颜悦色地对勃沙特（薄复礼）说："当你向报界介绍红军时，你应该记住我们是朋友，你曾幸运地看到我们的所作所为，其中最重要的是怎样为了穷人。而不是像一些人诽谤的那样的普通土匪。"席间，大家对勃沙特（薄复礼）今后的何去何从发表了不同意见。萧克对勃沙特（薄复礼）说："我们不反对你作为一个外国人留在中国，如果你能不再对大众传播信奉上帝的话，我们甚至允许你办学校，但我想当前你最现实的出路是回家。"

宴会结束后，其他人一一与勃沙特（薄复礼）握手道别。吴德峰把勃沙特（薄复礼）单独留下，问他需要多少路费。勃沙特（薄复礼）根据当时的具体情况，提出至少需要4元钱，吴德峰告诉管钱的人，给勃沙特（薄复礼）10元路费，并且还关照他如何离开此地前往昆明，说："今晚你们将住在一间平房内，但必须到天亮才可自由行动。我们在半夜后出发，你们一定不要在天亮前离开房子。"吴德峰所说的红军"半夜后出发"，即是次日的红军佯攻昆明行动。

当晚，勃沙特（薄复礼）离开了红军。当他从住处拿出简单的行李时，他很想同那些相处已久的士兵告别。然而，面对那些正呼呼入睡的士兵们，他只好悄然离去。4月12日，星期日，传统的复活节。对于勃沙特（薄复礼）这位信仰上帝的牧师来说，这的确是一个好日子，他恢复了自由。

与勃沙特（薄复礼）同时被俘的海曼在后来记述说："红军为什么这么轻易地释放了勃沙特（薄复礼）？这很可能是想告诉人们：红军扣押外国人的目的并非绑票勒赎，钱对红军来说是非常次要的，重要的是，红军想以此警告外国人，红军不允许在中国传播基督教，因为它使中国人民备受痛苦，是人民的精神鸦片，是与他们高级的共产主义理论相悖的反动宗教。红军是想告诉世界各国，他们不允许基督教这种邪恶的外国学说，阻碍他们正在自己土地上奋斗试验的那种外国学说。"

勃沙特（薄复礼）著书说长征

勃沙特（薄复礼）在红军中生活了560天之后被释放，不久到了昆明。春城的春天，风景秀丽。勃沙特（薄复礼）没有把主要精力放在传教或是游山玩水上，而是立即着手整理他在红军中的这段经历。在友人的协助下，仅用3个月，就整理出了一部长达288页的回忆录。1936年8月，当红二、红六军团(时刚合编称红二方面军)还在长征途中时，这部书以"The Restraining Hand"(直译为《抑制的手》，又译为《神灵之手》)为书名，交由英国伦敦哈德尔和斯托顿公司(London Hodderand Stoughton)于同年12月出版。

勃沙特（薄复礼）把他在红军中能经过艰苦的历程而幸存，归功于他所信仰的上帝，是上帝赋予了他以力量，战胜了许多艰难困苦。正如他在本回忆录第二章中所说："我们深深感受到：冥冥之中神灵之手对我们的佑护。"因此，他把这本回忆录定名为《神灵之手》，并在书中反复叙述了他对上帝的感恩和祈祷过程。

哈德尔和斯托顿出版公司在该书“出版前言”中写道：“1934年10月的第一二两天，中国内地的5名外国教士及两个孩子在贵州突遭红军扣留。他们是R·A·勃沙特（薄复礼）夫妇、A·海曼夫妇及两个孩子和格蕾丝·恩布伦·小姐，虽然每人被要求支付10万元赎金，但已婚妇女和孩子几乎当场释放。一星期后，格蕾丝·恩布伦小姐在途中因昏迷也被红军释放。1935年11月，海曼在关押的413天后获释，5个月后，在东方的春季，濒临死亡的勃沙特（薄复礼）亦在关押的560天后，最终获得了自由。本书由勃沙特（薄复礼）撰写，同时增补了海曼·贝克尔先生关于营救他们获释经过的简述。”

勃沙特（薄复礼）在“自序”中写道：

本书是按1934年10月至1936年4月12日(中国的清明节)，我作为中国共产主义者俘虏一年半的经历顺序，于病床上口授的。我写作的目的是感谢上帝，在不幸的时刻，是上帝赋予我力量。我能战胜一次次的审讯和我祈祷中许多请求的实现，也许正是上帝显示他的存在，并以他的威严，作为对他的各种请求的答复。部分事件的内容和地点，是我被捕后的前3个月记录的，当它被我们的人重新发现并得到时，它和我的《新约》《每日祈祷词》等均被那些共产党人弄得面目全非。

读者将看到，按保守的估计，我们曾惊人地在贵州、四川、湖北、湖南、云南范围内行了长达6000英里(主要是步行)，并在外宿营达300多处。读者也许会因我们这些杂乱的随想，难以得出一个正确的时间概念。我们的很多路线也由于夜间及山间小路行走的缘故，像那些来不及考证的事一样，难以正确的复述。况且，我们很多时间是在卫兵看管之下，大约300人轮流担任卫兵，一时一种看管办法，有时甚至更多，因此我们也很难与他们熟悉，过分的好奇将招致他们的怀疑。

许多报道，因抓我们这些人的举动，而将红军称为“匪徒”或“强盗”。实际上，红军的领导人是坚信共产主义和马克思列宁主义的信徒，并在实践着其原理，是另一种频率和形式的“苏维埃”。归根结底，俄罗斯是其范本。我们应认识这种像魔鬼一样对文明家庭和宗教的红色威胁，拿起信仰盾牌，挥动精神利剑，组成一支大军，为天国而战。让我们为那些如迷途羔羊一样受尽苦难的芸芸众生而祈祷，竭尽全力在他们沉沦前给予上帝的忠告。“同志”孜孜以求的世界革命目标，只是一剂令人迷幻的毒药，崇高的那种品德，只能使人软弱无力，共产主义只是幻想中的宗教。

当上帝派他的使者“走遍天涯海角，给世间万物传播福音”时，他已看到世人正陷入仇恨之中：“我看到你受人驱使，像羊入狼群。”他告诉我们，在蛮陌荒野，我们的真理亦将失去光辉，但人们能看到上帝之手将在那里惩恶扬善，故本书命名《神灵之手》。本书作者坚信，丧失灵魂的人伤害天国的企图，反将使它更坚强，光荣归于全能的上帝。

感谢G·利德尔、M·肯特小姐和G·L·莫尔先生的帮助，以及那些为我们不断祈祷的人们——没有他们，本书不可能于此完成。感谢“被捕”，我的心得到了基督徒的爱。友谊和血的联结，超过世间的一切。面对“先贤”，我把炽热的祈祷倾吐。恐惧、希望、追求，我得到宽慰和鼓舞。我们患难与共，我们共勉负重。为那珍贵的互助，我洒下深情的泪珠。

《神灵之手》一书共分为12章，分别是：（一）被捕；（二）逃跑及后果；（三）朋友们的消息；（四）行行复行行；（五）“打”；（六）我一个但并不孤单；（七）饥渴交困；（八）强迫中的痛苦；（九）“狱中”；（十）释放的允诺；（十一）自由；（十二）海曼·贝克尔的记述。全书翻译成中文约十万余字。

该书出版后，颇受广大读者欢迎，很快再版。第二年又译成法文在瑞士一家出版社 (Editos Emmaus) 出版。后来由于战乱，该书的英文打字稿被毁，书也未再重印出版。

由于该书书名具有明显的宗教色彩，原副题亦未标明与红军的关系，所以很容易被误认为是一本单纯宣传宗教的小册子。它虽然曾在西方世界发行过3版，但在我国还鲜为人知。

勃沙特（薄复礼）在被红军释放后，除了出版发表《神灵之手》一书，客观地向国际舆论界介绍其亲身经历，对他周围的人们宣传中国共产党和红军的政策外，他大部分时间仍活动在中国。他离开红军到昆明，住了几个月又回到贵州，后回欧洲休养了两年多，仍作为国际教会组织派往中国的传教士，于1939年再次来到贵州省盘县传教。除了传教外，勃沙特（薄复礼）还在当地为群众看病和办学。勃沙特（薄复礼）使用的药品，由贵阳内地会为其购置，有时也使用中草药。他有一本英文版的草药书，常爱不释手地学习。1945年夏天，盘县美军兵站送过他许多药品、物资。盘县解放初，他曾帮助救治过解放军的许多伤病员。有时，他一天要诊治20多人。他的妻子薄羡万美在当地推广新法接生，常常一天要帮接生孩子三四个，同时还耐心地向信徒传授新法接生技术，受其技术指导的张福光因此而成为盘县颇有名气的助产士，后来担任了接生站站长。1948年至1949年，勃沙特（薄复礼）还在盘县创办了一所“明恩小学”，学制为1至4年，招收了50余名学生，以信徒子女为主，但也有不少贫穷人家的孩子在该校就读。勃沙特（薄复礼）在盘县继续传教的10多年中，热心地为当地群众治病、办学，做了许多好事。新中国成立后，他还到过台湾，继续从事他的传教活动。勃沙特（薄复礼）夫妇没有孩子，双方感情甚笃，20世纪50年代初一起应召回国。1966年从教会退休后，闲居英国曼彻斯特郊外。1978年，勃沙特（薄复礼）应出版商之约，重写在红军中的这段经历，并定名为《指导的手》(*The Guiding Hand*)。英文本出版后，不久译成法文，书名为《导手》(*Conduit Par Samain*)，由瑞士教会出版社出版。

勃沙特（薄复礼）离别红军队伍后，一直对中国共产党和中国的革命军队持友好、信任的态度。勃沙特（薄复礼）从昆明回到贵阳后曾对遵义教友宁文生描述红军给他留下的印象说：“红军对穷人很好，在艰苦的长征途中，时时忘不了帮助那些贫穷的人们。红军打仗勇敢、顽强，指挥官都很年轻，萧克将军只有20多岁。红军战士对我很好，行军时，萧克将军还特别为我准备了一匹马。”1951年，勃沙特（薄复礼）作为最后一个离开贵州的西方传教士，在辞别教友时，他恳切地表示说：“别的外国传教士都怕共产党，我就不怕。因为我了解他们，只要共产党是我见到过的红军，就不用害怕。他们是讲友谊的，是信得过的朋友。我之所以要回国，主要是新中国还没有加入联合国，国际教会组织没有把这里作为传教的国家，所以几次通知我回国。这就是我要回国的原因，绝不是害怕共产党才回国的。”

事实说明，勃沙特（薄复礼）没有辜负1年多时间里红军对他的照顾，没有辜负临别时王震、萧克等对他的期望。这一切表明，中国共产党的政治思想工作有其巨大威力，以及中国共产党的统一战线工作的确是一个重要的革命法宝。

由于《神灵之手》一书的传播，使西方社会了解到在中国工农红军长征队伍中曾经有一位名字叫勃沙特（薄复礼）的“局外人”。因此，国内外研究长征史的学者专家都在努力寻找勃沙特（薄复礼）。最先找到勃沙特（薄复礼）的是美国著名记者索尔兹伯里。

1984 年，年届 76 岁高龄的索尔兹伯里为撰写《长征——前所未闻的故事》一书，前来我国采访有关红军长征的故事。他不顾年老体弱，重踏当年长征之路，多方收集与长征有关的各种资料，遍访走过二万五千里的老红军。在与原红六军团军团长萧克交谈时，提及一个曾在长征中与红六军团生活了 16 个月的外国牧师及其著作。他在采访萧克之后，又写了一封信，再次询问勃沙特（薄复礼）的详细情况。往事一经提及，萧克历历在目，欣然命笔，详细介绍了他与勃沙特（薄复礼）初次见面的情况，并拜托索尔兹伯里，“如能见到这位友人(假如他还活着)或其家属，请代致问候”！索尔兹伯里复信表示，一定尽力去寻找这位牧师，转达萧克将军的问候，即使找不到本人，他将尽力找到这位牧师所写的关于他在红军中生活了 1 年多的那本书，并把它寄给萧克。萧克本人也在打听这位牧师，还曾利用出国途中作短暂停留的机会嘱托有关方面寻找他的下落，以期重逢。

《人民日报》报道了这一逸闻，一些国家的报纸竞相转载。一些热心人士四处奔走，寻找线索；许多当事人尽力回忆，提供资料；有的图书档案部门、宗教机构，细心查阅档案资料。国内外许多热心研究红军长征史的人员都行动起来，帮助查找勃沙特（薄复礼）及其有关红军长征的著作。人们在为寻找这位牧师而努力，确切地说，是在为寻找友谊而不辞辛劳。

有趣的是，当人们“踏破铁鞋”为之奔走的时候，山东省博物馆工作人员严强从该馆朽坏了的地板缝中，发现了侥幸躲过“文革”焚书之灾的英文版《神灵之手》。这本珍贵的善本史料外文书本来在劫难逃，但它却因掉在地板下的一个洞里而保存了下来。严强与席伟对该书进行了翻译，并把译稿送请健在的原红六军团领导人王震（时任国家副主席）、萧克（时任解放军军事学院院长）和左齐（时任济南军区副政委）审阅、核实。其中有关宗教词汇和有关地名，还请中国基督教三自委员会大主教王神荫和贵州省博物馆副研究员唐文元校订。在纪念红军长征胜利50周年之际，此书印行，为研究红军长征史提供了宝贵的新资料。

这时，经过近两年的多方努力，勃沙特（薄复礼）的下落也终于找到了。他从教会退休后，居住在英国曼彻斯特郊外风景秀丽的卓尔敦国王路234号，时年已88岁高龄（1985年），但精神矍铄，头脑清醒。我国外交人员在得知勃沙特（薄复礼）的消息后，立即联系，登门拜访。他们先给勃沙特（薄复礼）在瑞士的内弟媳比亚吉特夫人写了一封信，打听勃沙特（薄复礼）的近况。比亚吉特夫人把这封信转到勃沙特（薄复礼）手中。勃沙特（薄复礼）非常高兴，当即提笔回信，介绍他自己的一些情况，并嘱咐说："你若与萧克将军通信，请转达热忱的问候。"

1985年11月，索尔兹伯里偕夫人前往英国曼彻斯特，并通过一位记者找到了勃沙特（薄复礼），然后专程到勃沙特（薄复礼）住所拜访。在索尔兹伯里的新著《长征——前所未闻的故事》问世以后，以各种方式登门采访勃沙特（薄复礼）的人开始多了起来。

勃沙特（薄复礼）是一位虔诚的传教士，他近40岁时由于因缘际会，参加了中国工农红军的一段长征，并帮了红军的大忙，从而成了中国人民的朋友。他从20世纪20年代初开始在我国贵州省传教，直到1951年离开，近30年的中国文化和社会环境熏陶，他的中国情结已经很浓厚。在他晚年居住的曼彻斯特家中面积不大的客厅中，就有许多来自中国的物品，如台布、宫灯、挂历、画片等，一看便可知道，主人与中国有着不解之缘。特别是每当有人提及红军长征的故事时，勃沙特（薄复礼）老先生的脸上总会浮现出由衷的笑容。

对于勃沙特（薄复礼）记述红军长征的几种不同版本的书，我国国内研究长征史的有关人员先后从不同的地方，通过不同的途径找到了。索尔兹伯里也寄给了一本给萧克将军。

萧克将军也一直记挂着勃沙特（薄复礼）。红六军团转战贵州，依靠勃沙特（薄复礼）帮助翻译的一幅用法文标示的贵州省详细地图，进行作战指挥。勃沙特（薄复礼）的回忆录面向西方世界发行，这事他未便详述，但萧克对此给予很高的评价。

1984年，萧克出访途中路过巴黎，向我国驻法使馆的工作人员打听勃沙特（薄复礼）的下落。可能是因为勃沙特（薄复礼）当年帮助翻译的是法文地图，萧克因此以为他是法国人。1987年，当萧克得知勃沙特（薄复礼）是英国人，住在曼彻斯特后，便于5月27日致信问候。这封信不长，却十分真挚感人，全文是："久违了！从索尔兹伯里先生处知道了你的近况。虽然我们已分别半个世纪，但50年前你帮助我翻译地图事久难忘怀。所以，当索尔兹伯里先生问及此情时，我欣然命笔告之。1984年我在出国访问途中，我打听你的下落，以期相晤。如今我们都早过古稀，彼此恐难再见。谨祝健康长寿。"

1987年底，我国驻英国大使冀朝铸到任不久去曼彻斯特时，特意前往拜访、问候勃沙特（薄复礼）。当中国客人采访年届9旬高龄的勃沙特（薄复礼）时，他对红军长征中的一些故事仍然记忆清晰。有记者问他有关跟随红军长征的事："你还记得吗？"他安然地笑道："记得，那是我一生中的一次重大经历。"并讲述了那段传奇式的经历。当记者问他红军怎样对待他时，他连声说"很好，很好"，说他大部分时间能骑马，而且还给他配备了一名马夫。

勃沙特（薄复礼）作为一个虔诚的传教士，在《神灵之手》中所表露的宗教思想和情绪，是能够让人理解和正确对待的。其著作中涉及的一些问题，勃沙特（薄复礼）不可能了解全貌，描述难免片面。今天，我们阅读和研究勃沙特（薄复礼）的著作，是为寻找在艰难岁月里结下的难忘的友谊，为寻找中国革命坎坷征途上留下的足迹。

《神灵之手》的重要价值

中国工农红军二万五千里长征的壮举，不仅为我国学者所关注，也引起国外关心中国问题专家的兴趣。对于红军长征过程的实际情况，除了部分老红军的回忆资料和国民党政府保存的部分档案资料外，由于受当时紧急的军情所迫和时代局限，有关红军长征的记录极少。特别是作为直接见证长征的外国人记述长征，截至目前所见，《神灵之手》一书是独一无二的。

1. 重要的史料价值

勃沙特(薄复礼)作为红军的“俘虏”，跟随红军长征辗转长达18个月，然后及时回忆并实录其重要见闻。就其史料价值而言，它超过同时代的埃德加·斯诺的《西行漫记》，是进行红军长征史研究的重要原始资料。

该书准确地对1934年10月到1936年4月间红六军团和红二方面军(当时尚称红二、红六军团)某些重大活动情况及具体时间做了佐证。如有关回忆资料在说到红六军团进入贵州旧州的具体时间上，由于年代久远，所记均为大略时间，即“清晨”“上午”等，而勃沙特(薄复礼)是在离开红军队伍后不久即写成《神灵之手》一书的，因此对一些事件，发生时间和情况就较为准确和生动具体。对于红六军团进入旧州的时间，该书第一章写道：“第二天(指勃沙特(薄复礼)被俘的第二天，即10月2日)，天蒙蒙亮，队伍出发了……不久，我们到达这座小城(旧州)的边缘，并停在城外的地方待命。这时可以清楚的听到前方的枪声，上午9时，我们进入这座小城，被带到一所房中休息。”可见，红六军团到达旧州时，是上午9时，比常说的“清晨”“早晨”更具体、准确，为人们确认红六军团到达该地的具体时间提供了一个依据。

红六军团与红三军(红二军团)的会师，在我军历史上有重大的意义，它为策应中央红军突围长征，创建新根据地打下了基础。对于两军会师的情况，《神灵之手》第一章作了具体而生动的描写。“这一天是红军会师的伟大日子，会场上万人攒动，红旗招展，我们与先到这里不久的贺龙红二军团合并。贺龙军队衣着更破烂，但军帽和红色标志却十分明显。他们的目的是合并起来组成一支更强大的力量。”从这里分析可知，“这一天”是指1934年10月26日两军举行会师庆祝大会的那天，也即是说红军是在四川酉阳县召开的会师庆祝大会。但是“会师”与“庆祝会师”是两个不同的概念。从大量的文章来看，红二、红六军团的会师是在贵州的木黄，当时“因木黄易攻难守，不宜久留……两军首长在会师后协商队伍要马上开走。当天下午就开走了。”(《红军在贵州资料汇辑》第2辑，127页)所以，在木黄不可能有勃沙特(薄复礼)说的“会场上万人攒动，红旗招展”的场面。同时，两军团会师前，红二军团一直称为红三军，只是在两军会师庆祝大会上，才宣布红三军恢复红二军团的番号，所以勃沙特（薄复礼）称红三军为红二军团，是在红军会师庆祝大会之后。因此，从勃沙特（薄复礼）的描述看到，两军团会师是贵州的木黄，而庆祝会师大会是在四川的酉阳。这样，该书对于史学界争论颇多的一个问题无疑提出了有力的证据。

勃沙特（薄复礼）站在中立者的立场上，在书中客观地描述了置身长征队伍中这一时期的所见所闻。虽然其中某些内容因受主客观条件的限制，难免有不足之处，但其价值彰之世界，传之后世都堪称为信史。

勃沙特（薄复礼）写作《神灵之手》一书的动机，与《西行漫记》的作者斯诺不尽相同，正如勃沙特（薄复礼）在“作者自序”中所说：“我写作的目的是感谢上帝，在不幸的时刻，是上帝赋予我力量。我能战胜一次次的审讯和我祈祷中许多请求的实现，也许正是上帝显示他的存在，并以他的威严，作为对他各种请求的答复。”联系勃沙特（薄复礼）被红军释放回国休息几年，尔后又重返贵州盘县传教情况，可以看出勃沙特（薄复礼）对政治漠不关心，只是一个虔诚布道的宗教职业人士而已。所以哈里森·索尔兹伯里称其为“长征队伍里的局外人”。

2. 真实地记录了红军的战斗生活历程，以及开展政治思想工作的实况

《神灵之手》一书让我们看到红军长征的道路不是在山间小道、密林深处，就是在陡峭的高山和流急的河流之旁；天上有敌人的飞机轰炸，地下有敌军的围追堵截。每天的休息和吃饭很难保证。勃沙特（薄复礼）写道：大部分日子，一天到晚只吃一顿饭，没一天有休息和星期日的行军。我们开始连夜的夜行军。前方有亮光或声响时，就绕道迂回；天黑看不见时，则随地在山坳内过夜。在那没有一点平地的崎岖山道上行走，真使人困苦不堪，不过我们学会了边走边睡，而有时，天刚亮，我们又得出发。作为红军局外人的客观描述，这对中国青少年进行艰苦奋斗、顽强不息、英勇献身的革命思想传统教育，无疑更具有说服力。

在《神灵之手》一书中，作者还描述了红军尽管是在紧张、繁忙、艰苦的行军作战中，仍然利用一切机会以多种形式如开会、上课、演戏、

唱歌、贴标语等广泛宣传共产主义思想，宣传共产党的主张、政策，加强无产阶级思想教育，反对各种不良倾向，并发动群众打土豪，分田地等政治工作的场景。如："我们再次看到红军士兵是多么勤奋，在这里，他们除了忙着打草鞋，缝衣服外，还抓紧时间武装思想，一边听关于共产主义原理的党课，一边努力学习文化知识。""同志们的精神是令人赞叹的，在这里他们的生活相当紧张，每天除了出操和练射击外，同时还坚持上课和读书识字。""这些身着破衣草鞋的年轻士兵常常围绕着人的精神等哲学命题讨论，在那些油印的出版物中，不乏对事物认识的真知灼见。"勃沙特（薄复礼）还描述了红军亲切地帮助自己的阶级兄弟戒掉从旧社会沾染来的不良嗜好的动人场面，他写道："红军对那些刚入伍的新兵进行了戒除抽鸦片恶习的伟大实验，免除操练和勤务，给吃最好的伙食，同时卫生员发一种药品来减轻他们戒烟的痛苦。"从这里，人们看到，红军的确是一支有理想、有追求，与旧式军队截然不同的人民队伍。

勃沙特（薄复礼）还介绍了红军正确划分阶级界线，依靠贫下中农、打土豪分浮财的情况。他写道："我们来到一个地主（土豪）家宿营，这里的一切，马上成了红军的财富，他们拿走了一切用得着的东西。然后熟练而有条理地召集穷人将谷仓的粮食分光。'那么按什么区分农民和地主呢？'他们回答我说：'按自食其力，如果他雇佣别人为自己种地，那他就是压迫者'。"勃沙特（薄复礼）以其亲眼所见，对国民党反动派污蔑红军"杀人放火""共产共妻"等进行了有力的批驳。

在当时国内外反动派将中国工农红军宣传为恶魔、吃人生番的情况下，勃沙特（薄复礼）的著作起到了宣传红军、以正视听的积极作用。在西方国家报刊都把红军诬称为"匪徒""强盗"的情况下，勃沙特（薄复礼）以他的亲眼见闻告诉人们："实际上，红军的领导人是坚信共产主义和马克思列宁主义的信徒，并在实践着其原理，是另一种频率和形式的苏维埃。"

3. 以独特的方式揭示了红军灵活多变的战略战术和行之有效的统战工作艺术

勃沙特（薄复礼）虽然因其在红军队伍中的身份所限，他对于在行军和作战中的军事意图不很清楚，也不可能在字面上给予适当的描述，但这并不妨碍我们从他对红军行军路线的变化无常和饮食、休息没有保证的直接描述中，看出红二、红六军团在战斗中，一改过去“左”倾路线统治时期的被动挨打局面，实行了大规模游击战、运动战的战略战术。如：“我们离开一个小村，连续一星期的夜行军后，结果又返回了那里，并适当接近政府军。”“天刚亮时继续行军，这一天，第一顿饭是天还没亮时吃的，第二顿饭则在天黑后，而且只是米饭和卷心菜”，等等。

从书中还可看出红军在长征途中成功地开展了党的统一战线工作。勃沙特（薄复礼）记叙红军经过毕节时，争取到贵州知名人士周素园先生参加长征，说：“队伍中有一个穿得很得体，胡子老长的中国绅士……红军抬着他前进，简直像是出游，红军带他走，但他的确不像是一个犯人，红军对他很尊重，称他周先生。”此外，书中还多次写了红军优待被俘的国民党将领张振汉、孔少校、王少校等，以及对他们进行思想教育的情节：“指战员曾以完全自信的口吻，宣传共产主义理论的伟大，描绘未来国家的美好前景，开导这些属于上流社会的敌人；艰苦的生活，反使他们相互友爱，而这正是与未来共产主义社会人与人之间友爱关系相似。”通过长期耐心地工作，终于使他们心悦诚服地加入了红军队伍。作者还说明了红军对出身贫苦的俘虏采取的具体政策，指出“像他们这样阶层的俘虏，如果不愿意参加红军，即能有机会遣返回家，而且离开时还会有发 3 块钱路费的好事，选择完全在自己”。

对于勃沙特（薄复礼）这样的外国传教士，红军在扣留他们的期间，对他们在生活上作了一切力所能及的关心照顾。勃沙特(薄复礼)写道:“我们受到了公正的对待，他们给我们松了绑……他们还发还了我们所有的物品，一丝不苟，甚至连我们的银角子都一文不少。”“因为气候潮湿，多雨，我们提出要块油布。”结果“给了一件床单。我们后来才知道，这在红军中已是非常奢侈的供给了。”一次，勃沙特（薄复礼）的鞋坏了，要求红军给一双。终于“找了一双非常合脚的橡胶雨鞋，它是刚从一位嘟哝着的同志的脚上‘没收’的。”书中还多次写了作者患病时，红军对他无微不至地关怀，说，一次胃很疼时，“红军为我单独熬了米粥，加了些白糖，让我慢慢地喝着。”“令人宽慰的是后来再次行军时红军给了一匹马。”“‘法官’很可能注意到我们衰弱的情况，晚上，他命令卫兵给我们买只鸡补养一下”。“我患了重病，天天高烧不退，危在旦夕”。“卫兵们显得非常关心，问我想吃什么，先前我曾在桑植街上看到卖柑桔的，但没有钱买，我说想吃点那个，于是他们很快为我买了些大柑桔，当时这东西价格十分昂贵，后来又拿来一大碗苹果布丁之类的东西，在这里这些都是相当罕见的”，等等。

在突然被俘之初，勃沙特（薄复礼）对红军印象欠佳，但通过为时一年半的接触和了解后，他对红军有了较为客观的认识和较为公正的评价。勃沙特（薄复礼）在红军队伍里与教友的通信中说：原来是一场虚惊，红军对人很好，对我给予了优待，他们对人很和气，只是生活太苦，时常吃薤头(音“叫”，一种野葱的根)。

勃沙特（薄复礼）获准释放，表明红军对勃沙特（薄复礼）也有了新的认识。1936年4月，勃沙特（薄复礼）离开红军时，萧克等热情为他饯行，并请周素园先生、张振汉将军等作陪。勃沙特（薄复礼）在《神灵之手》书中认为萧克之所以释放他的理由是：“我们决定对两个外国人做不同的处理，你是瑞士公民，瑞士不是帝国主义国家，没有不公平对待中国，没有租界，我们决定给你自由。”从而为他摘掉了“帝国主义间谍”的帽子，并两次设宴为他送行。席间，王震“和颜悦色地对我说：‘我们是朋友，你幸运地看到了我们的所作所为’。”萧克也表示说：“我们不反对你作为一个外国人留在中国”，“甚至允许你办学校”。

勃沙特（薄复礼）对红军的新认识，促使他以客观的态度迅速完成了《神灵之手》一书，也由此加深了他对中国社会政治、普通民众特别是中国工农红军的了解，他的中国情结也由此越来越强烈。他从一个外国传教士不自觉地转变为沟通中外友谊的勤奋使者，成为宣传中国共产党及其领导的红军历程和业绩的积极传播者，成为中国人民的好朋友。《神灵之手》一书，可说是作为由特殊身份参加长征之人写出的特别“长征回忆录”，在当年发挥了极大地正面宣传红军和鼓舞革命人民士气的作用，并为后人留下了这段历史的真实记录，为研究长征提供了宝贵的第一手史料。

附录 11

被遗忘的长征叙述：新西兰传教士成邦庆（A·海曼）的回忆录[①]

刘家峰

目前所见关于长征的历史叙述中，最具史料价值的文献应该是《红军长征记》，这是一本由众多亲历者回忆录编纂而成的作品。这些回忆录都是在长征结束不久完成，没有后来的思想路线斗争等条条框框的限制，因而被当代史家高华看作“最真实的长征记忆”。

然而，在长征亲历者的历史叙述中，有两位内地会传教士的回忆录值得特别留意，分别是来自瑞士的薄复礼（Rudolf Aifred Bosshardt，1897-1993）和来自新西兰的成邦庆（Arnolis Hayman，1890-1971）。他们在 1934 年 10 月 1 日和 2 日在贵州被萧克领导的红六军团扣押，后跟随红军长征长达一年半。薄复礼的回忆录于 1936 年 11 月在英国出版。成邦庆的回忆录稍晚于薄复礼完成，但却一直湮没无闻，直到 2003 年新西兰坎特伯雷大学安琳（Anne-Marie Brady）在澳大利亚发现原稿，整理后于 2010 年在美国出版，书名为《长征路上的外国传教士——中华内地会传教士成邦庆回忆录》。

到目前为止，就笔者目力所及，未见国内有关该书的中文介绍或书评（海外亦很少，多见售书广告）。但该回忆录对长征研究有不可替代的重要性，笔者觉得有必要把该书介绍给国内学术界（中译本即将出版）。

① 作者为华中师范大学中国近代史研究所教授。

本文主要从个人阅读体验出发，结合当时相关资料，将该回忆录的内容及其重要性揭示出来，以此求教于大家。

一、成邦庆长征经历及其回忆录的写作、出版

成邦庆 1890 年生于锡兰（今斯里兰卡），父亲是英国救世军传教士。成邦庆几个月时母亲早逝，1892 年其父再婚，全家迁到新西兰的基督城（Christchurch），1902 年又迁到奥克兰。成邦庆离开学校后曾在商店打工，20 岁时去了安嘉斯传教士学院（Angas Missionary College）读书。1913 年 9 月 25 日，他作为内地会传教士被派到中国，先在镇江内地会语言学校学中文，后被派到重庆、江津、遵义、镇远等地传教。1933 年初，成邦庆奉命到原属镇远教区的旧州工作。旧州是汉苗杂居地区，成邦庆在贵州多年，掌握了苗族语言，致力于给苗民传教。薄复礼小成邦庆 7 岁，出生在英国，父母是瑞士人，1922 年 11 月 13 日来华，被内地会派到贵州镇远传教。

在 20 世纪二三十年代，各地土匪经常为攫取钱财而劫持传教士，俗称“洋票”。根据《北华捷报》1929–1933 年的报道统计，仅此五年内被绑架的新教传教士就有 47 人，其中 12 人惨遭撕票。很多被绑架的传教士都来自内地会，这与内地会注重内陆偏僻城乡的的传教路线有关。这时的红军为了政治和经济需要，也经常把行军途中遇到的传教士扣为人质。1934 年 5 月，贺龙领导的红三军在四川彭水扣留了宣道会美国传教士史进信（Howard Smith），但史进信在六月成功逃脱。成邦庆和薄复礼对此类劫持事件并不陌生，因为内地会的机关刊物《中国亿兆》经常刊登此类消息。他们从未想过，这样的命运很快就会降临他们头上。

1934 年 8 月，薄复礼与妻子离开传教地镇远前往安顺，参加为期一个月的学习和灵修。9 月 30 日他们学习结束准备返回镇远，途径成邦庆所在的旧州。10 月 1 日一大早，他们离开旧州继续前行。此前薄复礼已得知红军正向该地行进，为了安全选择了山间小路，但还是遭遇了行进中的红军，他们一行全部被扣押。薄复礼被提审后才知道他遇到的是共产党的军队。第二天，红军攻破旧州，成邦庆一家（包括两个孩子）及暂住在那里的加拿大籍传教士林荣贞小姐（格蕾丝 · 恩布伦，Grace

Emblen）都被抓走，跟薄复礼夫妇关押在一起。红军查抄到成邦庆拍摄的很多照片以及跟国外的通信，他们因此都被指控为"帝国主义间谍"，但红军表示不会杀掉他们，只要他们交付罚金帮助红军加强装备，就立即释放他们。罚金的标准是每人 10 万银圆，这是当时外国人质的通常价格，两个小孩也一样，因此，罚款总计是 70 万银圆，价值相当于当时的 45000 英镑。内地会（包括其他差会）对绑架人质事件向来有一项明确的处理原则，即差会绝不为人质交纳赎金，因为这更容易让传教士成为绑架的目标。成邦庆和薄复礼知道这 70 万元罚金对他们来说是不可完成的任务。红军要求他们跟随部队行进，后来释放了妇女和小孩。就这样，成邦庆和薄复礼以"帝国主义间谍罪"囚犯的身份参与了中国共产党历史上最伟大的一项壮举。

他们跟随红军长征的前26天，每天40英里，风餐露宿，身体极为疲顿。内地会传教士在教会圈内虽以能吃苦见长，但长征途中的艰辛却远非他们所能忍受。圣诞节临近，与家人团聚的渴望让他们大胆地想出了逃跑的计划。然而，由于路线不熟，加上村民举报，他们很快被抓。苏维埃湘鄂川黔肃反委员会临时法庭判决两人死刑，但考虑到他们俩作为外国人无法理解苏维埃的法律，遂轻判成邦庆一年的监禁，追加罚金 10 万元；薄复礼一年六个月监禁，追加罚金 5 万元。

红军并不想长期带着这两位传教士行军，只想让他们尽快交来赎金，因此不断督促他们给教会写信。但教会不可能拿出这笔庞大的赎金，只有传教士个人开始积极地营救。这其中发挥主要作用的是德国立本责信义会（Liebenzeller Mission）传教士包格非（贝克尔）（Hermann Becker）。巧合的是，当时已与红六军团会师的红二军团司令贺龙早前在湖南时就与包格非（贝克尔）有交情，贺龙曾几次去探访包格非（贝克尔）的书房，立本责信义会的医生曾救过贺龙侄子的性命，贺龙还亲笔写信感谢。包格非（贝克尔）基于他过去与贺龙的友谊，就想请他对萧克施加影响，释放成薄两人，但结果并没有他想象的那么简单。贺龙明确告诉成邦庆和薄复礼："包格非（贝克尔）现在谈什么'老朋友'是没用的。如果不马上送钱来，我们就……"，贺龙接着做了一个砍头的手势。包格非（贝克尔）仍坚持派信使联络红军，并多方筹措资金，就释放成薄两人与红军进行了不懈的谈判，红军最后答应缴纳 1 万元就可以释放他们。最终，1935 年 11 月 17 日，包格非（贝克尔）派信使交给红军药品及现金，但红军认为这些钱只够释放一个地主，不够两个“间谍”的罚金，结果只成邦庆一人被释放，理由是他年老又患重病，无法继续行进，而薄复礼仍可继续跟红军行进。第二天，成邦庆在被扣押 413 天后终被释放。正是这一天，萧克和贺龙的军队决定放弃湘西临时根据地，北上与张国焘的军队汇合，薄复礼不得不继续他的长征，直到 1936 年 4 月才在云南富民县附近被红军无条件释放。

成邦庆回到上海短暂休整之后就开始撰写这段时期的经历，其中有一部分内容发表在 1936 年 4 月号的内地会刊物《中国亿兆》。该文虽 5 页篇幅，却把他们被扣押、逃跑、审判、谈判以及长征途中的生活等过程都简要呈现出来，显然是以后撰写回忆录的基础。薄复礼被释放后在内地会的要求下也开始了回忆录的写作。不过，他的写作得到了一位编辑的帮助，他仅仅口述了主要内容，而具体文字却是他人来完成的，因此，他的回忆录反而早于成邦庆完工。薄复礼的回忆录 1936 年 11 月在英国出版，比斯诺的《西行漫记》出版还早一年。该回忆录首次向西方披露了红军长征的细节，在欧美引起轰动，一个月内两次印刷，第二年又被翻译成法文出版。1984 年美国记者索尔兹伯里为撰写《长征——前所未闻的故事》一书曾访问萧克，提及当时曾帮助他翻译地图的薄复礼，并帮助他们重新取得联系。索尔兹伯里称“博萨哈特（即薄复礼，引者）的印象记是长征中以局外人身份写的惟一印象记”。薄复礼回忆录的史料价值得到萧克的充分肯定，他委托外交人员带信给薄复礼，并前往曼彻斯特看望他。由于萧克的重视，薄复礼的著作很快就被翻译成中文出版，萧克还为中文版口述了前言。晚年的薄复礼由此被看成“中国人民的老朋友”，在最近二十年，他跟随红军长征的故事在中国被广为人知。

但成邦庆及其回忆录却有着与薄复礼完全不同的命运。由于成邦庆的回忆录没能按时完成，无法赶在内地会计划的 1936 年圣诞节前出版，而此后其回忆录再无出版的机会。成邦庆被释放后到了芜湖，中日战争很快爆发，他又迁到上海，成为内地会总部的商务经理。珍珠港事件后，他和妻子被日军拘禁，1945 年被遣返回到澳大利亚，在悉尼担任圣公会牧师，一直到1971年中风去世。成邦庆一生坎坷，与薄复礼相比，他显得默默无闻，但他回忆录的价值一点儿都不输薄复礼的回忆录。他关于红军、长征、长征途中的日常生活的描述，为我们了解长征的细节提供了第一手的资料。下面将围绕这些内容作进一步的介绍和评论。

二、成邦庆笔下的红军与长征

成邦庆所在的旧州是个小城，四周有城墙，易守难攻，每逢苗寨土匪进城抢掠，每家每户都要出一人守城，从城墙往下扔石头，成邦庆也曾几次亲自上阵。他送走薄复礼一行，听说苗匪又要攻城，拿着望远镜上了城墙，发现这群人“没有统一的制服，戴着类似骑士帽的帽子，不分颜色，前面点缀着一颗五角星”，这时他还不知道这是红军战士的主要标志。但他发现这群人进攻时“比普通苗匪要强”，城墙很快就被攻破。红军冲进教会的房子，告诉他“我们是共产党红军的先遣队”，这时他才知道是萧克领导的红六军团。成邦庆与大部分在华传教士一样，只听说过红军，并未接触过红军。受媒体和国民党宣传的影响，传教士对红军多少都有一种恐惧的心理。成邦庆夫人后来写道：“我的丈夫极其紧张——我从未见他如此紧张——因为一种恐惧的想法潜伏在脑海，他们可能是红军。然而，当他们进入房子时，我不再惧怕，变得镇静。”这就是成邦庆一家与红军初次相遇的印象和心情。

在以后跟随红军行进的413天里，成邦庆仔细观察这支军队，从普通士兵到高级将领，在回忆录中记下了他的观察和感受。1934年10月26日，红二军团和红六军团在四川酉阳举行会师大会，成邦庆第一次见到了贺龙的部队，“他们着衣五颜六色，挥舞一面面大旗，看上去比萧克的队伍更像土匪”。这段叙述反映了当时部队在连续多日的战斗和行军中减员严重，不得不从川贵湘鄂交界处大量“扩红”，因此连像样的军服都供应不足。像薄复礼一样，成邦庆很快发现这个队伍跟外界宣传中的“匪军”不太一样：红军每到一地，打开富农粮仓，把粮食分给穷人；在根据地休息的时候，红军就帮助农民种植稻谷；红军纪律很严格，从穷人那里拿比如香烟、蔬菜等都会付费，没有现金时就会给农民一点银饰。但他发现也有个别士兵因在居民家里偷拿食品，会受到长官的责备，因为这种行为与他们所宣扬的共产主义精神相悖。

成邦庆注意观察红军的宣传与政治学习工作，因为这与基督教会有相通之处。薄复礼和成邦庆也一度成为红军宣传的工具，他们脖子上挂着“帝国主义分子”纸牌，被押到街上游行。成邦庆对红军的政治学习备感兴趣。他发现红军每栋房子中都留出一间供宣传用，马克思和列宁的大幅照片并排放在最显眼位置，墙壁四周贴满报纸图片，内容有俄罗斯“工人之家”、旅游胜地等。成邦庆看到红军干部给士兵讲共产主义，就想起自己的传教工作。演讲结束后，士兵会分成小组讨论，随意地坐在他们的床上，每个人轮流对演讲的主题谈想法，成邦庆觉得“这与基督徒的励志团契并没有什么不同”，“他们的教导几乎成为他们的一种宗教”。

跟着长征的各类囚犯通常要尽自己所能为红军做事，女囚犯做缝纫，有时洗衣服，男囚犯则为士兵做草鞋。囚犯中也有一些国民党的高级将领，他们的待遇会好一些。如国民党第四十一师中将师长张振汉，他在1935年6月12日湖北忠堡战役中被红军俘虏，头部和身上都中弹片负伤。相比此前同样负责“围剿”红军的国民党中将师长张辉瓒被红军俘虏后立即处死，而张振汉很幸运，因为红军改变了过去的思路，决定要利用他的军事知识（他是火炮专家）和指挥经验，给红军指战员讲课。张振汉曾访问苏联，见过真正的苏维埃生活，所以红军领导人在晚上都很愿意与他谈话。成邦庆还注意到张振汉作为一位学者可以向红军讲授苏维埃的教科书，而且要比其他人讲得好。

成邦庆、薄复礼虽然跟随红军长征，但作为管制对象，他们对红军的整体战略并不了解，甚至连走到哪里都不搞清楚。但他们身份特殊，却能与红军领导人直接接触，他们的回忆录也记录了他们之间偶尔的谈话。成邦庆与薄复礼似乎都不喜欢贺龙，因为他们无法按时缴纳罚金，贺龙曾威胁砍他们的头，红军认为教会有钱。成邦庆鼓起勇气说：“我们属于非资产阶级”，也就是“无产阶级”。贺龙上下打量他们，看到他们衣衫褴褛，说：“你们现在已经是无产阶级了！”这是成邦庆被捕期间贺龙唯一一次和他们说话。成邦庆、薄复礼与萧克的接触很多，萧克多次找他们谈话，主要目的都是催缴罚款。但成邦庆与薄复礼对萧克多少有些感激之情，因为萧克给予了他们尽可能的照顾，提供一日三餐，让他们骑马，准许给他们看医生等。

成邦庆、薄复礼接触红军最多的领导人是负责审讯和看押他们的红六军团保卫局局长吴德峰。他们在长征途中一直没有搞清楚吴德峰在红军中的实际职务，但因为吴负责犯人的看押、审讯以及与传教士包格非（贝克尔）的谈判，所以在回忆录中称他为“吴法官”（Judge Wu）。吴德峰对他们的逃跑非常生气，成邦庆写道：“他一副凶神恶煞的样子，叫人把我们的手和脚都绑了起来，跟犯人关在一起。”吴学过英语，借助字典也能读信。成邦庆、薄复礼给家人和教会写信，一般都是吴德峰先给他们写成中文信，再让他们翻译成英文。有一次，成邦庆在翻译吴的信时，用“当成间谍”代替“是间谍”（“to act as spies” instead of “to be spies”），薄复礼也照他的样子翻译，结果被吴发现了。成邦庆可能低估了吴德峰的英文水平，他和薄复礼不得不重新写。成邦庆记载的这件事，在多年之后吴德峰妻子戚元德的文章中也有记载，可见双方对此事印象之深刻。

三、长征途中的日常生活

成邦庆回忆录也让我们看到长征途中的日常生活，包括吃、住、医疗、娱乐、信仰生活等细节。行军途中生活非常艰苦，战士经常挨饿，犯人和俘虏自然也不会好。通常只有在营地休整时，生活会有所改善，甚至可以杀猪吃肉，俘虏也可以一天吃两顿，但成邦庆和薄复礼仍感觉很饿，就向红军申请每天吃三顿。成邦庆和薄复礼身上还带有一些美金，红军没收后又还给他们。红军每两周给干部发点零用钱，保卫局也给成邦庆薄复礼发放，而且数额与红军一致，他们就可以去集市买零食，感觉非常愉快。这样的叙述反映了长征途中也不乏和平时期的享受。

成邦庆的回忆录也详细记载了长征途中疾病和治疗的问题。红军非常缺乏见效快的西医西药，不得不依靠中医。成邦庆为了治疗胃病，不得不喝中药，首次体味到中药之苦。他后来又得了疟疾，很幸运得到一支重硫酸奎宁，病情很快好转。但等薄复礼得此病后，已经没有注射剂了，但想法找到了奎宁药粉。有一次红军还请了中医来给成邦庆针灸和拔罐，把每根手指都刺穿流血了，他也只好“咬紧牙关”。但后来中医给他用针灸治疗脚肿时，他却怕疼，坚决不让扎脚。成被释放前病得很厉害，吴德峰让中医或西医来看，还下令每天给他们一两肉和两个鸡蛋。戚元德当时也参加保卫局的工作，她在四十年后写的回忆录中也提到吴德峰对传教士照顾有加，“在行军途中、生活上经常给予特殊照顾和优待”，这在成邦庆与薄复礼的回忆录也都得到验证。

成邦庆发现红军很喜欢唱歌，就像他喜欢唱赞美诗一样。很多士兵都喜欢听他们俩唱歌，尽管听不懂。他的回忆录记载了这样一件趣事：有一天晚上月光皎洁，萧克、任弼时、吴德峰以及张振汉等在保卫局的院子里坐成半圆形，请成邦庆和薄复礼也过来。萧克说他听说他们会唱外文歌，成邦庆如实地回答他不是歌唱家，也不懂外文歌，只会唱赞美诗，将领们夸赞他们唱得很好。简单的娱乐也拉近了红军将领与他们的距离。

成邦庆的回忆录还记载了红军买卖和使用鸦片的事情，这在萧克的回忆录中也有提及。萧克曾解释其原因：湘西贵州地区鸦片种植普遍，老百姓抽鸦片的也多，江西革命根据地规定凡是抽鸦片的不能参加红军，但到湘西后为了补偿兵源，就顾不上这个规定，因此，这些新兵多数都抽鸦片。

成邦庆回忆录中值得关注的还有对他们信仰生活的大量叙述。读经与祷告是他们以往每天的生活习惯，红军曾严厉禁止他们读经祷告。但他们还是一有机会就拿出《圣经》来读，在试图逃跑寻找方向的紧急时刻，也没忘记读《圣经》。他们的业余时间大部分就是靠背圣经和唱圣歌度过。看守他们的卫兵也逐渐喜欢上这些歌曲，经常要求他们唱歌。他在回忆录中写道，他和薄复礼坚持每天早晨与上帝交流，每天至少一起祷告三次。红军最终释放了他们，在他们看来就是上帝对他们持续不断请求的回应。

成邦庆、薄复礼也经常与士兵、张振汉、红军干部讨论信仰问题。成邦庆曾积极地向张振汉传福音，成后来得知张振汉夫妻都是基督徒。但张振汉之子张一佑否认了张振汉是基督徒的说法。作为无神论者的红军，也经常跟成邦庆、薄复礼讨论上帝究竟有没有的问题。成邦庆毫不隐讳地记录了红军对他们信仰的讽刺：“如果你们的上帝知道我们要来了，他为什么没有告诉你们，好让你们逃跑？”红军干部也喜欢引用《圣经》中很有名的那句话："有人打你的左脸，连右脸也转过来由他打"，以此来批判传教士如何教导被压迫的阶级不起来反抗帝国主义。红军对他们俩的判决书中，除了"间谍罪"外，还有重要一条就是传教罪。红军在释放成邦庆、薄复礼时都告诫他们不许再来中国传教。然而，他们被释放后都选择继续留在中国。

四、结语

以上是成邦庆回忆录的主要内容。那么，这部回忆录对于长征的历史叙述究竟有怎样的意义呢？也许，只有把它跟以前的长征叙述进行比较，才可以更清晰地看到其价值。

首先，从回忆录的主题来看，正如萧克评论薄复礼回忆录的价值一样，成邦庆回忆录的重要性在于他忠实地"记录了红军长征的一个侧面"。萧克认为历史是多方面的，中国工农红军的历史也不例外，也是一个多侧面的。他提醒研究者不要只"喜欢看它的正面，不想看它的侧面，更不敢看它的背面"。薄复礼、成邦庆回忆录正是这样一部反映红军长征"侧面""背面"的著作，这对我们今天全面理解当时红军长征的艰难复杂历程无疑具有重要的补充作用。

其次，从叙述的内容主体看，以往长征叙述的主体集中在中央红军，而红二、红四方面军以及红二十五军的长征则很少涉及，而成邦庆（包括薄复礼）回忆录所叙述的主体恰好是红二方面军（红二军团和红六军团合编而成）。成邦庆跟随红军的413天，正好是红六军团第一次长征的过程。该回忆录对复原红二方面军的长征历程具有重要参考价值。

再次，成邦庆回忆录的重要价值还在于它对于长征途中日常生活的描述。他所叙述的这段长征，有激烈的战斗和行军的惊险，但更多是日常生活的细节。他的叙述通常都是不加修饰，直抒胸臆，颇具个人化色彩，大大弥补了以前长征叙述中有关日常生活细节的不足，让读者如同置身历史现场。

最后，还须提及一点，即读者在阅读成邦庆（包括薄复礼）的回忆录时要注意，这两部作品本意是用长征这段经历来感恩上帝、为上帝做见证的证道作品，并非是要弘扬红军的长征精神。这点从他们原有的书名即可看出。薄复礼著作的第一本书英文书名是 *The Restraining Hand: Captivity for Christ in China*，直译是《抑制之手——为基督在华被俘》，第二本书原名是 *The Guiding Hand: Captivity and Answered Prayer in China*，直译是《舵手：在华被俘与神的回应》，成邦庆的回忆录原来有个题目 Who Shall Separate？ 直译为《谁将分离？》，这些题目都颇具基督教意味，甚至语句直接出自《圣经》。我们在阅读、使用这些著作时要注意当时写作的特定语境。

附录 12

本书 1936 年英文版的发现及译注过程

严强、席伟

发 现

1985 年为纪念抗日战争胜利四十周年，山东省委宣传部组织省党史研究室、省民政厅、省博物馆、山东大学等单位的部分党史研究专家和学者，共同筹办《山东人民八年抗战》大型展览。在编研筹备中，严强、席伟在搜集的旧史料中意外发现一本出版于 1936 年反映红军长征的英文版图书。该书英文全名为《The Restraining Hand: Captivity for Christ in China》，中文直译《抑制之手——为基督在中国被俘》。作者是鲁道夫·阿尔弗雷德·波斯哈特·皮亚吉（Rudolf Aifred Bosshardt Piaget）。该书是 1936 年 8 月第一次首版印刷，由伦敦哈德尔 & 斯托顿公司（Hodder & Stoughyon）出版。

谁是薄复礼

1985 年随着抗战展览工作的展开，严强、席伟开始结合资料翻译该书。粗读中发现该书所反映的内容非常重要，作者鲁道夫·阿尔弗雷德·波斯哈特·皮亚吉系瑞士籍英国在华基督教牧师。20 世纪 30 年代的民国政府档案和《申报》曾以“波夏德”之名对其事件有过简短记录和报道，此后其人其事其书在国内外反映长征的史料中沉寂无声。

译者先托人从贵州教会方面开始调查，发现该作者确系当年来华在贵州的外国牧师，正确的中文名字是其本人根据“波斯哈特”的首音所取，即姓薄，名己，字复礼。1985年底，严强、席伟因感觉这本名不见经传的外国人长征亲历记意义重大，遂以《神灵之手》的译名将译出的前三章及后九章粗译梗概，报送原红二方面军首长王震、萧克审阅。此后薄复礼与红军长征的其人其事一书，在国内媒体渐次披露流传，各报章的译名分别为鲍斯哈特、波斯哈特、勃沙特、波夏德等，此后逐渐统一为其本人自己起的中文名薄复礼。

薄复礼，生于1897年5月1日，1922年25岁时受英国基督教会派遣携妻子罗斯·波斯哈特来华，任英基督教中华内地会派驻贵州镇远教堂牧师。1934年10月，在贵州旧州（黄平）一带，薄复礼偶然与任弼时、萧克、王震率领的红六军团相遇并被扣。此后一直随红六军团和贺龙的红二军团在湘鄂川黔滇一带辗转。1936年4月，在由红二六军团组成的红二方面军即将北上与红一、四方面军会合时，薄复礼在昆明富民脱离长征的队伍。同年8月，在离开红军不到四个月内，他用英文完成了随红军长征经历的见闻录，全书共12章，约15万字，1936年先后以英文版和法文版在欧美出版发行。

第二次世界大战爆发后，随着舆论热点转移，薄复礼作为红军长征中的另一位外国见证人，直到20世纪80年代初萧克将军的长征文章和对美国著名作家索尔兹伯里采访谈起前，其事件在国内外近50年中鲜为人知。1985年，索尔兹伯里的《长征——前所未闻的故事》发表，同年10月，国内《人民日报》再次率先披露了长征中另一个外国人的消息。此后随着薄复礼1936年长征亲历记英文版译出内容在国内媒体的传播，1986年国内关于薄复礼其人其事其书的研究发现日益增多。1988年底，严强、席伟以《神灵之手——一个被红军释放的外国传教士见闻录》的中译名，率先在《贵州文史丛刊》全文刊出。

薄复礼事件的始末

1934年8月7日，由任弼时、萧克、王震领导的红六军团约9000余人，奉中华苏维埃中革军委命令从湘赣根据地向外围挺进，以期调动国民党军队对中央苏区的围剿大军。9月，为策应此后中央苏区主力的战略转移，作为长征先遣，开始突围西征前往湘鄂西苏区寻找贺龙领导的红二军团。1934 年 10 月 1 日，先遣西征的红六军团在连续突破敌军围追堵截的残酷环境下，穿越湖南、广西后到达贵州黄平。此时的红军因连续作战、行军，不但减员严重，还缺粮少弹，急待补充。就在部队拟于次日秘密突袭旧州城时，出于作战需要扣压了途中相遇的薄复礼夫妇等一行 8 人。当时红军的政策是把外国教会划归为反动势力，因此攻克旧州后，红六军团决定继续扣留薄复礼等两个可疑的外国教士并随军审查。此后，红军始终处在湘鄂川黔滇山区艰苦的转战之中，为解决被扣的外国教士的问题，红军与有关方面的联络均需费时费力地互相寻找。再加上国民党政府、湘西土匪、教会等方面的破坏、敌视等原因，致使薄复礼本人不得不随红军行动长达 18 个月之久，行程近 19000 里。

尽管非薄复礼本人所愿，但他作为长征中一个来自西方阵营的外国人，目睹和亲历了红军伟大的长征，尤其是有关红六军团西征，红二、六军团会师，开辟湘鄂川黔滇边革命根据地，以及为掩护策应中央红军长征而转战万里的艰难历程，这段相关史料曾极度缺乏，因此弥足珍贵。

在随红军同吃同住同行的 560 天中，红军官兵在艰苦环境中，为革命理想不畏牺牲、英勇奋斗、平等待人、为穷人打天下的崇高壮举，一再触动了原本属于红军对立阵营的这位外国教士，使他从一个旁观者、对立者，渐渐理解并对红军产生了敬意。最终像他在 1936 年呼吁“……愿年轻的中国基督徒能像红军那样走遍贵州的山山水水，遍及中国，并以红军那种简练有效的方法，使人丢掉杂念、皈依真理（基督）”的那样，成为了一个从红军中学成归来的“学生”。

1936 年，薄复礼为本书的出版回到英国，并应邀在欧洲和美国演讲。他的书和在红军中的见闻，让西方民众从一个侧面了解了当年频遭西方舆论污蔑的红军长征内幕和长征真相，以至于本书多次重印并又译成法文出版。

1939 年，薄复礼夫妇回到正处在艰苦抗战中的中国。他理解了当年送别晚宴上红军首长王震对他所说的：在中国“最重要的是怎样为了穷人”。在贵州盘县传教期间，他穿着中式长衫、操着方言，学中医、采草药，行走在穷乡僻壤，为当地穷苦民众看病办学，并和当地在华盟军一起参加中国的抗战。其妻子薄羡万美在当地普及卫生知识，在推广新法接生的同时，积极传授新法接生医术。1949 年贵州解放前夕，薄复礼告诉那些人心惶惶的人：只要共产党是我所见到的红军，那就用不着害怕，他们是讲友谊、信得过的朋友。1952 年，英中华内地会撤离中国，在教会多次督促下，薄复礼不得不离开中国前往老挝。1966 年，陪伴他的妻子在老挝去世，孑然一身的他退休回到英国。

1985 年，通过索尔兹伯里的帮助，定居伦敦曼彻斯特郊外国王路 234 号公寓的薄复礼与萧克将军恢复了联系。五十年前那段共同对长征的见证，令两个耄耋老人互致热忱的问候。

1993 年，薄复礼去世，与先他而去的妻子同葬英国。俩人一生没有子女。然而，薄复礼与红军的经历和 1936 年的长征亲历，使他留在了红军的长征历史中。

本书 1936 年英文版的译注及发表过程

有关薄复礼事件和他 1936 年的英文长征亲历记，现在相关的资料和事件过程已相当完整。但在 1985 年，考证薄复礼事件并翻译他的英文长征亲历记，却因相关史料的缺乏和与“文革”时间不远的种种局限而极其困难。

薄复礼写作亲历记是命运的偶然。在他随红二、六军团转战湘鄂黔滇川长征时，虽然来华已十二年，但除了途经的几个中国城市，他所熟悉的就是贵州镇远方圆百里的教区。在随红军的 560 天近 1 万公里的行程中，多处于强行军的困顿劳累，加之人们对他身份的警惕和保密，使他对行军中的地点、时间和发生的事，大部分只有昏昏沉沉的了解。他所能打听和了解的就是来自湘赣鄂黔滇川各地红军战士和沿途人们的方言。作为一个热衷神学的教会牧师，对共产党和红军的了解，除了从当时西方抹黑舆论中知道的点滴外，其他一片空白。所以薄复礼这本不到四个月里就匆匆而就 15 万字的书里，对红军见闻的追述，就像小学生表述复杂事物，有时令译者不知所云。

更重要的，出于当时国内外反共舆论的要求，和教会出资已将该书列入 1936 年圣诞出版献礼的计划，使薄复礼不但要站在教会立场弘扬上帝，还需自愿或非自愿地强牵附会加些贬低红军和共产党的“猛料”。因此 1936 年这本极速出版的书，所列的人名、地名、事件等内容混杂、线索零乱、语言生僻，以至于不了解红军长征这段历史的人，短时间内难以完整并准确地翻译。

译者当时从事党史研究及资料征集工作，随着改革开放，很多史学领域开放，该书的发现“生逢其时”。另外，薄复礼手绘的随红军长征的英文路线图，可与红二方面军长征路线图互为印证，从而成为解开薄复礼密码式追忆的钥匙。通过与这张图的对照参考，薄复礼书中那些描述不清、记述不完整的时间、地名、事件等逐渐能被清晰解读。至于薄复礼所属的教会背景和他所引用的《圣经》内容，为求准确规范，译者特请山东省基督教三自爱委会主任王神荫大主教协助调查并为之译出。

由于需解读事件真伪和经过，以及熟悉作者叙述风格的特定词汇等，仅 1 万多字的第一章翻译时间几乎长达近两个多月。其间译者曾多次采访济南军区原副政委、原红六军团老红军、著名的独臂将军左齐同志。在左老的帮助下，随着对红二、六军团转战历史的熟悉，以及对薄复礼原著的通读，此后各章的翻译速度逐渐加快。1985 年底，译者深感该书内容重要，请左齐将军将前三章精译和后九章梗概的译稿报送萧克、王震等原红二方面军的老领导和老同志们审阅。不久从左老那里得到萧克将军对此书的肯定后，译者遂投稿解放军出版社以求发表。

1986 年初，国内各大报刊开始纷纷披露和大段刊登有关薄复礼事件及其亲历记一书的内容梗概。遗憾的是，同年 1 月解放军出版社对严强、席伟翻译的本书做了退稿处理，复函称“因薄复礼长征的书已另有军科院的译稿待出，故只能将《神灵之手》手稿退稿”。译者鉴于译稿“撞车”而将本书的出版事宜搁置。到了 1988 年，译者发现本书的译稿仍未出版，因国内众多党史工作者纷纷与译者联系和要求，1988 年底，严强、席伟将译名为《神灵之手——一个被红军释放的外国传教士见闻录》通过《贵州文史丛刊》率先在国内全文发表。

《神灵之手》一书发表后，在国内引发“长征中的另一个外国人”和“谁是第一个介绍长征的外国人”的学术探讨，并意外地发现薄复礼除 1936

年的英文版外，1978年还出过一个重写版。

严强、席伟所译的《神灵之手》，系薄复礼1936年8月的英文版共十二章约15万字，附有反映该事件的原始照片和地图。该书出版后在西方引起轰动，因脱销而重印过四次，并被转译为法文。但不幸的是，因为第二次世界大战的爆发，英文版和打字稿毁于战火，成为了绝版。

脱离红军四十多年后的1978年，退休在英国的薄复礼因1936年英文原版绝版，只得根据回忆以英文重写这段经历。1978年英文重写版的书名改成《The Guiding Hand: Captivity and Answered Prayer in China》，直译《导手——在华被俘与神的回应》。重写版于1986年通过访华友人转交萧克将军而进入国内，这就是1986年1月解放军出版社对《神灵之手》退稿并回复称的"有军科院的译稿待出"的那个版本。

1978年重写版的《导手》，虽新增了若干章有关薄复礼来华前和离开中国后的内容，但相比较1936年英文版，除缺少所附照片和手绘地图外，全书篇幅不知何故缩减成10余万字。有可能是脱离红军四十多年后的岁月，使薄复礼重写时失去了很多当年鲜活的记忆。上世纪九十年代初重写的《导手》的中译稿，终于以《一个外国传教士的自述》由（昆仑）解放军出版社出版。以下是两个版本的区别。

1936年英文版《The Restraining Hand: Captivity for Christ in China》

（《神灵之手：一个被红军释放的外国传教士见闻录》，1988~1989年《贵州文史丛刊》）

出版前言

作者自序

被捕

逃跑及后果

朋友们的消息

行行重行行

"打"

并非孤独

饥渴交困

强迫中的痛苦

“狱中”

自由的允诺

自由

海曼・贝克尔的记述

1978 年 英 文 版《The Guiding Hand: Captivity and Answered Prayer in China》

（《一个外国传教士的自述》，20 世纪 90 年代初，（昆仑）解放军出版社出版）

作者自序

神往中国

新世界

内陆之行

饥荒

瑞士姑娘

被捕

随军跋涉

逃命

惩罚与援救

自由，只给一人

特殊的圣诞卡

自由啦

去而复归

盘县

别了，中国

新的机遇

薄复礼给译者的信

1936 年英文版在中国幸存的传奇

1936 年的英文版《神灵之手：一个被红军释放的外国传教士见闻录》在英国绝版，作者本人也没有，却在中国幸存，成为又一个与红军长征有关的传奇。

近代西方教会在华势力，基本分天主教和基督教两大系统。以意、法为主的天主教会来华最早，而由英、美为代表的基督教会来华较晚。先期进入的天主教会在华盘根错节，教堂、教民等早已布点巩固，因此后来居上的基督教会为与天主教会竞争，在传教方式上多以医院、学校、青年会、博物堂等新形式另辟蹊径。

《神灵之手》1936 年英文版在华幸存的地点，位于山东省济南清末民国时期著名的广智院。该院创办于 1887 年，属英基督教浸礼教会，与薄复礼的中华内地教会同宗。该院主要是配合旁边的教堂传教，并利用展厅展示宗教文化和西方文明。当时院内开辟有自然、地理、历史人文、科学知识等展厅，设图书馆阅览室和当年属时髦科技的幻灯放映厅。院内除收藏有大量中外历史文物和动植物标本外，其图书馆另拥有宗教、历史、文学、地理、科技等各类中外文书籍报刊及教会文档等多达万余册。广智院的经费和展品藏书等的补充，依靠教会的固定投入和社会募集。20 世纪 30 年代初是广智院最兴盛的时期，在当时济南城郊总人口不过 70 万的情况下，免费接待观众累计曾多达 40 余万，成为当年济南远近闻名的一个景点。因此作为同门教会出版物，薄复礼的英文版《神灵之手》于 1936 年出版后入藏该院。

随着抗战时山东沦陷和此后的第二次世界大战，该院活动陷入低潮。1941 年日本对英美宣战，英美在华人员和资产分别被日本人拘禁收缴。广智院遭到了日本人毁灭性的劫掠，许多珍贵的藏品被日本人盗走，至今没有下落。1936 年英文版《神灵之手》的封面是一幅以手和羊羔组成的构图，书名又很有宗教色彩，很容易被误认为是一本宗教方面的儿童读物。恰恰这一误会，使其逃过了此后重重厄运，使这本珍贵的史料迟至出版近 50 年后又被发现。

1945 年抗战胜利后，广智院重归英教会，战争造成的破坏尚未恢复，中国内战旋又爆发。因第二次世界大战对欧洲的破坏，美英教会自顾不暇，广智院再无充足经费恢复昔日的繁荣。1949 年 4 月，济南解放的翌年，英籍管理人员从广智院全部退出，除仍由英基督教浸礼教会每月补助 30 余镑经费外，院务完全交由中国籍教会人员管理。入不敷出的窘迫使广智院走向了末路。1952 年 10 月，新中国文教机构将破产的广智院交由山东省自然科学教育研究所接收，图书馆包括英文版《神灵之手》在内的那些宣扬宗教文化的外文书籍报刊被收藏封存。此后各种政治运动频频，自然科学教育研究所也在几次与机构调整的分分合合后，最后撤消并入了新成立的山东省博物馆。被封存在原广智院图书馆小木楼顶层阁楼里的宗教书籍报刊等，在那个讲“政治”的年代无人愿意去翻动，十几年不断累积的故土尘灰，使这批“异类”书籍终于安然幸存到了 1966 年。

1966 年“文革”爆发，广智院这批包括 19 世纪基督教在山东早期文档、羊皮封面的经卷，以及外文图书等难逃厄运。一天之内被造反派从旧木楼阁楼陆续搬出并焚烧，也许是原广智院图书馆旧英式建筑顶层阁楼的楼梯转弯太过崎岖，图书资料数量又太多、太沉，这些包括 19 世纪欧洲早期精美印刷品纸厚、部头太大而燃烧缓慢等原因，在顶层阁楼地板的厚厚尘灰中，还遗漏了部分书籍和报刊。1984 年，已成为家属楼的原广智院图书馆旧木楼因漏雨维修瓦顶，当工人们揭开楼顶时，发现“漏网”的《神灵之手》就埋在阁楼的尘灰之中。

本书作为反映红军长征重要史料发现的意义

本书以第三方视角，第一时间在西方出版发行，作为记述红军长征的亲历记，本书的重要性自不待言，大致可归纳为以下几点：

（1）该书是一本反映 1934~1936 年红军长征期间由贺龙、萧克领导的红二方面军转战湘鄂川黔滇一带的所见所闻亲历记。

（2）该书是在一个特定环境，由非自愿被卷入红军长征队伍的外国传教士所记述的见闻，写作立场比较中立。该书 15 万字，是作者在脱离红军长征后不到四个月内的病中写成并出版。如此匆匆的写作，使其没有更多的时间对全书内容添加修饰或涂改，应是一部作者紧贴自己鲜活回忆的素描，也可以说比较真实和客观。薄复礼当年就客观地认识到红军是“坚信马克思主义的，并在实践着其原理，那些人最重要的是为了坚守自己一切为穷苦大众的信仰而在顽强奋斗”。

（3）该书所记述的恰恰是有关红军长征中出发最早、到达最晚、转战路线最长而相关历史记述最缺乏的红二方面军的长征史实。作者从另一角度，补充了这一时期红二方面军的长征细节，因此史料价值重大。

（4）该书 1936 年出版，先于美国著名进步作家斯诺的《西行漫记》在欧美对红军长征的全面揭秘。这在当时对红军及长征一边倒的猜疑、污蔑的西方舆论中，通过薄复礼这个中立者的角度，对人们客观公正地认识红军，起到了以正视听的积极效果。

附录 13

本书图片及图片说明

图 1–1　西征时红六军团军政委员会主席任弼时

图 1–2　会师后红二军团长贺龙

图 1–3　红六军团长萧克

图 1–4　红六军团政委王震

图 1–5　红二军团副政委关向应（长征到陕北后所拍摄）

图 1–1~ 图 1–5 是在红军艰苦卓绝的长征中，由先遣西征红六军团和中途会师红二军团为主组成的红二方面军的部分领导。在红军三个方面军中，红二方面军是长征中先遣出发最早、阻击断后最晚、转战里程最长的一支大军。在任弼时、贺龙、萧克、关向应、王震等领导下，先后转战湘西、鄂西、黔东、湘赣以及湘鄂赣、湘鄂川黔、滇北等地，钳制了追击中央红军的国民党军队，有力地配合了中央红军的战略转移。1935 年 6 月 30 日，红二方面军在滇北成功地摆脱了尾追的敌军后，在四川甘孜与红四方面军会师，成为长征中最后一支北上的红军主力。

图 2–1　薄复礼夫妇的合影
（1936 年英文原版插图）

图 2–2　民国时期镇远城远眺

图 2-1 是最早反映红军长征秘密的英文亲历记作者——瑞士籍英中华内地会镇远教堂牧师薄复礼（鲁道夫·阿尔弗雷德·勃沙特·皮亚吉，Rudolf Alfred Bosshardt Piaget）和薄羡万美（罗斯·勃沙特，Rose Piaget）夫妇巧遇红军前，在贵州镇远教堂拍摄的合影。

1934 年 8 月 7 日，先遣西征的红六军团由湘赣革命根据地出发，经湖南和广西一路转战，于 9 月 30 日到达贵州黄平境内。就在秘密准备翌日攻打旧州县城的战前，红军与从旧州返回镇远的外国牧师薄复礼夫妇不期而遇。此后，薄复礼本人以随军露营 300 余次和步行约 1 万 9 千华里的行程，随红军队伍辗转生活了 18 个月。1936 年 4 月脱离红军后的薄复礼，抑制不住记录这段难忘经历的冲动，以平均每天 1 千多字的追忆，撰写完成近 16 万字的随红军队伍亲历记。

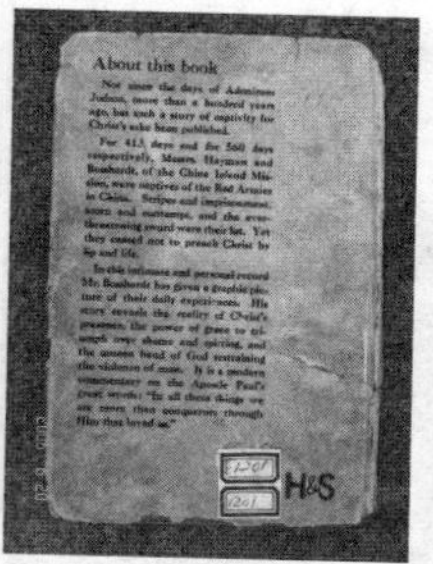

图 3–1　1936 年出版的英文原版书

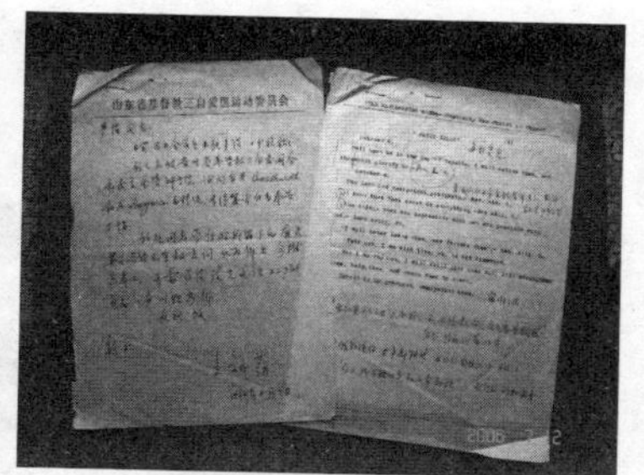

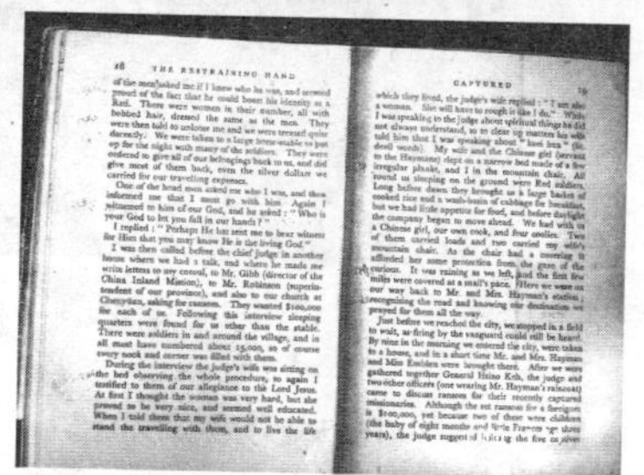

图 3–2　王神荫的翻译手稿

图 3–3　《贵州文史丛刊》

20 世纪 80 年代，国内首次发现薄复礼的长征亲历记——英文原版《The Restraining Hand: Captivity for Christ in China》（现收藏于山东省博物馆）。该版本于 1936 年由伦敦哈德尔 & 斯托顿公司（Hodder & Stoughyon）出版，1986 年以中译名《神灵之手——一个被红军释放的外国传教士见闻录》首次在国内披露。

1936 年，薄复礼随红军长征亲历记英文版的问世，适逢北上抗日的中国工农红军三大方面军在西北胜利会师。此书一经发表，欧美舆论轰动，版本脱销。翌年，在英文版多次再版重印的同时，作者又续出了法文版。遗憾的是，随着第二次世界大战的爆发，英文原版连同出版社印刷打字稿均在对英国的大轰炸中绝版。1978 年，已步入晚年的薄复礼根据追忆重写，书名改为《The Guiding Hand》（导手）。限于已远离事件时间，晚年薄复礼的重写版中多了 1952 年离开中国后经历的一章，而少了 1936 年刚离开红军写作时的鲜活直观。

薄复礼于 1936 年出版的英文版随红军长征亲历记，早于美国进步作家斯诺于 1937 年关于红军长征的《红星照耀中国》即《西行漫记》一书的发表，是目前西方发现的第一部，也是最早一部由西方第三者的角度揭开中国红军长征秘密的亲历记。

图 3–2 是 1986 年山东基督教三自爱国会主任、著名基督教神学家王神荫，翻译这本重要的红军史料时的手稿。

薄复礼长征亲历记（1936 年英文版中译本）于 1989 年 1 月起在《贵州文史丛刊》分四期在国内全文刊登，成为 20 世纪 80 年代对长征史料的又一次重大发现。图 3–3 中左为《贵州文史丛刊》。

图 4–1　贵州黄平县旧州基督教堂

图 4–2　1935 年红六军团攻克湘中新化县城后部分干部的合影

1934 年 10 月 1 日，红六军团在贵州黄平县旧州的基督教堂里找到了大比例尺的法文贵州省地图，时任红六军团长的萧克对此回忆："这也是当年红军进入贵州后得到的唯一一幅大比例尺的贵州地图……无异于无价之宝……我们后来转战贵州东部直至进入湘西，其间几乎全是靠这张地图。"

这幅弥足珍贵的地图，由军团长萧克和通晓中法两国语言的薄复礼于攻克旧州城的当晚连夜译出。正是这一夜的相识，使原本属于红军敌对阶级行列的薄复礼，对共产党和红军有了一个全新的认识。

图 4–2 为 1935 年红六军团攻克湘中新化县城后部分干部合影。第一排左起第三位是政委王震，第四位是政治部主任（由原湘鄂西苏区中央局书记撤职改任）夏曦，第五位是军团长萧克。

图 5-1　海曼夫妇全家合影

图 5-2　脱离长征队伍后的海曼

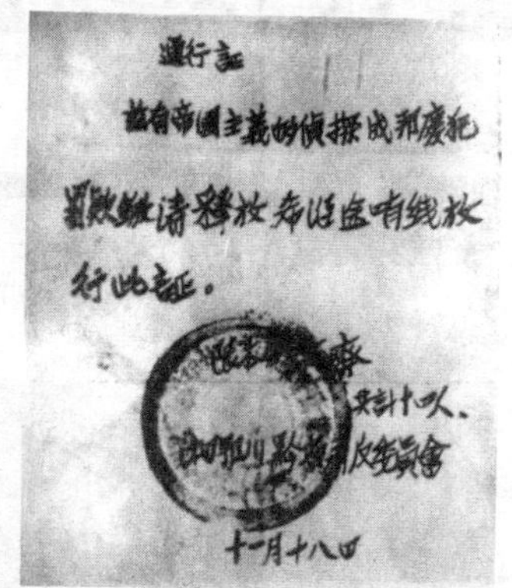

通行证
兹有帝国主义的侦探成邦庆犯
罪[illegible]请释放 希沿途哨线放
行此证。
共计十四人。
湘鄂川黔省肃反委员会
十一月十八日

图 5-3　释放海曼等 14 人的证明

图 5-1 是 20 世纪 30 年代，A・海曼夫妇全家的合影（1936 年英文版插图）。A・海曼在华中文名成邦庆，1913 年 9 月 25 日作为英内地会传教士来华，先后在镇江、重庆、江津、遵义、镇远等地传教，1933 年被调到汉苗杂居的旧州教堂。1934 年红军攻克旧州后，与薄复礼一起被红六军团作为外国间谍扣留。1935 年 11 月 18 日，年老患病的他与另外不适合随军远征的 13 人，被批准脱离红军。

A・海曼随红军长征 413 天的见闻，在 1936 年曾以 5 页篇幅在中华内地会刊物《中国亿兆》4 月号发表，并以此为纲完成了名为《Who Shall Separate》随红军亲历记的手稿，但未赶上教会 1936 年圣诞节出版计划而搁置。英文手稿于 2003 年在澳大利亚被发现，2010 年以《长征路上的外国传教士——中华内地会传教士成邦庆回忆录》在美国出版。

图 5-2 是 1935 年 11 月脱离长征队伍后的 A・海曼（1936 年英文版插图）。

图 5-3 是 1935 年 11 月 18 日湘鄂川黔省肃反委员会释放 A・海曼等 14 人的证明（1936 年英文版插图）。

图 6-1　红二军团部分领导（左起：军团长贺龙、副政委关向应、政委任弼时）

图 6-2　红二、六军团会师地四川酉阳县南腰界

图 6-3　红二、六军团会师标语

1934 年 10 月 24 日，红六军团经 80 多天的转战，在跨越赣、湘、黔、桂 4 省行程 2500 多公里，冲破十倍于己的国民党军队围追堵截后，在贵州印江县木黄与贺龙领导的红三军胜利会师。10 月 26 日，两军团在四川南部之酉阳县南腰界召开庆祝大会。薄复礼亲眼目睹了这次会师。

图 7–1　红二军团长贺龙的家乡桑植

图 7–2　长征胜利后贺龙（前排右 1）在陕北与红二方面军部分干部合影

红二、六军团会师后，薄复礼初次见到了闻名已久的贺龙。在回忆录中，薄复礼提到“路经洪家关（桑植）时，（红军）士兵们很兴奋，指着一栋半外国风格的建筑说：那是贺龙的家乡。不过，现在它已被烧毁了，只有残墙颓垣……”

图 8–1　吴德峰（大革命时期拍摄）

图 8–2　吴德峰（新中国成立后任武汉市长时拍摄）

图 8–3　长征胜利后（左起）戚元德、邓颖超、危拱之在西安合影

图 8–4　新中国成立后，第一次全国妇代会上参加过红军长征的女代表合影（前排左起第 3 位戚元德）

给薄复礼留下深刻印象的红军“吴法官”是我党卓越的情报工作专家吴德峰。吴德峰 1924 年入党，1929 年在周恩来领导下任中共中央交通科长时重建了北方、南方和长江线等三条主要地下交通线，为党的秘密交通工作奠定了扎实的基础。1931 年 4 月时任中共中央交通局长的吴德峰克服重重困难，将因为顾顺章叛变而中央急需转移的邓小平、李克农、毛泽民、周恩来等数十名干部先后安全护送去苏区后，于 9 月撤回中央苏区，长征中任红六军团和后来红二方面军政治保卫局局长。

吴德峰的妻子戚元德，1927 年参加革命，与吴德峰结婚后任中共中央内部交通员，是周恩来领导下我党卓越的情报工作专家。长征时在红六军团保卫局、红军四分校、中共湘鄂川黔边省委党校等任职。在薄复礼事件中，戚元德以长征中红军女知识分子智慧理性的光辉形象，感化教育了原本傲慢的薄复礼。

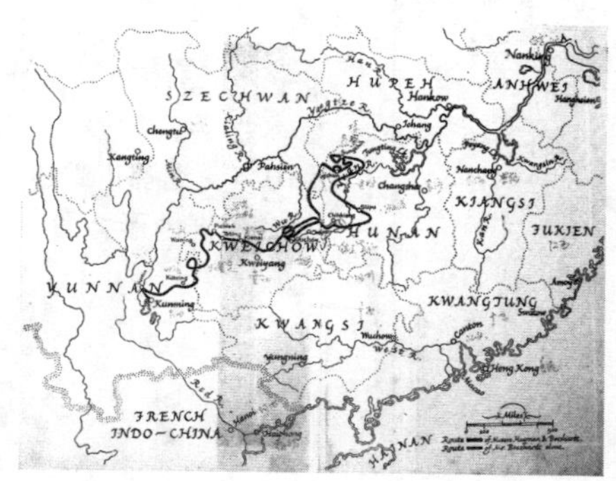

图 9–1 薄复礼随红军长征路线图（1936 年英文版插图）

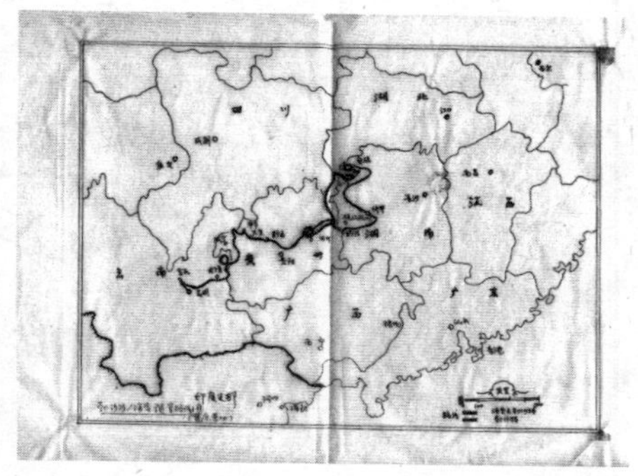

图 9–2 译者对薄复礼英文路线图的考证和解读

图 9–3 桃子溪战斗中缴获的国民党军队的大炮

在薄复礼随红军长征 18 个月的所见所闻中记述最多的，是艰苦转战中的红军在行军、战斗、生活和学习等方面的真实细节。他的这本书让当时的西方首次看到“红军士兵是多么勤奋，在这里，他们除了忙着打草鞋、缝衣服外，还抓紧时间武装思想，一边听关于共产主义原理的党课，一边努力学习文化知识”。他认为之所以这支军队能在如此艰苦的环境下生存，那是因为有信仰和精神的力量。

图 9–2 是本书译者对薄复礼英文路线图的考证和解读。由于薄复礼在红军中的特殊身份，他不能像斯诺那样自由地对红军官兵进行采访和交流。因此，他书中的人名、地名和事件等，大部分是他随军行动时凭借自己的印象及感悟记录下来的，加之存在语言不通和口误等情况，译者在翻译为中文时极其困难。然而就是原版中薄复礼的这幅英文路线图，成为解开他 18 个月经历的密匙。

薄复礼的这本书，以一个第三方旁观者的角度，记述了 1935 年 2 月至 8 月红军取得陈家河、桃子溪、忠堡等一连串战斗胜利的细节。图 9–3 为红军在桃子溪战斗中缴获的国民党军队的大炮。

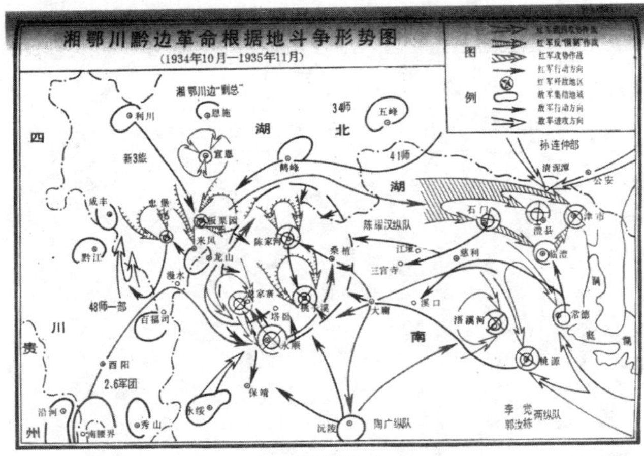

图 10-1　湘鄂川黔边革命根据地形势图

图 10-2　湘鄂川黔边临时省委旧址 1

图 10-3　湘鄂川黔边临时省委旧址 2

图 10-4　湘鄂川黔边革命根据地中国工农红军四分校旧址

图 10-1 是长征中为策应中央红军主力转移而创建的湘鄂川黔边革命根据地的形势图。

湖南永顺塔卧给薄复礼留下了深刻的印象。图 10-2 和图 10-3 是中共湘鄂川黔边临时省委的旧址。1934 年 11 月，红二、六军团相继攻克永顺、桑植、大庸后，中共湘鄂川黔边临时省委在大庸宣告成立。12 月 10 日，任弼时率湘鄂川黔边根据地领导机关进驻永顺境内的塔卧。薄复礼回忆道：我们来到了下一个根据地塔卧，在这里我们停留了几个月。在根据地这种四合院式的建筑很少见，四合院中有足以容得下卫兵出操和休息的大房子，犯人也不易逃跑。

图 10-4 是湘鄂川黔边革命根据地中国工农红军四分校旧址。薄复礼记述，当时的红军战士为能上萧克的军校而自豪。

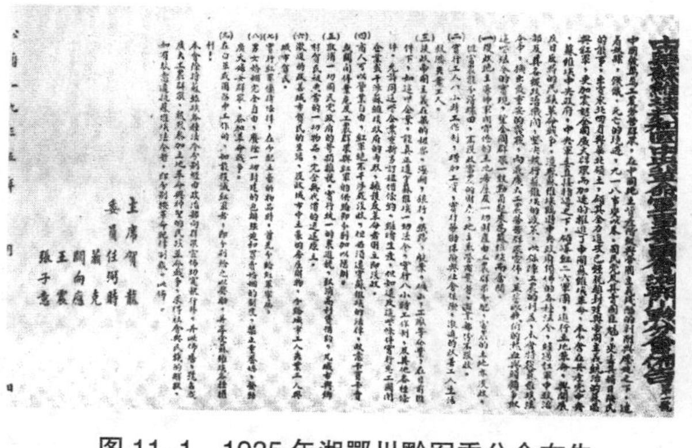
主席 賀龍
委員 任弼時 蕭克 關向應 王震 張子意

图 11-1　1935 年湘鄂川黔军委分会布告

图 11-2　与红军谈判的海曼・贝克尔夫妇

图 11-3　湘西的山区

图 11-4　海曼・贝克尔派到红军中联络的中间人

图 11-3 是教会方面主持与红军谈判的海曼・贝克尔夫妇（1936 年英文版插图）。薄复礼事件发生后，国内外反动舆论对红军的污蔑、造谣之声一片喧嚣。当薄复礼从一个旁观者的角度，将亲身经历出版之后，西方人开始对事情的真相有了一定的认识：第一，在中国工农红军看来，在华的外国教会是站在了国民党反动当局的阵营；第二，在华的外国传教士不但在对中国人民灌输精神鸦片，同时有大批人成为欺压中国劳苦大众的帮凶；第三，作为外国传教士的身带照相机的薄复礼等人，在红军与国民党军对峙时出现，对这样的可疑人员必须经过严格审查；第四，红军有着严格的政策，无关人员如薄复礼、A・海曼夫人等一经查明来历均来去自由。

图 11-4 是海曼・贝克尔派到红军中联络的中间人（1936 年英文版插图）。薄复礼在书中记述了教会方面由海曼・贝克尔派出的中间人曾数次到达红军的驻地，但对这些人如何能安全往来于湘鄂川黔土匪横行的山区，又如何能在在两军交战的缝隙中数次成功地找到始终处在转移中的红军并安全返回而感到迷惑。根据薄复礼书中多次见闻的记述推测，揭示了长期在湘西的贺龙和我党情报专家吴德峰为代表的红军，长征期间仍可能有秘密交通线与外界保持畅通。

图 12–1　川滇黔委员会旧址
毕节百花山教堂

图 12–2　1936 年 2 月长征途中的王震（前排左起第 1 位）与贵州苗族群众合影

图 12–3　1936 年 2 月红军攻克贵州大定后部分干部合影

图 12–4　乌蒙山远眺

1936 年长征途中，红二方面军攻克贵州毕节，图 12–1 为当时川滇黔委员会旧址毕节百花山教堂。

1935 年 10 月中共中央和红一方面军胜利到达陕甘苏区吴起镇。至此原本尾追中央红军长征的国民党军以 130 多个团的大军，集中围剿长征中新开辟的湘鄂川黔苏区。薄复礼以自己的经历和所见所闻，在书中披露了长征中的红军施行的政治策略和一连串巧妙的战略战术，展示了中国工农红军和长征真实的一面。

图 13–1　云南丽江石鼓渡

图 13–2　1936 年 4 月 12 日，脱离红军后的薄复礼

图 13–3　云南富民赤鹫乡红六军团指挥部旧址

图 13–4　脱离红军后的薄复礼

1936 年 4 月 25 日，红二方面军在云南石鼓、石甸巧渡金沙江，由此甩掉了尾追的国民党军队，而后在甘孜与红四方面军会师。图 13–1 是云南丽江石鼓渡。

图 13–3 是云南富民赤鹫乡红六军团指挥部旧址。1936 年 4 月 11 日，在红二方面军即将北上的前夕，红六军团举办了送别薄复礼的晚宴，除萧克、王震、吴德峰、戚元德等军团领导外，还有在毕节参加红军的地方名流周素园老先生、忠堡战斗中被俘的国民党中将纵队司令张振汉将军等。送别会上大家畅所欲言。

1936 年 4 月 12 日，薄复礼脱离红军后到达昆明，马、行李滑竿费用均来自红军发给的路费。图 13–4 是薄复礼在途中。

图 14-1　1936 年 6 月，红二、六方面军在四川甘孜胜利会师

图 14-2　1936 年 10 月，红一、二、四方面军在甘肃会宁胜利会师

图 14-3　1936 年 10 月，红一、二、四方面军在甘肃会宁胜利会师后，部分团以上干部在宫和镇合影

图 15-1　参加井冈山革命根据地创建的部分人员长征到陕北合影

图 15-2　1937 年长征胜利后，红二方面军部分干部在陕西富平庄里镇合影

图 15-3　1936 年长征胜利后，红二方面军部分干部在陕北合影

图 15-1 是参加井冈山革命根据地创建的部分人员长征到陕北合影。一排左起：梁军、谭冠三、谭政、滕代远、萧克、林彪、毛泽东、高自立、何长工、曾玉、欧阳毅；二排左起：胡友才、孙开楚、谢翰文、江华、朱良才、吴溉之、李寿轩、刘先胜、张际春、李克如、韩伟、龙开富、谭希林、刘型、陈伯钧、张令彬；三排左起：徐日文、曹里怀。照片题字“井冈山同志们”系毛泽东手书。

图 15-3 是 1936 年长征胜利后，红二方面军部分干部在陕北合影。第二排右起：左权、任弼时、贺龙、陈伯钧、贺炳炎、甘泗淇、王震、卢冬生、朱瑞；第三排右起第 1 位李井泉、第 4 位关向应、第 6 位周士第。

图 16–1 脱离红军后的薄复礼

图 16–2 贵州盘县基督教堂

图 16–3 在盘县期间采药归来的薄复礼

图 16–1 是脱离红军后的薄复礼。1936 年 8 月，薄复礼在昆明完成了英文亲历记的手稿，同年回英国后陆续出版了英文版和法文版，此后应邀在欧洲和美国演讲。他的书及其在红军中的见闻，让西方民众从一个侧面了解了当年鲜为人知的红军内幕和长征的真相。1939 年，薄复礼再次回到正处在艰苦抗战中的中国。

图 16–2 是贵州盘县基督教堂，1952 年薄复礼夫妇最后是从这里离开中国的。在与红军 18 个月的传奇般的交往中，薄复礼认识到，红军之所以能够战胜艰难困苦，得到民众拥护，正如王震与他话别时所言：在中国“最重要的是怎样为了穷人”。因此，在贵州盘县传教的岁月里，他如同自己在书中所呼吁的“能向红军那样走遍贵州的山山水水，遍及中国，并以红军那种简练有效的方法”，做到一切为了穷苦大众。他学中医、采草药，为民众看病、办学。他的妻子薄羡万美在当地推广新法接生，传授新法接生技术。

图 17-1　薄复礼倡导成立的曼彻斯特华人基督教会

图 17-2　英国伦敦哈德尔 & 斯托顿公司旧址

图 17-3　英国曼彻斯特国王路薄复礼旧居

1966 年薄复礼从教会退休后，闲居在英国曼彻斯特郊外。图 17-1 是他倡导成立的曼彻斯特华人基督教会。

图 17-2 是出版 1936 年英文版的英国伦敦哈德尔 & 斯托顿公司的旧址。1978 年，晚年的薄复礼重写那段与红军的经历时，因哈德尔 & 斯托顿公司已转行他业，重写版改由瑞士教会出版社出版，书名为《导手》（The Guiding Hand）。

图 18–1　晚年的萧克将军

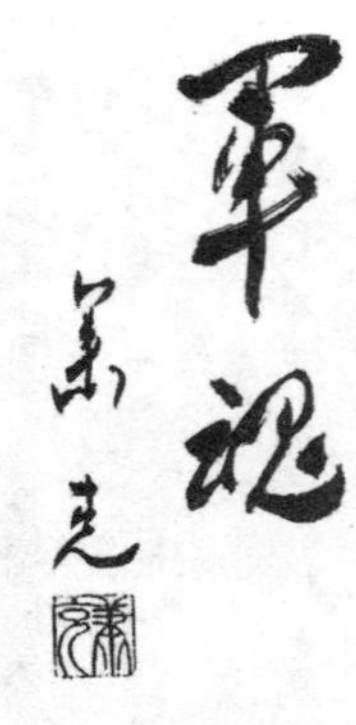

图 18–2　晚年萧克将军的手书“军魂”

图 18–3　晚年的薄复礼

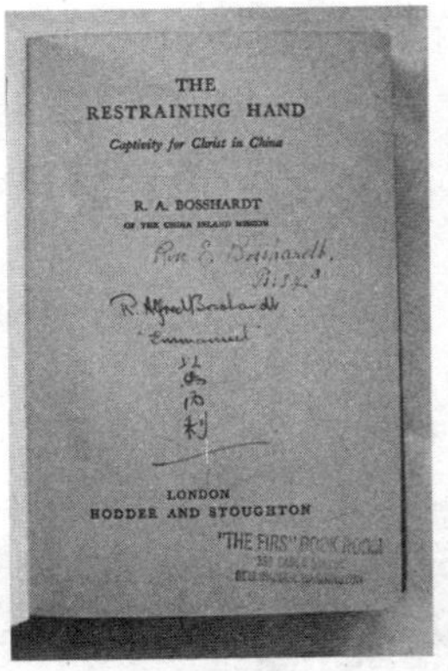

图 18–4　薄复礼题写在 1936 年英文版扉页上的中英文手迹

图 18–1 是晚年的萧克将军。他少年投笔从戎，黄埔军校四期毕业，参加过北伐战争、南昌起义、井冈山斗争和长征，1955 年被授予首位上将，2008 年在北京逝世。

图 18–3 是晚年的薄复礼。1952 年离开中国的薄复礼夫妇去到了东南亚传教。1967 年，其妻罗斯・波斯哈特在老挝巴色去世，归葬英国。此后孑然一身的薄复礼回到英国，退休定居在英国曼彻斯特国王路 234 号，1993 年去世，享年 96 岁。

1984 年，在《长征——前所未闻的故事》一书作者、美国著名作家索尔兹伯里的协助下，萧克和薄复礼在相识五十年后恢复了联系，两个耄耋老人互致热忱的问候。薄复礼夫妇一生无子，他们有幸在中国认识红军并置身长征的传奇经历，使他们在中国工农红军伟大长征的光辉历史中，留下了自己的名字和侧影。

图 18–4 是薄复礼 1937 年赴美访问时，题写在 1936 年英文版扉页上的中英文手迹。